KB233589

생산과 소비의 플랫폼

협동조합

1 만 개 설 립 숫 자 의 허 상 과 진 실 찾 기

생산과 소비의 플랫폼

협동조합

양세훈 지음

이담
Books

머리말

필자는 협동조합이 본격적으로 시행되기 전인 2012년 9월 「마을기업과 사회적기업의 거버넌스」란 책에 '협동조합 정착을 위한 조건'이라는 내용을 담았다. 마을기업과 사회적기업의 법인격 체제에 부합되는 협동조합과 사회적협동조합의 장점을 이야기했다. 동시에 다음과 같은 3가지 차원의 문제점을 열거했다.

첫째는 협동조합기본법의 방대한 내용을 보면서 법 시행 이전에 일반 국민들이 쉽게 이해하고, 현장에서 현실적으로 적용 가능한 방법을 모색하자는 것이다.

둘째는 희생과 신뢰를 바탕으로 양보와 배려, 공동체 참여의식 수준이 협동조합을 운영할 만큼 성숙되어 있느냐를 지적하며, 생태계 기반조성 필요성을 요구했다.

셋째는 조합원의 권리를 보호하고 기업의 영리를 추구하는 두 마리 토끼를 쫓는 협동조합기본법 정신의 실현이 우리 사회에 뿌리 내리기는 쉽지 않음을 지적했다.

당시 위와 같은 문제점을 단순히 협동조합기본법 또는 국내외 협동조합 관련 자료만 보고 지적한 것은 아니다. 우리 사회가 협동이란 단어에 익숙하지 않은 상황에서 너무 쉽게 빠르게 진행되는 것은 아닌지에 대한 우려가 있었기 때문이다. 필자 또한 오래전에 같은 회사 동료들끼리 동업자 형태의 연구소를 두 번이나 운영해봤던 경험이 있었던 터라 불안의 정도는 깊었다.

2012년 폭발적인 관심을 보였던 협동조합이 불과 5년 만에 약보합세를 보이고 있다. 협동조합을 바라보는 다양한 이해관계자들의 관심이 약해졌다. 긍정적인 언론의 보도는 걱정에서 부정적인 내용으로 선회하는 기사들이 등장했다. 연구된 협동조합 관련 다양한 데이터를 가지고 걱정하고 우려스러움을 표명하기 시작했다. 이대로는 안 된다는 자성론도 등장했다. 양적 증가가 아닌 질적 성장을 담보해야 한다는 비판론이 고개를 들었다. 협동조합의 지원방식과 방법론에 대한 연구방향이 바뀌어 갔다. 자주, 자립, 자치의 정신은 두 번째다. 일단 살아남기 위한 일환으로 무엇인가 지원책을 마련하고 지원해야 한다는 논리가 등장했다. 이러한 논란 속에서도 시행 4년 가까이 되는 2016년 9월 20일 협동조합 설립 숫자는 1만 개를 넘어섰다. 초기 예상과는 달리 증가세는 둔화되었지만 양적 성장은 완만한 상승세를 보이고 있다.

협동조합 설립 신고필증을 받고 법원 등기를 마치고 사업자등록증을 받아야만 사업체의 완성이라 할 수 있다. 그러나 협동조합 설립숫자는 신고필증을 받아간 숫자로 기록된다. 여기서 숫자 차이가 발생했다. 본격적인 사업에 돌입한 협동조합의 숫자는 협동조합 신고필증만을 교부받은 1만 개에 미치지 못한다. 사업자등록증을 받기까지 약 30%의 협동조합이 망설이고 있다. 나머지 70%의 협동조합 중 실제로 사업을 통한 수익창출에 나선 비중은 절반을 웃돌 뿐이다. 나머지 절반은 여러 이유로 휴면상태에 머물러 있는 것이 현실이다. 이는 협동조합 실태조사를 한 경험과 타 기관의 데이터를 검토해 내린 추정치를 바탕으로 나온 것이다. 현실은 더욱 열악한 환경일 것이라는 판단이 머리를 떠나지 않는다.

본격적 진행이 더딘 구조 속에서도 꾸준히 협동조합 신청자가 늘어나고 있다. 협동조합 신고필증을 받아가고자 하는 상승추세는 진행형이다. 일부 부정적 시선과 언론의 보도에도 영향을 받지 않는다. 주관 부처와 지자체의 홍보, 관련자들의 확대노력에 기인한 것이 있을 것이다.

필자는 이 흐름에 대해 가장 궁금해 하고 알고 싶어 한다. 시장상황이 좋지도 않고, 그다지 성공했다고 보여주는 협동조합도 많지 않다. 경제적 어려움을 속 시원히 풀어주는 시스템도 아니다. 기대만큼 미치지 못한다는 얘기다. 협동조합기본법에 근거하여 출발한 순수한 협동조합의 성공담은 그리 많지 않다. 오히려 걱정스러운 이야기가 많다.

마을기업, 사회적기업 등 직접적 보조금 지원은 이루어지기 힘들고 원활하지 않다. 그럼에도 불구하고 양적 성장은 지속적이다. 그러한 이유가 뭘까? 협동조합의 주축이 되는 40대~60대의 인적자원들이 아무런 생각 없이 협동조합을 만들지는 않을 것이다. 무엇인가 할 목적으로 설립하고 있다. 단독 사업이 아닌 여러 명이 합자형식으로 모이고 추진하고 있는 것이다. 정부지원금만을 생각하고 진행하는 것이 아님은 분명하다.

이는 달리 해석하면 우리 사회의 중장년들의 어려운 회사생활의 투영이 반영된 현상이다. 직장에서 밀려나고 혼자서는 사업하기 힘든 현실이 되었다. 이에 같은 생각을 가진 사람들의 협력으로 사업을 이루고 싶은 내적욕망이 작용하고 있는지도 모른다.

혼자만의 자금과 기술, 인적 네트워크만으로는 경쟁사회에 일어서기가 쉽지 않다. 다양한 인적자원이 결합하는 형태가 실패율을 줄일 수 있을 것이라 판단하기 시작했다. 같은 목적으로 같은 생각을 가진 사람들의 결합이 빈번해지는 것이다. 이런 현상을 단순히 행정의 홍보 노력으로 치부하기에는 무리가 있을 것이다. 사회 전반에 퍼져 있는 경기의 불안전함이 만들어낸 또 다른 사회현상으로 봐야 한다.

이쯤에서 협동조합이 어려운 경제를 해결해주는 대안적 시스템인가에 대한 고민이 생긴다. 일부 옹호 그룹에서는 자본주의 경제를 대신하는 대안적 경제체제라 주장한다. 시장 전체의 공감을 얻어내기에는 다소 부족함이 많은 협동조합이다. 기존 시장에서 해결하지 못한 문제의 틈새를 공략하는 보완재적 역할이 차라리 어울린다.

기대가 크면 실망도 큰 편이다. 너무 많은 관심과 기대 속에 출발한 협동조합이 우리 사회에 자리를 잡고 보완재 경제시스템으로서 성공하려면 해결해야 할 것이 많다. 기본적으로 8개의 개별법으로 이루어진 협동조합이 아닌, 협동조합기본법으로 탄생한 협동조합을 잘 이해해야 한다. 규모화되었고, 자본적이고 권력 성향마저 보여주는 기존의 8개 특별법 체제가 아님을 분명히 해야 한다.

1957년 법률 제정된 농업협동조합을 시작으로 중소기업협동조합, 수산업협동조합, 엽연초생산협동조합, 신용협동조합, 산림조합, 새마을금고, 소비자생활협동조합 등과는 구별되어야 한다. 협동조합이란 우산 아래 하나로 비쳐질 수 있지만 방법론, 조직론, 자본재적 성격까지 그 차이는 크다.

작금의 상황을 한마디로 정리하면 "과부의 설움을 홀아비가 알지 못한다."는 것이다. 동병상련(同病相憐)의 공감대가 없다는 얘기다.

그런데도 "초록은 동색"이라고 주장하며 숫자 늘리기와 세를 과시하려 든다.

행정과 언론이 주목하는 협동조합의 명암은 8개 개별법 토대 위에 운영되고 있는 규모화된 협동조합들이 아니다. 협동조합기본법에서 규정하고 있는 5인 이상, 출자금 제한 없는 협동조합이다. 이들 협동조합을 분리하여 접근하고 분석하는 방법이 원인 규명과 근원적 해결방안을 모색하는 길이다.

따라서 협동조합의 성과를 논하고 지속가능한 법적 시스템을 유지하기 위해서는 실체와 내용을 알아야 한다. 필자는 이러한 맥락에서 협동조합기본법에 따른 협동조합을 중심으로 그 현상을 논하려 한다. 그래야 작금의 불편한 문제들의 해결이란 것이 나올 것으로 믿고 있기 때문이다. 협동조합을 설립하고 운영하기 전에 기본적인 내용을 이해해야 한다. 법과 제도적 측면도 중요하지만, 협동조합을 운영하기 위한 기본적 선결과제가 있다. 5인 이상이 동일한 목적을 가지고 상호 이해하고 협동하면서 할 수 있는 마음과 자세가 준비되어 있느냐다.

이러한 점에서 필자는 사회 경제 시스템의 주축이라 할 수 있는 40대에서 60대의 국민들이 협동조합을 쉽게 이해할 수 있는 방법이 무엇일까를 고민했다.

협동조합기본법을 풀어주거나 행정적, 재정적 지원방안 등을 소개하는 것도 중요하다. 외국의 선진 성공사례를 보여주는 것도 나름 필요하다. 그보다는 국내 사례를 열거해주는 것이 더 중요할 것이다. 8개 개별법의 사례 또는 기존 법인체제에서 협동조합으로 법인격을 바꾸고 활동하는 사례도 있다. 이런 사례는 바닥에서부터 시작한 협동조합이 아니다.

다양한 유형 사례로 설명은 할 수 있지만 풀어내고자 하는 사례는 아니다. 협동조합기본법 시행 이후 5명이 순수한 출자금을 모아 새롭게 법인을 설립하고 운영하면서 부딪치는 사례가 필요했다. 성공적 요소도 중요하지만 실패 내지는 주춤거리며 나아가지 못하는 이유를 찾아야 한다.

이러한 사례를 전해 듣고 자료에서 확인하는 것보다 더 중요한 것은 직접 체험하는 일이다. 협동조합 국내 실태를 조사하는 과정에서 알게 되는 경험도 중요하다. 이러한 이유로 2012년부터 국내외 협동조합 관련 다양한 문헌을 수집하고 정리했던 자료들은 뒤로 밀어냈다. 적어도 3년 이상 경험을 통해 내용전달이 이뤄져야 한다고 생각했다.

그동안 전국적으로 다니면서 협동조합 강의만 120번 넘게 했던 것 같다. 강의내용만 정리해도 책 몇 권은 금방 찍어낼 것 같았다. 서두르지 않았다. 한편으로는 다른 일 핑계로 집필작업이 늦어진 이유도 있다. 게을러서 못하기보다는 나 스스로 정리정돈도 필요했다.

협동조합을 명쾌하게 쉽게 설명할 수 있는 교육사례가 필요했다. 한 두건의 경험으로 설명하는 것이 아닌 한두 마디에 바로 공감할 수 있는 사례가 필요했다. 그러한 생각에 접목시킨 사례가 등산을 위해 모인 산악회와 협동조합의 교집합이다.

이 둘의 유사점을 찾아 협동조합을 대중에게 전달하고자 했다. 그러한 실험을 2013년 1월부터 시작했다. 5년 가까이 강의를 통해 현장에서 적용해봤다. 기대 이상으로 빠르게 흡수되었다. 산을 좋아하지 않은 수강생도 쉽게 이해하는 듯 보였다. 그렇게 탄생시킨 것이 등산유형과 협동조합의 교집합이다. 이 둘의 운영과정의 유사점을 찾아 비교하고 설명하는 것이다.

필자 스스로 협동조합 참여와 활동경험을 쌓았다. 이전 협동조합 같은 방식의 구성원을 통해 회사를 운영해본 경험도 두 차례나 가지고 있다. 10년 전부터 체력단련을 위해 산행을 시작했다. 홀로산행에서 산악회 가입을 통한 단체산행, 그리고 시각장애인과 함께 하는 봉사산행에 이르기까지 다양한 경험을 했다.

이런 경험을 통해 협동조합기본법에서 말하는 협동조합을 등산과 접목하여 가장 쉽게 이해시킬 하나의 방법을 찾아냈다고 할 수 있다. 그리고 지속가능하게 운영할 수 있는 기본 속성이 무엇인지에 대한 고민도 함께 했다. 이를 통해 많은 사람들이 협동조합이라는 새로운 경제시스템을 활용하여 각자의 고민을 해결해나갔으면 하는 바람이다.

2017년 1월

한국정책분석평가원장

행정학박사 양 세 훈

목차

3장 국민과 같은 생각, 눈높이를 맞춰라

4장 한 마리 토끼라도 확실히 쫓아라

표 목 차

그 림 목 차

1장

등산을 통해 본
협동조합 이해하기

1. 산악회와 동네치킨가게의
   협동조합 적용

2010년부터 마을기업 강의를 주로 하던 필자에게 2012년 말 협동조합 강의가 가능한지 문의가 왔다. 경기중소기업종합지원센터는 2010년부터 2015년까지 마을기업 경기도 중간지원기관이었다. 경기도 차원의 사회적기업과 협동조합에 대한 지원역할을 했던 공공기관이다. 협동조합기본법 제정 이후 꾸준히 관심을 가지고 공부했고 강의 노하우도 있다고 판단했다. 그동안 모아둔 자료들을 모아 정리하고 준비에 들어갔다. 협동조합기본법에 대한 분석을 통해 법률, 제도, 행정, 절차적 방법론을 유형화했다.

문제는 사례 부분에서 막히기 시작했다. 협동조합기본법 제정부터 꾸준히 의문부호를 가지고 있었던 내용이다. 외국의 협동조합 성공사례와 협동조합기본법에 따른 협동조합을 단순 비교하면서 따라가라 하는 것이 맞는 것인가 하는 거다. 또한, 농협, 소비자생활협동조합 등 기존 개별법에 의해 운영되고 있는 협동조합을 벤치마킹 대상으로 삼는 것이 올바른 사례인가다. 그렇다고 해서 5명만 모이면 출자금 500원을 가지고도 만들 수 있는 협동조합의 국내외 사례가 전무했기 때문에 가공하기도 어려웠다.

상법 또는 민법 체계에서 협동조합기본법으로 법인격 변경을 허용했기 때문에 협동조합 신청을 했던 법인을 대상으로 했다. 그나마 법인 영업을 해왔던 단체들이라 규모 면에서 운영적인 측면에서 강의할 내용이 있었기 때문이다. 또한, 기존 마을기업, 자활기업, (예비)사회적기업, 사회적기업 등의 프로그램 라이센스를 취득했던 법인들도 포함했다. 그리고 현재 상태에서 협동조합을 할 수 있는 단순한 구조를 동네치킨집을 사례로 정리했다. 뭔가 부족한 점이 많았지만, 강의 자료는 자료로 활용하자는 원칙을 세웠다. 현장에서 강의를 하다보면 수강생의 연령대, 직업군, 강의태도 등을 판단하여 강의 내용을 바꾸는 경우가 많기 때문이다.

10년 전 대학교 첫 강의를 나간 이후 지금까지 수많은 강의를 했지만, 협동조합 첫 강의는 기억에 남는 강의 중 하나였다. 협동조합에 관심이 있는 경기도민들을 대상으로 하는 공개강의였다.

서울 사무실에서 수원 광교로 가는 약 1시간을 자동차 안에서 협동조합 강의를 어떤 방식으로 풀어나갈까 고민을 했다. 기존 강의 자료만 가지고는 설득력이 부족할 것으로 판단했기 때문이다. 이는 2012년 초부터 1년여 동안 수많은 협동조합 강의와 토론회장에 발품을 팔고 다니면서 느꼈던 아쉬움 때문이다. 협동조합에 대한 기대감이 너무 많은 내용들이었다. 사회변혁의 한 축을 차지할지도 모른다는 느낌마저 들게 만들었다. 기존 자본주의 경제를 대체할 새로운 대안적 경제시스템이라고 설명하는 강사들을 보면서 쉽게 공감하기 어려웠다.

새로운 법인격을 부여하고 제도적 장치를 마련해주는 협동조합기본법을 확대해석하고 과대 포장하여 설명을 하는 것이 맞는 것인지 의문이 들었다. 이론적 내용이야 두말할 필요도 없이 너무나 좋은 제도이다. 자주, 자립, 자치로 협동조합 간의 협동을 통해 새로운 경제 질서를 구축하는 내용이다. 정부실패와 시장실패를 보완할 새로운 보완적 경제시스템이라 할 수 있다.

하지만 국내 현실을 감안할 때 유럽과 미국 등 선진 협동조합 사례를 적용하기에는 다소 무리가 있었다. 준비 기간이 필요하고 성숙되는 단계과정이 있어야 가능한 이야기라 판단했다.

국내에 소개되는 유수한 성공적 협동조합은 오랜 세월동안 경험과 노하우를 통해 알려진 것들이다. 2016년 기준으로 소비자생활협동조합의 선구자로 불리는 영국의 로치데일공정선구자협동조합 172년, 미국의 AP통신 168년, 스페인 바르셀로나FC 117년, 스위스 미그로협동조합 90년, 스페인 몬드라곤협동조합 60년의 역사를 가지고 있다. 더구나 성공적 요소보다는 시행착오가 더 많았을 것이다. 또한 국가별 지향하는 정치적 제도가 다르고 국민성이 다르다. 이러한 내부적 환경요소를 고려하지 않고 협동조합만 결성하면 당장이라도 스페인 몬드라곤협동조합처럼 될 것 같은 착각에 빠지게 만드는 것은 잘못된 방식이라 생각했다.

특히 강의현장에서, 간담회 장소와 토론회장에서 협동정신과 연대만을 주장하고 기업적인 측면은 애써 외면하는 일부 사람을 지켜볼 때는 안타까움마저 들었다. 마을기업 강의에서도 마을공동체만 설명하고 기업에 대한 이야기는 한마디도 하지 않는 강사를 볼 때와

느낌이 같았다.

　마을기업은 마을공동체와 영리를 추구하는 기업의 결합을 통해 생성된 사회적일자리 사업의 프로그램이다. 사회적기업은 사회적 가치를 추구하면서 기업활동을 하는 인증 받은 기업체이다. 협동조합도 같은 목적을 추구하는 인적자원의 결합을 통한 협동과 영리를 추구하는 조합형태의 법인체이다.

　강의를 하고 사업과 정책을 설명하는 공급자 입장에서는 정책 수요자들에게 정책의 정확한 핵심내용을 설명해줘야 한다. 조금이라도 과장되거나 왜곡해 전달해서는 안 된다는 것이 필자의 생각이다. 동시에 경험해보지 않은 내용을 가지고 장밋빛 상상을 할 수 있게 견인해서도 안 된다. 장점뿐만 아니라 단점도 소개하고, 기회요인을 설명하면서 사업을 둘러싼 위협요인도 정확히 설명해줘야 한다.

　정책참여를 할 것인지에 대한 판단은 시민 참여자와 정책 수요자의 몫이다. 협동조합의 A부터 Z까지 알 수 있도록 도와주는 것은 맞다. 하지만 강요해서는 안 되며, 간섭도 불필요하다. 참여자의 판단으로 진행해야 참여자 스스로 책임을 진다. 정책 공급자의 말 한마디 실수가 책임소재를 물을 때 부메랑으로 되돌아오기 때문이다.

　협동조합은 정부가 직접적인 자금을 지원하라고 만든 법률이 아니다. 법인 설립의 규제들을 최소화하여 사업진입의 편의성을 도모하기 위해 제정한 법인설립 정책이다. 따라서 그 정책목표에 부합하도록 목적에 맞게 설명하고 지원하면 된다. 그 이상은 정치적 행위로 비칠 수 있고, 실적 쌓기에 급급한 정책 관련자의 오만으로 비칠 수 있다.

　이러한 생각을 바탕으로 협동조합 강의내용을 정리하기로 했다.

협동조합 정책의 미래지향적인 내용도 중요하지만, 준비과정에 가장 필요한 것이 무엇일까에 중심을 두었다. 어렵고 힘든 부분에 대한 대응과 전략이 수립되어야만 원활한 정책구현이 이루어질 것으로 믿고 있기 때문이다.

협동조합 첫 강의를 위해 수원으로 가는 도중 중간지원기관에 전화를 걸었다. 수강생의 연령대를 물었다. 40대 후반에서 60대 초반까지 다양했다. 다양한 직업군을 경험한 사람들이 수강생으로 등록했다는 정보를 들었다. 협동조합기본법 시행이 이루어진 지 얼마 되지 않아서인지 협동조합 수강은 대부분 처음이라고 한다. 쉽게 풀어달라는 요청도 받았다. 달리는 차 안에서 머릿속이 더 복잡해졌다. 복잡한 법체계를 설명하면 이해할 수 있을까? 필자도 100% 공감되지 않은 외국의 선진사례를 설명한다고 고개를 끄덕일까? 협동조합 법인격으로 전환하려는 몇 개 사업체에 대한 이야기를 길게 늘어놓을까? 이런저런 생각에 빠졌다.

필자가 직접 체험하고 느낀 생활 속 사례를 접목해서 설명하는 것이 유효할 것이란 생각이 들었다. 두 가지 아이디어가 떠올랐다. 하나는 아파트 주변에 있는 동네치킨가게끼리의 연합체였고, 다른 하나는 협동조합기본법 안에 있는 (일반)협동조합과 사회적협동조합을 산학회 경험에 대비하는 것이었다. 짧은 시간이지만 얼개를 맞춰보니 가능해 보였다. 강의하는 입장에서는 수강생들의 학습 태도도 중요하지만 강의내용에 대한 자신감이 중요하다. 강의자가 이해를 못하고 있는 내용을 책 읽듯이 하는 강의가 가장 최악이기 때문이다.

자신감이 붙었다. 2시간의 수업 동안에 한눈을 파는 수강생을 보지 못했다. 법령 소개 및 읽어서 이해되는 내용은 최대한 짧게 설명하고 지나갔다. 수강생도 공부해야 한다는 말은 잊어버리지 않았다. 협동조합기본법을 출력하여 최소 5번 이상은 읽고 준비하시라고 부탁했다. 특히 절차를 준수하지 않을 시 발생하는 과태료, 벌금 조항이 있는 제7장 벌칙조항을 꼼꼼히 살펴보시라 주문했다. 첫 강의에 현장사례로 사용한 동네치킨가게와 산악회 참여에 대한 이야기는 이어지는 장에서 본격 설명하기로 한다.

2. 퇴직자의 관심이 높은 치킨가게
   비즈니스 탐색

치킨전문점 또는 치킨과 맥주를 함께 파는 치킨호프집 형태의 사업은 50대 퇴직자에게 가장 구미가 당기는 창업아이템 중의 하나일 것이다. 진입장벽도 낮고, 프랜차이즈를 이용하면 쉽게 도전이 가능하다. 시민이 좋아하며 유행도 비껴가는 장수 상품이다.

도시지역에서는 건물 하나 건너, 커피숍과 치킨집이 있다고 해도 과언이 아닐 정도로 치킨전문점이 포화상태를 보이고 있다. 생성되고 사라지고 또 다른 브랜드가 들어서고 퇴출당하는 과정이 반복적으로 일어난다. 치킨 소비량이 지속적으로 증가한다고 해도 수요량 대비 과도한 공급은 누군가에게는 폐업을 불러오기 마련이다.

프랜차이즈로 운영되는 치킨전문점과는 달리 개인사업자의 경우는 그 환경이 더 열악하다. 많은 준비 없이 창업하기에 수월하지만 그만큼 시장 상황은 녹록지 않다. 다양한 브랜드 제품과의 경쟁은 기본이다. 브랜드 없이 골목 치킨호프집을 운영하는 가게와도 치열한 경쟁을 해야 한다. 해당 지역에서 소비되는 치킨의 양보다 공급되는 치킨의 양이 많으면 더욱 그러하다. 기본적인 양을 나누어 먹기 하는 방식이다 보니 경쟁에 밀린 가게는 문을 닫게 되는 것이다.

주 5일제 확대와 야외 활동이 증가되면서 외식을 하는 사람들이 많아졌다. 게다가 청명한 날 또는 무더운 날에는 청량감이 좋은 시원한 맥주의 판매량이 증가한다. 여기에 맥주와 환상적인 궁합을 자랑하는 치킨의 매출액도 비례적으로 상승한다.

우리 사회에서 치킨 비즈니스가 차지하는 의미는 다양하다. 국민적 먹을거리 간식으로 자리 잡았기 때문이다. 판매점의 숫자와 성장속도도 급격한 상승세를 보이고 있다. 중장년 퇴직자가 자영업을 하기 위해 선택하기 쉬운 업종으로 알려져 있다. 그만큼 진입장벽은 낮은 만큼 경쟁이 쉽지 않은 품목이다.

통계청에서 발표한 2014년 기준 서비스업 부문 조사결과를 보면 확인이 가능하다. 치킨 프랜차이즈 가맹점 수는 2만4,329개(종사자 5만7,131명)로 편의점(2만6,280개(종사자 9만8,863명) 다음으로 많았다. 3위는 한식집으로 2만2,515개(8만7,040명)다. 이는 프랜차이즈 업체만을 대상으로 한 것이다.

<표 1> 2014년도 기준 국내 프랜차이즈 통계 현황

산업별	가맹점수 (개)	종사자수 (명)	매출액 (백만원)	영업비용 (백만원)	인건비 (백만원)	임차료 (백만원)	기타경비 (백만원)	연간급여액 (백만원)
치킨	24,329	57,131	2,776,748	2,338,262	224,831	193,432	1,919,999	194,142
편의점	26,280	98,863	11,323,639	10,735,120	931,858	311,394	9,491,868	593,130
한식	22,515	87,040	5,589,761	5,042,227	346,214	452,275	3,643,738	806,704
제빵 · 제과	8,388	40,329	3,393,339	3,182,010	336,343	191,496	2,653,171	292,497
피자 · 햄버거	9,144	43,174	2,105,612	1,903,967	396,090	136,040	1,371,837	312,413
커피전문점	12,022	54,616	2,021,608	1,811,248	446,109	301,234	1,063,905	396,616

자료: 통계청(서비스업조사, 2014), 프랜차이즈 통계 16개 업종별 조사(교육서비스업 제외) 중 주요 업종 6개

통계청이 집계한 치킨전문점은 공정거래위원회에 가맹점으로 등록된 상표를 대상으로 한 것이다. 프랜차이즈 형태가 아닌 개인사업자를 포함하면 더욱 증가한다. 프랜차이즈뿐만 아니라 주요판매 품목이 치킨이면서 호프집 등 타 업종을 병행하는 곳까지 합치면 치킨집이 3만 개를 훌쩍 넘는다는 조사 결과도 있다(연합뉴스, 2015.10.5).

KB금융지주 경영연구소의 국내 치킨 비즈니스 현황분석(2013-1호)에 따르면 국내 치킨전문점 수는 10년간 연평균 9.5% 증가, 약 3만6천 개에 달한다. 이 자료는 통계청의 자료를 토대로 닭강정, 불닭 등 치킨을 주 판매 업종으로 하는 사업체를 포함시켰다. 반면 닭갈비, 찜닭, 삼계탕, 닭 꼬치 등을 파는 곳은 대상에서 제외했다. 이들까지 포함하면 5만 여개가 넘을 것이라는 예측이 가능하다.

국내 읍면동 숫자 3,496개를 대비하면 1개 동에 약 14개 이상의 치킨가게가 있다고 예상할 수 있다. 농어촌지역인 읍면을 제외한 동별로 따지면 그보다 훨씬 많은 점포가 주변에 산재해 있는 것으로 판단된다. 도시지역에서는 드러난 숫자보다 더 많은 치킨집이 운영되고 있는 것을 체감할 수 있다. 이처럼 치킨을 주 업종으로 판매하는 점포의 숫자는 2013년 기준으로 전 세계 맥도날드 매장 3만5천여 개, 샌드위치 전문점 서브웨이 3만2천여 개를 훨씬 웃돌고 있다.

KB금융지주 경영연구소의 보고서를 보면 치킨전문점의 영업 이익률은 30.3% 수준으로 월 순수익은 약 275만 원으로 계산된다. 4인 도시근로자 가구당 월평균 소득인 약 522만 원의 절반 수준이다. 또한, 치킨전문점의 평균 생존기간은 2.7년으로 나타났다. 3년을 채우지 못하는 구조다. 2001년 이후 창업한 치킨전문점의 휴업과 폐업률은 평균 79.5%이다. 최종 생존비율이 5분의 1에 불과하며 49.2%

가 창업 3년 이내에 퇴출당했다. 치킨가게를 개업한 사람 절반이 3년 이내에 문을 닫는다는 애기다.

이처럼 국내 치킨 시장은 양적 성장은 이루었으나 질적 생태계는 담보하지 못하고 있다. 브랜드를 다 기억할 수 없을 정도로 수많은 치킨 프랜차이즈가 등장하고 있다. 그러나 치킨전문점마다 특별한 차이는 보이지 않는 것 같다. 비슷한 메뉴가 주를 이루고 가격은 1마리당 1만 원을 상회한지 오래되었다. 종류에 따라서 2만 원에 가까운 제품도 있다. 소비자로서는 비슷한 통닭을 브랜드별로 구매하는 형국이다. 하지만 지금도 다양한 형태로 차별화를 외치며 치킨 프랜차이즈가 나타나고 있다.

이러한 치킨의 역사는 미국의 남북전쟁 이전부터 시작되었다고 한다. 농장에서 일하는 남부지역 흑인에게 있어 다른 동물과 달리 닭은 사육과 매매, 조리가 허용된 유일한 제품이었던 것이다. 백인 가정의 요리사로 일하며 향신료와 양념 등을 이용하기 시작한 것이 프라이드치킨의 시작이라 할 수 있다(스포츠조선닷컴, 2016.1.29). 이후 1940년대에 미국 켄터키주에서 카페를 운영하던 홀랜드 샌더스(Harland Sanders)가 밀가루와 향신료를 이용해 오늘날의 프라이드치킨을 탄생시켰다. 프랜차이즈 프라이드치킨 전문점 "켄터키 프라이드치킨(KFC :Kentucky Fried Chicken)"의 시작이다. 우리나라에서 닭튀김을 치킨으로 부르기 시작한 것도 1984년 'KFC'가 서울에 진출하고 나서부터다.

우리나라는 전통시장 내에서 가마솥에 끓인 기름에 튀겨내는 방식을 통해 프라이드치킨의 맛이 퍼져나갔다. 그 당시 맛을 살린다는 의미의 전통식 치킨집도 최근에 증가하고 있다. 국내 치킨전문점의

원조는 1960년 '명동영양센터'의 전기구이통닭으로 알려져 있다.

1970년 말 '림스치킨'이 국내 최초의 치킨 프랜차이즈 브랜드로 등장했다. 이후부터 통닭 한 마리가 아닌 닭 조각 튀김 판매가 이뤄졌다. 1982년 '페리카나'가 양념치킨을 선보였다. 이후 대형 프랜차이즈 업체에서 반반(프라이드치킨 반, 양념치킨 반)'을 출시했다. 1990년대 말부터는 '불닭'과 '찜닭'이 등장했다. 하지만 불닭과 찜닭 제품은 장수제품이 되지 못했다. 2008년에는 웰빙 바람으로 구운 치킨이 출시되고 2010년에는 대기업의 통큰치킨까지 나타났다.

치킨호프집은 특별한 기술이 없어도 매장개업이 가능하다는 측면에서 퇴직자들이 많은 관심을 보인다. 국내에서 치킨전문점이 급성장하는 이유 중 하나는 베이비붐 세대(1955~1963년)의 참여라 할 수 있다. 이들이 직장에서 나와 생계형 창업으로 쉽게 진입할 수 있는 치킨전문점을 선택한 것이다. 특히 1997년 외환위기 이후 그 현상은 두드러졌다. 최근에는 청년층 취업난으로 20대의 창업이 증가하고 있고, 50대는 10년 전보다 2배 이상 증가하고 있다.

KB금융지주 보고서는 치킨전문점의 생존확률을 극대화하기 위해 창업 전 충분한 준비와 고유 경쟁력 확보가 필요하다고 강조했다. 창업 이후 소득이 창업 전보다 평균 9백만 원 이상이 감소하는 것으로 분석되었다. 또한 인건비를 계산하지 않는 무급가족 종사자를 고려할 경우 실질소득 하락폭은 더 클 것으로 추정된다. 따라서 예비 창업자들은 자금조달 계획 및 손익분기점 등을 구체적으로 계산하여 창업에 임할 필요가 있다고 지적하고 있다.

3. 동네치킨 한계극복 위한
   협동조합 탐색

치킨전문점 창업자 중 67%는 프랜차이즈 가맹점이며, 나머지 33%가 개인 창업자로 구분된다. 치킨전문점 창업자 중 필자가 협동조합 방식으로 풀어나가고자 하는 사례는 33%에 해당하는 개인 창업자를 대상으로 한다. 1년 365일을 거의 쉬지 않고 영업하는 형태를 보이는 동네치킨집의 환경은 어렵다. 대부분 맥주, 소주 등 주류를 함께 판매한다. 메뉴는 프랜차이즈 전문점만큼 다양하지 않다. 간판에 적혀 있는 상호명은 자주 쳐다보지 않으면 기억에 남지 않는다. 1일 몇 마리의 치킨을 프라이드 또는 양념치킨 등으로 판매하는지 알 수 없지만 그 수는 많지 않은 것 같다. 초저녁 몇 개 테이블에 앉아 있는 손님 수를 보면 대략 계산할 수 있다. 배달도 많지 않은 것 같다.

필자가 살고 있는 아파트 주변에는 유독 그러한 치킨호프집 형태의 가게가 많다. 아파트 앞이 상권이 형성된 지역이 아니라서 그런지 모르겠다. 아파트 주민들도 술 한잔하려면 가까운 대학가 주변이나 전철역 근처로 나가는 것 같다. 상권이 형성된 지역에는 TV 등 언론매체에서 꾸준히 광고하는 프랜차이즈 치킨전문점이 많이 포진되어 있다.

필자의 경우도 외부에서 온 지인들과 한잔하려면 대학 주변 또는 전철역 근처의 장소를 정한다. 사정이 이러다 보니 아파트 주변의 치킨호프집을 거의 이용하지 못하는 편이다. 어쩌다 동네 선후배를 만나게 되면 그때 마지못해 찾아가는 곳이 동네치킨집이다. 가끔 동네 치킨호프집을 애용하고 있지만 오래 앉아 있지는 않는 편이다.

프랜차이즈 치킨전문점은 많은 영업이익이 배달을 통해서 이루어지고 있다. 주말 또는 밤늦은 시간에 집에서 배달주문을 할 때도 기본적 선택사항이 프랜차이즈 치킨을 주문하는 것 같다. 동네치킨집은 전화번호도 모르고, 배달이 가능할까 라는 생각부터 하게 되니 피하게 되는 것 같다.

동네치킨집이 성공하려면 고정고객을 많이 확보해야 한다. 가격도 저렴하고 치킨 맛도 프랜차이즈 못지않게 맛있어야 한다. 서비스 안주도 아낌없이 내주어야 한다. 프라이드치킨은 바삭하고 고소한 맛이 있어야 한다. 그러려면 튀겨내는 기름이 신선해야 한다. 야채 등 과일 안주도 신선함을 유지해야 한다. 마른안주도 눅눅하지 않고 탄력 있어야 손길이 간다.

수없이 많은 치킨과 안주를 경험해본 소비자들이라 기본적으로 맛이 있는지를 판단한다. 또한 다양한 메뉴가 있는지도 판단의 척도가 된다. 두 번째가 치킨전문점의 브랜드 이미지다. 소비자는 어떠한 브랜드가 어떠한 맛을 지니고 있는지 기억하고 있다. 그간의 시식경험을 통해 알고 있고, 이 내용을 지인들과 공유하고 있다. 이러한 상태에서 프랜차이즈 브랜드가 아닌 동네치킨집의 경험하지 못한 맛은 발걸음을 돌리게 한다. 쉽게 선택하지 않고 망설인다는 의미다. 세 번째가 매장 안의 청결함과 인테리어 등이다. 소비자의 입장에서 닭튀김 냄새를 의식하지 않을 정도로 깨끗한 곳이 좋다. 벽에 걸려 있는 주문 메뉴판에도 눈길이 간다. 유명 연예인들이 치킨을 권유하거나 소주 및 맥주 광고 모델로 나오는 포스터에 집중한다. 반면 벽에 매직펜으로 적어 부착한 메뉴판이 있는 매장을 보게 되는 경우가 있다. 빈번히 찾아갈 정도의 치킨호프집은 아닐 것이다. 치킨전문점 매장 분위기에 따라서 고객의 발길을 돌려놓을 수도 있다는 얘기다.

프랜차이즈 치킨전문점 대비 개인 창업자가 운영하는 동네치킨집의 매출은 65% 수준이다. 메뉴의 다양함, 식자재의 저렴함, 배달 전화의 익숙함, 브랜드 이미지 등 따라 잡을 수 없는 것들이 많다. 이렇게 동네치킨집은 프랜차이즈 영업점에 비해 모든 것이 열악하다. 근본적으로 구조적으로 따라갈 수 없는 것들이 있다.

이러한 동네치킨점이 의외로 많다. 동네치킨집 A가 안고 있는 고민을 같은 지역의 동네치킨집 B도 가지고 있다. 혼자만의 치킨호프집으로는 현재 상태에서 수익을 끌어올리기가 쉽지 않다. 무보수 가족의 희생과 인건비 싸움으로 버티는 상황이다. 프랜차이즈 치킨전문점도 평균 폐업률이 만 3년이 되지 못한다. 그보다 못한 동네치킨집의 경우는 더 열악하다. 무엇인가 돌파구를 찾아야 하는 처지다. 이러한 고민을 풀어내는 방법 중 하나가 협동조합을 통해서다.

동네치킨집 A는 술자리에서 지인에게 고민을 늘어놓다가 협동조합이란 제도를 알게 되었다. 직접 들어보고 판단하기로 했다. 지인을 통해 자치구에서 협동조합 무료 강연하는 장소를 찾아갔다. 처음에는 서먹거림이 있었지만 비슷한 처지의 사람들인 것 같아 조금은 위안이 되었다.

처음 들어보는 협동조합 강의를 듣고 다 이해하지는 못했다. 그래서 시간 날 때마다 기회가 있을 때마다 서너 번 더 협동조합 강의를 들었다. 처음에는 혼자 가서 들었지만, 인근에서 동네치킨집을 하는 B를 데리고 갔다. 무엇인가 제도를 잘 활용하면 출구가 보일 것 같았다. 이렇게 시작된 협동조합과의 첫 대면이 인근지역 같은 고민을 갖고 있는 동네치킨집 대표들에게 건네졌다. 전화로 인맥을 통해 이러저러한 상황을 설명하고 모임을 결성했다.

인근지역 동네치킨집 10곳이 같은 문제를 해결하고자 모였다. 이들에게는 동일한 고민과 문제 해결을 위한 염원만 있다. 협동조합 강의를 여러 번 들은 동네치킨집 A는 막상 설명하려니 겁부터 났다. 구체적 설명하기가 어려울 것 같았다. 그래서 중간지원조직 활동가의 도움을 받기로 했다.

첫 회의 날, 활동가는 동네치킨집 사장들에게 협동조합을 결성하여 어려운 현실을 타개할 수 있는 방법을 알려줬다. "뭉치면 살고 흩어지면 죽는다"는 각오가 있어야 한다는 이야기도 나왔다.

이날 회의 내용을 풀어쓰면 대략 이렇다. 매장 임대료와 배달 인건비는 현재 상태에서 어찌할 수가 없다. 그러면 식자재에서 해결을 해야 한다. 예를 들어 동네치킨집 1곳이 하루에 10마리의 생닭을 사용한다고 가정하면 10곳의 사용량은 100마리가 된다. 1곳의 동네치킨집이 10마리의 생닭을 3만 원에 구입한다고 하면, 10곳을 합하면 30만 원이 된다. 하지만 10마리 구매할 때와 100마리 단위로 구입할 때의 가격은 저렴해진다. 1일 5만 원을 할인받아 구입하면 1곳당 5천 원의 이익이 생긴다. 휴무를 감안하여 1달을 26일이라 계산하면, 1곳당 1달에 13만 원이란 돈을 절약할 수 있다. 1년이면 156만

원의 지출을 방지할 수 있는 계산이 나온다.

동네치킨집에서 자주 사용하는 식자재는 다양하다. 식용유, 치킨파우더, 치킨양념 등 다양한 소스, 양배추, 무, 콜라 등 음료수와 맥주에 이르기까지 다양하다. 생닭 같은 방식으로 공동구매하여 운영한다면 상당한 비용을 절약할 수 있을 것이다. 가랑비에 옷 젖는다고 소소하게 나가는 돈을 합하면 상당한 금액이 된다. 개별적으로 구입하는 식자재를 공동으로 구매하는 방식을 채택하고 운영만 해도 연간 수백만 원을 절약할 수 있다.

그만큼 더 번다는 이야기다. 솔깃한 제안이고 누구나가 공감하는 내용이다. 당장이라도 협동조합을 만들면 다 해결될 것 같다. 회의에 참여한 10곳의 동네치킨집 사장님들의 의욕이 앞선다. 함께 해보자는 결의를 했다. 함께 협동조합을 설립하자는 결론을 내리기까지 시간이 꽤 걸렸다. 다음 회의에서는 구체적인 사업 진행에 대해 논의하기로 했다.

1주일이 지났다. 10곳의 사장님들이 다시 모였다. 지난 1차 회의 때와는 달리 나름대로 협동조합에 대한 정보도 듣고 공부도 한 것 같다. 진지하면서도 알찬 회의가 될 것 같은 분위기다. 이런 방식으로 전국의 동네치킨집이 협동조합으로 뭉친다면 프랜차이즈 치킨전문점하고도 경쟁이 될 것 같은 자신감도 생긴다.

회의 시작 30분 만에 더 이상 진행이 어렵다. 협동조합을 어디다 만들 것인지, 사무실은 누구 가게로 할 것인지, 출자금은 얼마씩 낼 것인지, 누가 대표를 하고 식자재 공동구매하여 분배할 것인지, 식자재 운반 차량은 구매할 것인지, 리스 또는 렌탈할 것인지, 공동브랜드는 제작할 것인지, 공동으로 사용할 대표 전화번호는 어떻게 할 것인지, 음료수와 주류에 대한 공급처는 누구 거래처로 할 것인지, 식용유 종류에 대한 생각도 다르고, 선호하는 소스도 다름을 알게 되었기 때문이다.

서로 눈치만 보기 시작한다. 협동조합 제안을 시작한 동네치킨집 A와 B에게 슬쩍 떠넘기는 분위기다. 이때부터 10명의 사장님은 말을 적게 한다. 새로운 아이디어를 내고 말을 많이 하는 사람이 해당 책임을 져야하는 분위기가 형성되었기 때문이다. 너무 복잡해지는 것 같다. 혼자 할 때는 본인이 알아서 좋아하는 식자재 사용하고 차별화된 전략이 있었던 것 같다. 여럿이 모이니 역시 시끄럽고 단합이 안 되는 것 같다. 내가 얻는 이익도 보이지만 내가 부담하고 희생해야 할 일들이 더 많아지는 것 같다. 기회비용보다 매몰비용을 더 생각하기 시작한다.

처음 이야기를 들었을 때는 내가 얻는 이익만 보였는데 이야기를 하다 보니 손해 보는 것이 더 많게 느껴지는 것이다. 실제로는 더 많은 이익이 생성되는데도 당장 귀찮음과 신뢰가 부족해서다. 애매한 상황이 연출되고 자리를 일어나고 싶지만 그것도 쉽지 않다. 욕먹기는 싫은 것이다.

회의를 지켜보는 제삼자인 협동조합 활동가의 마음은 답답하기만 하다. 강제할 수도 없거니와 강제해서도 안 되고, 그들 스스로 자율적으로 운영해야 하기에 지켜봐야 했다. 행정도 중간지원조직도 개입하는 순간 결과에 대한 부메랑의 여파가 얼마나 큰지 알고 있기 때문이다.

결국 동네치킨집 사장님들은 조금 더 생각하고 상호 신뢰를 위한 시간을 갖기로 했다. 정기적으로 월 1회 회의를 하기로 했다. 천천히 서로를 알아가는 모임과 번개모임 등을 통해 논의하기로 했다. 너무

서두른 감이 있었던 것 같았다. 해서 최소 6개월 정도는 지켜보기로 했다. 어느 정도 시간이 흐르면 현재의 고민들이 자연스럽게 풀릴 것 같았다. 누군가 대표를 맡고, 누군가 실무역할을 하고, 누군가 차량을 이용하고, 공공브랜드와 전화번호도 누군가 제안할 것이란 생각을 가지고 일어났다.

3번째 만남에서는 모이는 사람이 적어졌다. 6명만 모였다. 4번째 만남에서는 3명이 모였다. 그렇게 6개월이 가기도 전에 협동조합 준비모임은 유야무야되었다. 그들은 다시 예전의 방식으로 가게를 운영하고 있다. 이런 사례를 통해 협동조합을 결성하고 출발하는 것 자체가 쉽지 않다는 것을 알 수가 있다. 서로 신의성실의 원칙하에 뜻을 같이하면 당장 이익이 생기는 데도 각자의 생각이 다르다. 그동안 협동이라는 것을 해본 경험이 없어서일 것이다. 협력하면 해결된다는데는 공감하지만, 실제 행동에 나서기가 어렵다. 먼저 움직이는 사람이 그 책임을 다해야 한다는 경험을 알고 있기 때문이다. 명분은 공동의 이익을 내세우지만 속내로는 큰 희생 없이 이익만 챙기고 싶은 생각이 더 많기 때문이다. 사회 전반에 걸친 이기주의 시스템에서 알게 모르게 길들여진 모양이다.

조금 더 고통이 있고, 더 절실해질 때 다시 만나 협동조합을 이야기 할 수 있으리라 생각한다. 현재로써는 그렇게까지 절실한 삶이 아닌 것으로 비쳐진다. 희생 없이 이익만 챙기려는 생각이 많은 상황에서 더 이상의 진행은 무리다. 한사람의 욕심으로 강제적이고 공감없이 이끌어나가다 보면 중간에 탈이 나게 마련이다. 그러한 사례는 비단 협동조합의 일만은 아니다. 살면서 몇 번의 경험들은 다 있기에 주저하는 것이다.

4. 1천만 등산인구 역사와
산악회 유형

우리나라 산악회의 공식출발은 1945년 9월, 조선산악회란 이름으로 알려져 있다. 2016년 기준으로 약 71년이란 세월이 경과했다. 현재는 오프라인뿐만 아니라 온라인 산악회까지 그 수를 헤아릴 수 없을 정도로 많다. 친구들끼리 운영하는 소모임에서부터 지인들, 같은 취미를 가진 사람들끼리 산악회를 결성하는 경우도 있다. 초등학교에서부터 학교 배경을 중심으로 운영하거나, 고향을 배경으로 하는 산악회, 현재 살고 있는 지역을 토대로 만든 산악회, 같은 직종 관련 산악회, 같은 또래들끼리 모여 만든 산악회, 백두대간 등 장거리만 가는 산악회, 둘레길만 걷는 산악회, 높은 산보다는 유적지 등을 걷는 산악회 등 유형도 천차만별이다.

우리나라 전체 인구의 절반가량이 산을 경험하고 그중의 절반이 한 달에 한 번 이상 산행을 한다고 하니 최소 1천만 명 이상의 산악회원이 있다고 보면 될 것 같다. 이러한 산악회원 숫자 증가는 아웃

도어 관련 회사들의 춘주전국 시대를 방불케 하는 급성장을 불러왔
다. 국내 유명 브랜드뿐만 아니라 듣지도 보지도 못했던 수많은 외
국브랜드 제품이 국내시장을 잠식하는 것만 봐도 알 수가 있다. 최
근에 주춤거리는 현상을 보이지만 여전히 완만한 상승세를 유지하
고 있다. 고급화로 인한 가격상승은 소비자에게 부담을 줄 정도로
치솟고 있다.

산악회 숫자에 대해 정확한 통계는 없다. 다만 수만 개 정도 될
것 같다는 것이 전문가들의 공통된 시각으로 알려져 있다. 국내 산
악회 운영방식은 크게 2가지로 구분할 수가 있다. 하나는 오래된 협
회를 주축으로 운영하는 산악회이고, 다른 하나는 참가회원들에게
일정의 비용을 받고 등산관련 행위를 하는 단체인 안내산악회다.

등산 관련 산악협회 등이 이끄는 첫 번째 산악회는 기존 8개 개별
법으로 제정된 협동조합처럼 오랜 역사와 규모가 있고 체계가 잘 정
비되어 있다. 두 번째 안내산학회는 영리를 목적으로 등산객들을 모
집하여 산행을 하는 모집산악회부터 인터넷 카페의 등산동호회나
등산을 통한 친목모임까지 다양한 형태를 보인다. 안내산악회는 협
동조합기본법에서 제정한 협동조합으로 이해하면 된다.

협회 관련 산악회로 국내 양대 산맥 산악회인 한국산악회와 대한
산악연맹이 있다. 국내에서 가장 오래된 역사를 자랑하는 산악회다.
전문 산악인들을 육성하기 위한 등산학교를 운영하며, 해외원정 등
반을 기획하고, 산악구조대를 운영하고 있다. 시도별 지부 산악회에
서는 일반인을 대상으로 하는 국내산 및 해외 산행의 등산 행사도
진행하고 있다.

두 산악회의 역사를 살펴보면 다음과 같다. 사단법인 한국산악회

는 광복 이후 진단학회에 이어 두 번째로 설립된 사회단체로 1945년 9월 15일 YMCA 창립총회를 갖고 조선산악회란 명칭으로 창립되었다. 1948년 8월 15일 대한민국 정부수립과 동시에 명칭을 한국산악회로 개칭하였다. 한국산악회는 산악운동을 통하여 민족정신을 고양하고 국가지상의 이상을 실천하려는 이념으로 출발했다.

이후 1966년 4월 최초 활자본으로 된 연보 제6호를 발간했다. 1969년에는 국제산악연맹(UIAA)[1]에 가입했다. 1970년 창립 25주년에는 등산아카데미를 개설하였고, 동년 5월에는 우리나라 최초로 OL[2]경기를 도입하여 제1회 알파인 OL대회를 개최하였다. 1973년에는 국제산악연맹 산악보호위원국으로 선출되었다. 1980년 9월 26일에 문교부로부터 사단법인 설립인가를 받아 창립 35년만에 사단법인체를 결성하였다. 2002년 UN이 제정한 세계 산의 해에는 산의 해 선포식을 거행했다.

한국산악회는 회장단과 이사회 이외 13개 지부와 7개 상설위원회를 운영하고 있다. 산악연수원을 운영하며, 산악도서관과 산악문화연구소도 운영하고 있다. 격월간으로 '산'을 발행하고 연보로 '한국산악'을 발간하며, 약 4천여 명의 회원으로 구성되어 있다.

사단법인 대한산악연맹은 1962년 4월 23일 창립총회를 개최했다.

---

1) Union Internationale des Associations d'Alpinisme의 약자로 국제산악연맹을 뜻한다. 등반 장비의 표준을 설정하는 국제공인기구. 우리나라는 (사)한국산악회와 (사)대한산악연맹 두 단체가 회원국으로 가맹되어 있다. (등산상식사전, 한국등산연구소 2010. 10. 7)

2) OL은 독일어의 오리엔티에룽스라우프(Orientierungs Lauf) 약자로 오리엔티에렌(Orientieren, 방향설정)의 명사형과 라우프(Lauf, 달리기)의 합성이다. 오리엔티어링(Orienteering)이라고 알려져 있다. OL은 지도와 나침판에 의존하여 방향을 정하고 자연환경 속에 설치된 몇 개의 통제지점(control points)을 통과해 가며, 그 소요시간을 측정하는 스포츠라고 할 수 있다. 또한 일반적인 마라톤이나 육상경기와는 달리 통제지점에 접근하는 길을 스스로가 설정해야 하고, 그에 따르는 방향설정 기술이 비교되는 경기이다. 따라서 체력증은 물론이고 레크레이션의 측면에서도 아주 훌륭한 종목이라고 할 수 있다.

1963년 6월 문교부령에 의해 서울시교육위원회에 문화단체로 등록했다. 1966년 12월에 문교부로부터 사단법인 인가를 받았다. 1967년에는 제1회 대통령기 전국등산대회를 개최했다.

1970년에는 한국산악회보다 1년 늦게 국제산악연맹에 가입했다. 2009년 11월에는 (사)대한산악구조협회를 창립, 2012년에는 (사)대한산악스키협회를 창립시켰다. 2013년 10월에 전국체육대회에서 스포츠클라이밍 남자일반부 정식종목으로 채택되었다. 2016년 2월에는 전국동계체육대회에서 아이스클라이밍 시범종목으로 채택되었다. 회장단과 서울 등 17개 광역시도의 지부체제와 미국과 중국 지부, 13개 위원회를 운영하고 있다.

한편, 안내산악회에는 영리를 목적으로 하는 유형과 동호회 수준을 유지하는 유형이 있다. 안내산악회의 장점이라면 적은 비용으로 산행을 할 수 있다는 것이다. 산행경험이 없는 초보자들도 주변 도움을 받아 산을 접할 수 있어 등산문화 확대에 크게 이바지했다고 봐도 과언이 아니다. 단점이라면 산행시간과 코스 등 개인별 차이가 많음으로 인한 불편함이 있다.

기존 안내산악회의 모습은 전단지 등을 통해 모집하여 정원이 차면 목적지로 떠나는 모습이 대부분이었다. 인터넷과 스마트폰 일상화로 인해 인터넷 카페동호회 등을 통해 운영되는 추세가 대세다. 아직도 유명한 산 입구에는 산행안내 전단지가 걸려 있는 모습을 볼 수 있지만, 2010년도 통합 출범한 한국등산연합중앙회 등 인터넷을 통해 등산객을 모집하여 운영하는 방식이 많다.

1973년 18개 산악회 운영단체가 모여 한국그룹등산연합회를 발족한 것이 안내산악회의 공식모임이라 할 수 있다. 이후 전국등산연

합회(1979년), 한국등산회연합회(1983년), 한국등산중앙연합회(1989
년), 한국사회체육회 등산중앙연합회(1991년), 생활체육서울시등산
연합회(1996년), 한국사회체육진흥회 등산중앙연합회(1999년), 한국
등산중앙연합회(2000년), 한국등산연합중앙회(2005년) 등의 우여곡
절이 있었다. 이후 2010년도 등산중앙회와 한국등산중앙연합회가
통합하여 한국등산연합중앙회가 통합단체로 출범하게 된 것이다.

이들 산악회에서는 예를 들어 몇 개 산악회별로 지리산 종주를 목
적으로 모집한 뒤, 자체적으로 버스 1대가 채워지지 않으면 연계된
산악회와의 합류를 통해 인원을 채워가는 방식을 이용한다. 같은 코
스로 가는 단체수준의 숫자만큼 버스를 대절하기 때문에 저렴한 비
용에 교통편만 제공하는 수준이다. 목적지에 데려다주고 일정 약속
시각이 되면 다시 출발지로 데려다주는 교통안내가 주요 목적이다.
소위 산행 후 뒤풀이도 하지 않고 말 그대로 교통편을 제공해주고
있다. 산악대장들이 산행에 대한 구체적인 안내와 가이드를 하고 있
지만 코스별 산행하는 사람들이 나누어져 있기에 전체 가이드는 무
리가 있다. 회비에서 일정한 수수료 등의 이익을 확보하여 운영하는
영리산악회가 주를 이룬다.

카페형식의 많은 회원을 확보하고 있는 안내산악회는 수많은 회
원을 관리하기 어려울 수밖에 없다. 반면 산행에 나선 회원들의 경
우는 자신에게 관심을 가져주고 뒤풀이 등을 통해 친목을 다지고자
하는 성향이 많아졌다. 자연스럽게 기존의 방식으로는 새롭게 가입
하는 새로운 산행인구를 수용하기 어렵게 되었다. 수요자 입장에서
는 가까운 지역, 같은 연령대를 중심으로 모여 산행하려는 경향이
강해진다. 그래서 살고 있는 소재지를 토대로, 같은 연령끼리 함께

하는 산악회가 중심을 이루게 되었다. 소위 2030산악회, 3040산악회, 4050산악회 등으로 갈라진 것이다.

이러한 흐름은 10여 년 전부터 급격히 확대되는 추세를 보였다. 주 5일 근무 영향도 있었다고 판단된다. 30~40대를 중심으로 인터넷 등산동호회가 활성화되면서 새로운 등산객이 증가하였다. 기존의 개인 산행 형태에서 친목 성향이 강한 동호회로 발전하였다. 인터넷 동호회 산악회이지만 오랜 친목으로 인해 해당 산악회에 대한 소속감도 강한 편이다. 교통편만 제공하는 안내산악회에서는 좀처럼 볼 수 없는 모임들이 이루어진다.

등산학교에서 정식으로 등산을 배운 사람 또는 협회산악회 또는 안내산악회에서 오랫동안 활동을 해온 사람들이 인터넷산악회에서 산악대장을 하는 사례가 많아졌다. 오랜 산행 활동을 통해 등산경험을 쌓아온 리더들이 새로운 유형의 산악회를 견인하고 있는 것이다.

인터넷 동호회 형태의 산악회가 많아지는 만큼 등산인구도 비례해 증가해왔다. 하지만 동호회 형태를 유지하다 보니 회원이 어느 정도 증가하면 집행부의 갈등 등으로 여러 산악회로 분리되는 경우가 많아졌다. 몇몇 대장을 중심으로 모여서 새로운 산악회를 만들고 다시 흩어지고 모이고를 반복하다 보니 그 숫자를 셀 수 없을 정도 많아진 것이다.

국내 산악회 회원들이 몇 명이나 될지에 대한 정확한 데이터는 얻기 힘들다. 한 사람이 최소 3~4개 이상의 인터넷산악회에 가입하고 있는 경우도 부지기수이기 때문이다. 우리나라에서 종교에 가입되어 있는 인구 숫자가 전체 인구보다 많다는 이야기와 같은 경우라 이해하면 된다. 필자도 여러 개 산악회에 가입되어 있다. 단순 안내산악회에도 속해 있고, 동호인 산악회 회원으로도 활동하고 있다.

소규모 형태로 많아진 인터넷동호회 산악회라 해서 순기능만 있는 것은 아니다. 사고가 났을 경우 책임 여부에 대한 갈등과 준비되지 않은 산악대장들로 인한 사고도 종종 발생한다. 특히 정상탐방로가 아닌 비탐방 지역으로 진행하는 산행에서 발생하는 사고에 대해서는 책임논란이 많다.

산악동호회의 수명이 길지 않은 것도 현실이다. 유명한 동호회산악회의 경우는 수만 명에 가까운 회원 수를 자랑하는 곳도 있다. 반면 만들었다가 제대로 활동도 못하고 사라지거나 명맥만 유지하고 있는 산악회도 많다. 산악회가 활성화되다가 분리되는 경우는 대부분 회원간 감정대립의 이유가 많다. 운영과정의 충돌 내지는 회칙을 준수하지 않음으로 인한 감정표출 등이 있다. 오랜 친목을 바탕으로 새롭게 산악동호회를 만들었으나, 프로그램 미흡, 회원 수의 한계 등으로 멈춰 있는 산악회도 많은 것이 현실이다.

이러한 요인들이 필자가 협동조합기본법에 의해 설립된 협동조합을 주목하고 사례로 삼은 이유다. 본 책에서는 10여 년 전부터 급격히 확대된 안내산악회를 배경으로 협동조합에 대한 비유를 제시하려고 한다. 필자 또한 같은 시기에 참여한 산악인으로서 협동조합의 운영과 유사한 형태의 안내산악회와 동호회산악회를 배경으로 서술하려고 한다.

5. 웰빙문화 확산과
등산초보자의 각오

　최근 몇 년 전부터 등산인구가 기하급수(幾何級數)로 증가하고 있다. 외환위기부터라는 이야기도 있고 주5일 근무 확산으로 인한 현상이라는 설명도 있다. 등산인구의 연령대도 낮아졌다. 수도권 인근 산행에 나서보면 20~30대를 쉽게 발견할 수 있다. 인터넷 발달과 온라인 활성화에 따른 원인도 있을 것이다. 인터넷 카페, 밴드 등 SNS[3]에 쉽게 접할 수 있는 문화가 많은 이들을 산으로 이끌어 내는 것이라 생각한다. 웰빙문화가 확산되면서 건강을 생각한 사람들이 산을 찾는 경우가 많아졌다. 스포츠센터 등 실내공간 활동에서 피톤치드(Phytoncide)[4] 흡입 등 자연에서 얻는 효과를 기대하고 야외활

---

3) Social Network Service 의 줄임말로, 온라인상에서 여러 사람들과 관계를 맺을 수 있는 서비스를 말한다.

4) 1937년 러시아의 생화학자 토킨(Boris P. Tokin)에 의하여 명명되었다. 식물이 병원균·해충·곰팡이에 저항하려고 내뿜거나 분비하는 물질로, 삼림욕을 통해 피톤치드를 마시면 스트레스가 해소되고 장과 심폐기능이 강화되며 살균작용도 이루어진다. 희랍어로 '식물의'라는 뜻의 'phyton'과 '죽이다'라는 뜻의 'cide'가 합해서 생긴 말이다. (자료: 두산백과)

동이 많아진 것이다.

건강을 생각하는 다른 운동에 비해 비용이 저렴하다는 장점도 있다. 물론 고급브랜드를 찾기 시작하면 웬만큼 감당하지 못하는 비용이 수반된다. 중저가를 찾거나 대박세일 등 정보를 잘 활용하고 여기저기 발품을 팔면 나름 저렴한 비용으로 만족도를 높일 수도 있다.

필자는 개인적으로 산을 아주 좋아하는 편이다. 시간이 많지 않다는 핑계로 가능한 서울 근교의 산을 주로 찾는다. 전국 유명한 산을 다 섭렵하지는 못했지만, 기회가 되면 가보려고 노력한다.

필자가 산을 자주 찾게 되는 계기가 있었다. 직장생활을 하다가 뒤늦게 박사 공부를 시작했다. 잘나가던 금융벤처 회사에서 30대 중반을 보냈다. 대기업의 물량공세에 견딜 수 없어 특허소송을 제기했다. 1심 재판에서 승소하고 일부 대기업에서 특허료를 받기 시작했다. 그렇게 여러 대기업에 특허소송을 걸었다. 필자가 다녔던 회사는 특허료만 받아도 수많은 직원들이 먹고 사는데 지장 없을 정도로 행복한 시간을 보내고 있었다.

그런데 2심 고등법원 판결 며칠 앞두고 우리가 가지고 있던 특허가 사라졌다. 관련공무원이 특허를 무효처리하고 퇴직하여 사라졌다. 소송에 이겨야 하는 원천소스가 없으니 당연히 승소할 수 없었다. 그렇게 대법원까지 갔으나, 특허권 없는 전쟁은 고통만 안겨주었다. 여러 정황으로 의심은 들었으나, 확실한 물증이 없었다. 이사들의 연령이 30대 중반이었다. 세상에 제대로 뒤통수를 맞은 것이다. 후에 들어보니 이런 유사한 사건이 몇 건 더 있었다 한다.

사건의 충격을 완화시키고자 등산을 시작했다. 분노의 감정을 다른 힘든 체험을 통해 눌러야 했다. 세상 물정을 잘 모르고, 어둠의 세계에 대한 대비책이 없었던 것이다. 뭔가 공부를 해야만 할 것 같았다. 뭘 정확하게 알아야 살아갈 수 있다는 생각을 하게 되었다. 다양한 그룹의 네트워크도 필요했다. 행정 시스템을 알아야 두 번 다시 그러한 실수를 하지 않을 것이란 계산도 했다. 그런 절박감으로 3년 만에 행정학박사 학위를 취득하게 되었다. 지금 생각하면 참으로 고통스러운 시간이었다. 논문을 쓸 때도 마찬가지였다. 졸업 당시 우수박사학위 논문에 선정되고 200만 원의 장학금을 받았다. 박사 후배들을 데리고 부산 학술대회 참석과 여행경비로 사용했다.

박사학위 논문 쓴다고 책상에 앉아 있었던 시간이 많았던 것 같았다. 마음이 불안하니 움직이기보다는 고정자세로 있었다. 그랬던 결과는 하체의 부실로 나타났다. 어느 날 깜박거리는 신호등을 보고 뛰어 건너가면서 다리가 휘청거리는 것을 감지했다. 다리에 힘이 하나도 없었다. 창피함이 밀려왔다. 뭔가 대책을 마련해야 했다. 매일 운동은 힘들더라도 주말에 할 수 있는 것을 찾기 시작했다. 직장생활을 할 때 연간 2~3회 회사 동료들과 함께 산에 오른 기억을 가지고 등산을 선택했다.

집 근처에 홍릉수목원이 있다. 이곳은 토요일과 일요일만 개방한다. 그것도 시간제한을 두고 있다. 차량을 가지고 들어갈 수도 없다. 오로지 걸어서 들어가야만 한다. 최근에는 지역주민들에게 요일과 시간을 정해서 일부분 개방은 하고 있다. 낮은 언덕을 형성하고 있어 걷기에 참으로 편한 곳이다. 그렇게 토요일과 일요일에는 점심 먹고 홍릉수목원에서 살다시피 했다. 천천히 산책도 하고 빠르게 걷기도 하고 사람들이 보이지 않을 때는 약간 달리기도 했다. 그렇게 3개월 정도 시간을 조금씩 늘려가면서 빠르게 걸었다. 허벅지에 조금씩 긴장감이 생기고 자신감이 생기기 시작했다.

이후부터는 가까운 지인들을 만나면 같이 산에 가자고 졸라댔다. 그래서 이렇게 한번 저렇게 한번 친구 또는 지인을 따라서 근교산행을 시작했다. 주말산행을 가보면 시민들이 전부 산에 와 있는 듯 착각할 정도로 많다. 어떤 이들은 숨도 안 쉬고 올라가는 것 같이 보였다. 어떤 사람들은 큰 배낭 가득 무슨 짐을 넣었는지 무겁게 보이지만 사뿐사뿐 걸어 올라간다. 나만 빼고 모두 잘 올라가는 것 같다. 산을 많이 다녀본 사람도 들머리에서 30~40뿐 소요되는 구간까지는 힘들어한다. 몸이 산에 적응하기 위한 기본적인 시간이 필요하기 때문이다. 대부분 이 시간대에 "힘들어서 못 올라 가겠네", "어제 술을 넘 많이 먹어서 힘드네", "그냥 적당히 오르다 내려가자" 등등 애교스러운 말들이 쏟아진다. 특히 친구들하고 갈 때는 더욱 그러하다.

이렇게 부담 없는 친구 또는 지인들끼리의 산행은 편한 만큼 운동 효과는 크지 않다. 대신 웃고 떠들고 힐링하는 시간이 많다 보니 즐거움은 몇 배 이상이다. 혼자서 말없이 쉬지 않고 가는 단독산행과 여럿이서 쉬어가며 느긋이 가는 산행, 각자 장·단점이 있다. 지인들과 함께 하는 산행은 다 좋은데 뒤풀이가 너무 길어진다. 유독 술에 약한 필자로서는 1차 식사 이후 2차를 가는 것이 두려워진다. 항상 미안한 마음으로 2차 가기 전에 먼저 일어서는 것이 습관이 되었다. 어떤 날은 산행은 3시간 미만인데 뒤풀이는 6시간 이상 되는 날도 있다. 운동하러 간 것인지 술을 먹으러 간 것인지 당황스러운 날도 있다. 그런 것도 산행의 낭만이려니 생각하면 편해진다.

1년 이상 되면서 산에 대해 자신감이 붙기 시작했다. 혼자서 산에 오르고 싶어졌다. 단독산행을 하고 싶은 배경에는 산행시간을 나름

대로 효율적으로 사용하고 싶어졌기 때문이다. 지인들과의 근교산행은 10시 정도 모여서 정상 근처에서 12시 전후에 식사를 하게 된다. 하산 시작해 4시 정도 식당으로 가서 이른 저녁 먹고 하다 보면 하루를 그냥 보내게 된다. 주로 토요일에만 산에 가는 필자로서는 토요일 하루를 그렇게 보내는 것이 아쉽게 느껴졌다. 그래서 1달 4주 중에 2번은 단독산행을 하기로 했다.

첫 몇 개월은 도봉산역에 9시 전후에 도착해 4시간 정도를 타는 코스를 선택했다. 도봉산역에서 도봉탐방지원센터를 거쳐 도봉대피소와 석굴암을 거쳐 도봉산 정상인 신선대로 올라갔다. 하산은 마당바위로 내려오는 왕복 약 7.5㎞를 다녔다. 도봉산을 찾는 등산객들이 가장 많이 왕래하는 곳을 선택했다. 중간에 김밥 한 줄 먹고 휴식도 하고 내려오면 약 4시간을 조금 넘게 된다. 조금씩 코스를 바꿔 연장하다 보면 4시간 30분에서 5시간 정도 소요된다.

어떤 날은 도봉산역 다음 정거장인 망월사역에서 내려 다락능선을 타고 포대능선을 지나 와이계곡(바위협곡)을 넘어 신선대로 올라갔다. 도봉산 와이계곡은 험난한 바위를 넘어가는 코스로 긴장하지 않으면 위험한 길이다. 특히 혼자 겨울에 오를 때는 식은땀이 날 정도로 아슬아슬한 경우도 있다. 이 길은 주말에 양쪽으로 지나가려는 등산객들의 충돌로 인하여 정체되는 경우가 많았다. 그래서 국립공원관리공단에선 지난 2008년 10월부터 포대 정상부터 신선대 방향을 토, 일요일과 공휴일에는 일방통행으로 통제하고 있다. 따라서 와이계곡을 맛보려면 다락능선을 타던지, 사패능선 타고 와서 넘어가야 한다. 하산길도 다양한 루트로 다니기 시작했다. 길이 나 있는 정규 탐방로는 무조건 한 번 이상은 다녔다.

6. 단독산행, 개인의지와
   싸우는 시간

단독산행의 즐거움은 산에서 시간을 최대한 절약한다는 것이다. 산행속도에 따라서 다양한 곳을 요리조리 다닐 수 있다. 동일한 장소를 지나가도 계절에 따라서 달라 보인다. 같은 계절이라 해도 2주 간격이면 많은 것들이 달라져 있다. 자연이 바뀌는 것을 보는 재미가 솔솔하다.

반면 단독산행의 불편한 점도 많다. 우선 비가 많이 내리거나 눈이 많이 쌓인 날에는 산행에 나서기가 겁난다. 혹시라도 사고라도 나면 하는 생각에 둘레길 걷는 것으로 만족해야 한다. 어떤 날은 지루하고 심심하다. 산행하는 시간 동안 "내가 뭐하러 이 고생을 하나"란 생각이 자주 든다. "누가 시키는 것도 아닌데"라는 독백을 많이 하게 된다. 또한 가다가 멈춰서 간식을 먹거나 점심시간이 되어 식사를 할 때가 가장 고역이다. 우리나라 근교산행은 여러 지인들이 함께 와 같이 어울리는 사람들이 대부분이다. 식사도 옹기종기 모여 앉아 먹는 재미가 있다. 술 많이 먹고 너무 시끄럽게 떠들지만 않으면 좋은 모습이다.

필자처럼 단독산행으로 가는 사람들은 대부분 혼자 음식을 먹는다. 아무도 뭐라고 하지도 않고 쳐다보지도 않는다. 다만 혼자 먹는 사람의 입장에서는 왠지 처량한 것 같다. 아무리 맛있는 음식도 혼자 먹는 것보다는 여럿이 먹는 맛이 좋기 때문이다. 필자의 경우는 그러한 모습을 보이기 싫어 남들이 볼 수 없는 바위 위로 올라가 먹는다. 조용하고 편하기는 한데 소화는 되지 않는 것 같은 느낌을 받는다. 그래서 가능한 가벼운 간식만 가지고 다닌다. 산행하느라 체력이 소모된다고는 하지만 5시간 정도 안 먹는다 해서 쓰러지는 일은 없다. 물만 있어도 버틸 수 있기 때문이다.

이렇게 다니기를 또 몇 개월이 지났다. 그러는 동안 조금 더 일찍 산행하고 내려갈 수 있는 방법을 생각했다. 체력도 많이 좋아졌다고 판단했다. 좀 더 길게, 멀리 타고 싶어졌다. 아침 일찍 산행 시작해서 가능한 12시 점심시간 전에 하산, 주변 식당에서 식사하고 집에 가는 일정을 계획했다. 전철로 갈아타지 않고 한 번에 갈 수 있는 코스를 정했다. 여러 가지를 고려해서 결정한 곳이 도봉산이다. 집에서 10분 정도 빠른 걸음으로 걸어서 회기역 5시 41분 주말 첫 운행 전철에 오른다. 전철 내부에서 간단한 스트레칭을 한다. 스틱도 점검하고 빠진 것이 없는지도 확인한다. 그 시간엔 손님들이 거의 없기 때문에 가능한 행동이다. 6시 4분이면 도봉산역에 첫 전철이 도착한다. 도봉산역에 내리자마자 빠른 속도로 걷기 시작한다.

도봉탐방지원센터에서 좌측길로 들어서 우이암 방향으로 오른다. 우이암을 거쳐 도봉주능선을 타고 신선대로 향한다. 하산길은 마당

바위로 해서 도봉산역으로 내려온다. 이렇게 가는 코스가 대략 10.5 km 정도 된다. 이 길이 어느 정도 익숙해질 무렵 새로운 루트로 올라간다. 다음은 우이암에서 오봉으로 방향을 틀었다. 오봉까지 가서 오봉능선과 도봉주능선을 타고 신선대로 오르고 하산길은 동일하다. 이렇게 조금 더 걸어가면 약 12km 정도다. 욕심이 생기기 시작했다. 도봉산과 사패산은 능선길로 연결되어 있다. 해서 욕심을 내본다. 신선대를 거쳐 포대능선을 탄다. 회룡사거리에서 회룡역으로 하산한다. 이 길이 13.6km다. 뭔가 조금 아쉽다는 생각이 든다. 사패산 정상을 찍고 와야 종주라 할 수 있다. 그래서 이번에는 회룡사거리에서 사패산으로 치고 올라간다. 사패산 정상 넓은 바위 위에서 인증샷을 찍고 다시 되돌아 회룡사거리에서 회룡역으로 내려간다. 이렇게 길게 돌면 약 16km가 된다. 도봉산과 사패산 종주코스다. 일반인이면 평균 8시간 정도의 시간이 소요된다.

필자는 이렇게 2년여 넘게 거리를 넓혀가면서 종주코스를 걸었다. 도봉산역을 출발해 도봉산과 사패산을 타고 회룡역으로 내려오는 시간은 평균 6시간 30분 내외면 가능하다. 한여름에는 7시간이 넘기도 한다. 단시간 기록을 세워보려고 달려본 적도 있다. 위 코스를 거의 쉬지 않고 걸어보니 6시간 미만도 가능했다. 하지만 무리한 산행이라는 것을 알게 되었다. 무릎 관절에도 무리가 간다. 그래서 항상 스틱을 사용하고 무리하지 않도록 배려한다.

단독산행을 시작한 지 10여 년이 지나간다. 처음 산책 수준이었던 홍릉수목원에서의 걷기에서 일취월장을 했다. 2016년 5월과 6월에는 지리산을 3번 다녀왔다. 지리산 7암자[5] 18km 순례길을 걸으면서 순례자가 된 듯 많은 생각을 하며 걸었던 것 같다. 언제 또 가볼 수 있을까라는 생각이 든다. 태풍피해로 보수공사하느라 18년 만에 개방하여 몇 번 기회를 주지 않는 지리산 칠선계곡은 고교친구와 17.5㎞를 올라가는 행운도 얻었다. 성삼재휴게소에서 출발해 바래봉을 거쳐 구인월마을까지 가는 지리산 태극종주 서북능선구간 약 27㎞를 11시간에 걸쳐서 걷기도 했다.

서울에 거주하는 등산객들이 한 번쯤은 도전하고 싶은 산행이 있다면 강북 오산종주라 할 수 있다. 한강 이북에 있는 다섯 개의 산을 전날 저녁 출발하여 잠을 자지 않고 다음 날 오후까지 걸어가는 약 45km의 종주코스다. 평균 20시간 정도 소요된다. 필자도 몇 번 망설였던 기억이 있다.

항상 도봉산과 사패산을 연계하여 산행을 하고 있던 필자는 2016년 여름에 수락산과 사패산을 연계해서 산행하기 시작했다. 불암산을 시작으로 수락산으로 가기도 하고, 회룡역을 기점으로 수락산으로 진입해서 불암산으로 건너가는 코스 연습을 했다. 이렇게 하다 보니 자연스럽게 북한산을 제외한 4개의 산을 연계하게 되었다.

2016년 9월 3일 토요일 새벽에 일어나 평소처럼 도봉산역으로 가는 첫 전철에 올라섰다. 5개의 산을 혼자서 종주하는 것은 자신이 없었다. 더구나 잠을 자지 않고 걸어가는 것에 망설일 수밖에 없었다. 새벽부터 저녁 해 지기 전까지 부지런히 걸으면 4개 산 종주는 가능할 것으로 판단했다. 이미 2개씩 연계하면서 구석구석 지리파악

---

5) 지리산 북쪽에는 최고 전망대로 불리는 삼정산(三政山, 해발 1,182m)이 있다. 천왕봉(天王峰)에서 반야봉(般若峰), 만복대(萬福臺), 바래봉까지 지리산 전체를 바라볼 수 있다. 삼정산 동남쪽 능선 자락에는 도솔암(兜率庵), 영원사(靈源寺), 상무주암(上無住庵), 문수암(文殊庵), 삼불사(三佛寺), 약수암(藥水庵), 실상사(實相寺) 등 7개의 암자와 사찰이 있다. 7암자는 경남 함양 마천면과 전북 남원 산내면에 걸쳐 있다. 대부분 해발 1,000m가 넘는 고지에 있다. 이들 암자와 사찰을 둘러보는 산행 코스를 '지리산 칠암자 순례 산행'이라고 부르며, 석가탄신일 산행이 절정을 이룬다.

을 했고, 식수 보충, 쉴 곳, 산행거리와 시간 등을 점검했기에 가능한 일이었다.

도봉산-사패산-수락산-불암산을 연계한 산행이 시작되었다. 이른바 불수사도 종주코스다. 일반적으로는 불암산부터 타는 코스였지만 가장 높은 산부터 타고 가자는 생각에서 역주행을 해보기로 했다. 도봉산역 1번 출구를 들머리로 시작하여, 우이암을 지나 신선대를 거쳐 사패능선으로 사패산을 타고 내려와, 도로를 건너 수락산으로 향해 기차바위, 덕릉고개로 불암산을 타고 화랑대역으로 빠져나가는 코스를 선택했다. 위 4개산 코스는 서울시 도봉구, 경기도 의정부시, 서울시 노원구, 경기도 남양주시를 통과하는 구간이다.

그렇게 오르고 내려오고, 다시 산에 오르고 내려오고를 반복하는 약 29㎞ 거리를 12시간 이내에 완수했다. 지리산 종주 등은 한번 정상에 올라가는 것이 힘들고 이후 능선을 타고 종주하는 코스다. 하지만 몇 개 산을 타고 내려오는 강북 오산종주의 경우는 다시 바닥부터 올라가는 코스라 더 힘들다.

단독산행을 하는 재미가 상당했다. 그러나 항상 가는 산 이외는 다른 산에 가는 것이 쉽지 않았다. 친구들하고 가는 산이래야 서울 근교에 있는 북한산, 수락산, 불암산, 도봉산, 사패산, 관악산, 청계산 수준이었다.

7. 산악회의 시작,
설렘과 당황스러움

　서울 근교를 벗어나 전국 명산을 구경하고 싶어졌다. 지인들과 시간을 맞추고 자가용 또는 대중교통을 이용하다 보니 여러 가지 불편한 점이 많았다. 모여서 출발하는 장소도 중요하고, 시간도 어긋남이 없어야 한다. 하산 이후 지친 상황에서는 차를 몰고 서울로 돌아오는 길이 더 힘들다. 가장 힘든 것은 서로 일정이 달라 날짜 맞추기가 어렵다는 것이다.

　같은 날, 희망하는 산에 가서 산행하고 같이 밥 먹고 다 함께 즐거운 기분으로 돌아올 수만 있다면 하는 바람이 강해졌다. 온라인 카페를 통해 산악회들이 많다는 것을 알게 되었다. 이름만 가지고는 알 수가 없었다. 그래서 가장 많이 들어본 듯한 모 카페에 가입했다. 토요일에 북한산을 가는 공지가 올라왔다. 산행신청을 하고 무조건 따라 나섰다. 세종문화회관 앞에 모여 버스를 타고 송추계곡에서 하차하여 여성봉을 타고 오봉으로 해서 우이동으로 하산하는 코스였

다. 6명 정도의 사람이 모여들었다. 나이는 필자보다도 조금 많은 듯
했다. 산악회 이름을 확인하고 닉네임을 물어본다. 그렇게 같이 버
스를 타고 산행이 시작되었다. 송추 쪽에 위치한 오봉탐방지원센터
에서 2명의 회원이 합류했다. 그렇게 남자 6명, 여자 2명 총 8명이
약 5시간 좀 넘게 산행을 한 것 같았다.

여성봉 근처에서 가볍게 점심을 먹었다. 막걸리를 따르더니 한잔
권한다. 낮술은 마시지 않는다고 거절하니 이상한 눈빛으로 쳐다본
다. 그리고는 남자 한 회원이 은근슬쩍 반말을 한다. 막걸리 한 두
잔은 괜찮다고 다시 권한다. 간곡히 거절했다. 조금 서먹해졌다. 그
렇게 해서 다시 하산을 했다. 뒤풀이 장소 찾는다고 돌아다니다가
종로5가까지 갔다. 맛있는 동태탕 집이 있다고 한 회원이 악착같이
데리고 간다. 이른 저녁을 먹고 술 몇 잔 마시고 식사비 분담했다.
한잔 더 하자는 권유가 있었지만 거절하고 돌아섰다. 산에서 낮술
먹는 것도 그렇고 처음 본 사람에게 나이가 조금 많다고 반말하는
것도 싫었다. 기억이 확실히 나는 것은 신입 회원에게 그리 살갑게
대해주지 않았다는 것이다. 같은 동성이라서 싫어하는가 하는 생각
마저 들었다. 그냥 후배 한 명 들어왔으니 부려먹을 생각이 앞서는
것 같다는 느낌이 들었다. 그렇게 온라인산악회 첫 산행의 기억은
그저 그러했다.

친절함을 배경으로 전문 산행만 하는 동호회 성격의 산악회가 있
을 것이라 생각했다. 여러 지인을 통해서 정보를 습득하기 시작했다.
이런 필자의 고민을 들은 동네후배가 산악동호회를 알려준다. 인터
넷으로 가입하고 닉네임으로 통하는 안내산악회 형태를 가지고 있
는 산악회가 많다는 사실을 알았다. 또한 2030, 3040, 4050, 5060

이런 식으로 연령대에 맞춰서 운영한다는 사실도 알았다. 30대에서 50대에까지 30년을 걸친 산악회도 있다. 대부분은 20년 지기 터울로 회원구성이 이루어진다. 현 시점에서 5년 전이면 필자도 40대 후반이라 3040이라 적혀 있는 모 산악회에 가입했다. 그렇게 가입을 하고 몇 번의 산행을 하고 나면 50이 넘어서도 계속해서 같은 산악회에 나갈 수 있다는 사실이 흥미로웠다. 필자의 관심을 끌기에 충분했다. 50을 바라보는 40대 후반의 노욕이었다. 반면 그만큼 열심히 체력을 단련하여 민폐를 끼치지 않으면 된다고 판단했다.

당시 나름의 명성이 있는 3040 모 산악회에 가입을 하게 되었다. 회원 수가 5천 명이 조금 넘는 산악회였다. 가입인사를 하고 이리저리 살피던 중에 춘천에 있는 용화산 산행 안내가 올라왔다. 많은 회원이 신청하는 것을 지켜보다가 늦어지면 자리가 만석이 될 것 같은 불안감에 신청을 했다. 산악회 소개를 해준 후배는 다른 일정으로 같이 못 한다고 했다. 식구처럼 잘해줄 것이니 걱정하지 말라고 한다. 2012년 9월 1일 토요일은 내게 새로운 산행의 맛을 보여준 날이다. 새벽잠을 설치고 시청역에서 대기한 차에 올라타서 가는 시간 동안 첫 소풍 가는 초등학생처럼 들떠 있었다.

시청역을 출발해 잠실역에서 정차하니 회원들이 차 안으로 들어선다. 앞자리에서부터 4번째 줄 창가 안쪽에 앉아 있었다. 거의 모든 사람이 다 들어 왔는데도 아무도 옆자리에 앉지 않는다. 나중에 알았다. 하얀 머리색으로 모자도 안 쓰고 형님 같은 얼굴로 앉아 있으니 다들 부담스러웠으리라. 30대와 40대 회원들 사이에 50대 아저씨인줄 알았을 것이다. 또한 처음 보는 얼굴인데 다들 피해갔을 것이라 생각이 들었다. 마지막에 올라선 여성 한명이 주위를 둘러보더니 멈짓멈짓한다. 비어있는 자리가 없다. 그녀를 쳐다보는 내가 더 당황스러웠다. 그러는 사이에 앞자리에 앉아 있었던 나이 들어 보이는 한 회원이 그녀에게 뭐라고 한다. "그분 처음 오셨으니, 오늘 산행 잘 가이드하라고." 그 말에 옆자리에 눈인사하고 앉는다. 나중에 알고 보니 부탁하신 분은 그 산악회의 고문이란다. 처음 오는 신입 회원들이 어색하지 않도록 배려하고 챙겨주는 역할 등을 하고 있다.

춘천 가는 도로에 올라서니 산행대장이 나와서 오늘 산행일정과 코스를 알려주고 안전산행을 당부한다. 그리고는 한 명씩 앞에 나와서 간단히 자기소개 하라고 시킨다. 내 차례가 다가오면서 점점 더 불안해진다. 순서가 되어 앞에 나가 뭐라고 했는지 잘 기억나지 않는다. 그저 "처음 산악회 왔으니 잘 부탁합니다"라는 이야기를 한 것으로 기억한다. 그리고는 모두들 휴식을 취한다. 소곤소곤 이야기하는 사람도 있었지만 대부분 아침잠을 설쳐서인지 잠에 취한다.

필자는 옆자리의 여성회원이 조금이라도 불편하지 않도록 최대한 창가에 붙어서 갔다. 서울로 돌아오는 길에도 조금이라도 닿지 않으려 부단히 노력을 했던 것 같다. 용화산 입구에 도착했다. 산악대장의 안내멘트가 있은 뒤 가벼운 스트레칭을 하고 출발했다. 9월 1일이라고는 하지만 늦더위가 있었다. 그동안 단독산행을 하면서 나름 체력을 길러왔다고 자부했다. 하지만 심리적 부담이 있었던 것 같다. 젊은 회원들은 물론이고 필자보다도 나이 들게 보이는 회원들의 산행 걸음 실력이 보통이 아니다. 숨을 헐떡거리며 뒤처지지 않으려 열심히 따라 붙었다. 빠르게 올라가다가 잠시 쉬는 시간에도 숨을 몰아쉬느라 정신이 없었다.

점심시간이 왔다. 약 15명 정도씩 3그룹으로 나눠졌다. 그룹별로 등산매트(돗자리)가 펼쳐진다. 그 위에 가져온 도시락, 반찬, 과일 등이 올려졌다. 필자가 머뭇거렸다. 어느 그룹에 가서 앉아 먹어야 하는지 망설였다. 그렇게 서서 겸연쩍게 망설이고 있을 때 고문이라고 하는 회원이 옆자리를 내주며 앉으라고 한다. 그 한마디가 그렇게 고마웠다. 앉는 순간부터 당황스러움은 계속되었다. 모두들 낚시 의자처럼 보이는 등산 의자에 앉아 있다. 유일하게 필자 혼자만 바닥에 까는 접이식 매트였다. 전부 2층에 앉아 식사를 하는데 필자만 1층에 앉아 있는 그림을 상상하면 된다. 게다가 필자는 혼자 먹을 김밥 2줄뿐이었다. 다른 일행들은 대부분 본인 이외 다른 회원들의 몫까지 가져온 듯했다. 먹을거리가 풍성하다. 조금씩 나눠 먹고 마시고, 이웃에 자리한 그룹들까지 갖다 주고 가지러 오고 잔칫집에 온 분위기였다.

필자만 낮은 자리에서 가져온 김밥만 먹고 있는 것 같았다. 누군가 먹으라고 음식을 건넨다. 감사의 묵례를 하고 받아 들었다. 얼굴이 화끈거렸다. 다들 나를 어떻게 볼까? 시골 쥐가 서울에 놀러와 서울 쥐들 사이에 끼어 있다는 느낌을 받았다. 불자였던 필자가 결혼 뒤 어쩔 수 없이 배우자 따라서 교회에 갔던 기억이 났다. 모두들 반갑게 맞아주는데 필자는 왠지 어색하고 서먹해지는 분위기를 감당 못 하고 자리를 일어섰던 기억이 밀려왔다.

점심식사가 끝나자마자 다시 남은 코스 산행이 시작되었다. 중간 중간 진사(사진을 찍는 사람)라 불리는 회원들이 고급스러운 카메라로 회원들의 모습을 담기 시작한다. 와서 찍으라는 소리에도 괜찮다고 손을 내어 흔든다. 그렇게 5시간 이상을 거의 말 한마디 하지 않고 산행만 했다. 버스가 있는 장소로 내려왔다. 날씨가 더웠다. 회원들은 계곡에서 가볍게 세수를 시작했다. 가져온 여벌 옷으로 여성 먼저, 후에 남성들이 버스에 올라 상의를 갈아입는다. 땀 냄새로 옆 자리 회원에게 피해를 주지 않기 위해서란다. 그것마저도 당황스러 웠다. 여벌 옷을 챙기지 못한 필자는 당혹스러움에 긴 한숨을 쉬었 다. 그때만 해도 담배를 피우고 있을 시기다. 버스를 지나 한쪽으로 걸어갔다. 사람들이 잘 안 보이는 곳에 가서 담배 한 개비를 물고 피 웠다. 그 맛이 그렇게 좋을 수가 없었다. 이런저런 생각하면서 연기 를 뿜어 대었나 보다.

다시 버스에 올라탔다. 뒤풀이를 하러 춘천 시내로 버스가 이동했 다. 약간 외곽에 있는 닭갈비집에 갔던 것으로 희미하게 기억한다. 뒤풀이 장소에서도 말 없는 나이든 남성들만 한쪽에 모여 앉았다. 다행히 필자 같은 초보들이 몇 명 보여서 위안이 되었다. 식사가 시 작되었다. 테이블당 4명씩 앉았다. 테이블당 맥주 2병과 소주 2병이 놓여졌다. 맥주와 소주는 같은 가격으로 맞교환이 가능했다. 옆 테 이블 간 교환도 이뤄진다. 그 이상의 술을 마시려면 개인 돈으로 사 서 마셔야 한다. 산악회의 불문율이라 한다. 식사비는 1/n이라서 규 칙을 잘 따라야 한다. 필자처럼 술을 잘 마시지 못하는 사람으로서 는 상당히 공평한 규칙이라 생각이 들었다. 필자와 같은 자리에 앉 은 회원들은 술 한 잔이라도 더 마실 수 있다. 그래서인지 뒤풀이 식 사자리에는 술 잘 마시는 회원과 반반 섞이는 것 같다.

식사시간이 좀 늘어졌다. 식사가 끝나고 삼삼오오 모여서 통성명 하고 이야기꽃을 나누느라 시끄러워진다. 더운 늦여름에 등산하고 목마름에 술 한 잔 했으니 목소리 커지는 것은 당연한 현상일 것이 다. 뒤풀이에서 필자의 첫인상에 관한 이야기라며 누군가 들려준다.

수수한 등산복 차림에 오래된 배낭에 모자도 쓰지 않고 하얀 머리칼 날리며 한마디 말하지 않고 등산하는 모습이 성직자처럼 보였단다. 아니면 선생님일 것이란 추측을 했단다. 더구나 말도 하지 않고 묵묵히 따라오는 모습에 말 걸기도 힘들었단다. 그렇게 다들 말은 안 했지만 나지막한 소리로 소곤거림이 있었던 모양이었다. 그랬는데 하산하여 버스 타기 전 한쪽으로 가더니 담배를 피우더란다. 그래서 서로 눈빛 교환을 했단다. 최소한 성직자는 아닌 모양이라고 결론을 내렸단다. 그 이야기를 듣는 순간 어찌나 창피한지 얼굴 들기가 부끄러웠다. 담배를 끊어야겠다는 결심을 다시 한 번 하게 되는 순간이었다. 그렇게 즐거운 시간을 보내고 서울로 출발했다. 돌아오는 시간에도 모두 잠이 들었는지 고요하다. 다시 시청역에서 내렸다. 누가 누군지도 모르지만 반갑게 헤어짐의 인사를 하고 집으로 바쁜 걸음을 재촉했다. 그렇게 필자의 3040 모 산악회의 산행이 시작된 것이다.

8. 단체산행,
   신뢰와 협력의 학습

한 달에 한두 번은 산악회를 따라 다녔다. 몇 번 다니다 보니 자연스럽게 산악회에 대해 귀동냥을 하게 되었다. 그래서 비슷한 수준의 다른 3040 산악회 몇 군데에 가입을 하였다. 50이 넘어가면 가입하고 싶어도 가입할 수 없다. 일단 가입하고 한 번 이상 산행에 합류하고 당일 산악대장으로부터 확인을 받으면 정회원이 될 수 있다. 그 다음부터는 편하고 느긋하게 맘에 드는 코스가 나올 때 골라서 다니면 된다. 산행경험 시간이 많을수록, 산악회 참여하는 횟수가 많아질수록 가입된 산악회 숫자도 늘어났다.

산악회에 참가하니 좋은 것들이 생겼다. 평소에 가보고 싶었던 산을 편하고 안전하게 갈 수 있게 되었다는 것이다. 서울 근교 산이라 해도 항상 가는 코스만 다녔던 필자로서는 다양한 코스로 접근하는 산악대장들의 안내에 감탄할 때가 많았다. 수도권은 물론, 저 멀리 남해안까지, 배 타고 섬으로 들어가 걷는 둘레길 코스까지 다양하다.

처음 가는 산일 경우는 어디서 내리고 어디로 빠져나와야 하는지 지도를 펴놓고 열심히 공부했어도 현장에서 당황할 때가 많다. 하지만 직접 눈으로 보고 사진으로 찍어서 자료로 보관하고 있으면 담에 혼자 갈 일이 생겨도 불안하지 않다.

여럿이 같이 다니니 산행에 대해 박학다식(博學多識)해지는 것 같다. 등산배낭에 뭘 넣어야 하는지, 겨울에는 무엇을 준비해야 하며, 겉옷과 속옷의 준비, 모자의 기능, 신발 종류에서부터 스틱을 사용하는 방법 등 새로운 지식을 많이 습득하게 된다. 가끔 같은 제품을 가지고도 사람에 따라서 알려주는 방식이 달라 혼동될 때도 있지만, 그것마저도 도움이 된다.

단독산행이 아닌 여럿이 함께하는 산행이니 외롭지 않다. 단체산행은 내가 부족한 것을 주변 회원들이 채워줄 수 있다는 장점이 있다. 산행 중 물이 부족할 때도 물을 나눠 마시거나 나눠줄 수 있는 산우들이 생긴다. 특히 식사 때 혼자서 바위에 올라가 외롭게 먹을 필요가 없다. 여럿이 모여 앉아 즐거운 식사를 할 수 있다. 각자가 선호하는 음식이 다르다는 점이 만찬을 불러온다. 한식에서 서양식까지 다양한 음식이 쏟아진다. 식사 후 커피도 마실 수 있는 여유가 생긴다. 밥과 반찬을 섞어 현장에서 비빔밥도 만들어 먹는다. 더운 여름날 얼음을 갈아 팥빙수를 만들어 먹는 대단한 사람들도 있다.

한번은 다른 3040 산악회를 따라 무박 2일로 지리산을 따라간 적이 있다. 중산리를 들머리로 천왕봉을 갔다. 새벽에 어둠을 뚫고 올라선 탓인지 무척이나 힘이 들었던 기억이 있다. 마지막에는 한 걸음 내딛기도 어려울 정도로 허벅지에 고통도 있었다. 어렵게 천왕봉에 오르고 강한 바람에 맞서 인증사진 찍고 돌아서는데 커다란 수박이 보였다. 같이 간 동갑내기 산우가 산밑에서부터 배낭 속에 넣어 온 수박을 꺼낸 것이다. 비슷한 시간에 정상에 도착한 10여 명의 산우들이 천왕봉 정상에서 수박을 먹는 기쁨을 맛보았다. 산우들에게 산 정상에서 맛을 보여주겠다고 가져온 의지가 대단했다. 남들은 배낭을 최대한 가볍게 하려고 하는데 참으로 대단하다는 기억을 가지고 있다.

산악회에 따라 다니다 보니 릿지6)산행이란 것을 하게 되었다. 헬멧을 쓰고 장비를 다 갖추고 하는 암벽등반이 아니다. 생활릿지용 등산화를 신고 가파른 바윗길을 걸어서 올라가고 내려오는 산행이다. 경사가 완만하면 신발 하나에 의지해서 오른다. 조금 가파르고 위험하다 싶으면 산악대장이 내려주는 자일 하나에 몸을 의지하고 오른다. 90도 되는 절벽을 자일 하나만 의지한 채 내려오기도 한다. 지금 생각하면 참으로 어려운 산행을 했다는 생각이 든다. 자칫 실수하면 절벽으로 떨어질 수도 있는 산행인데도 열심히 다녔던 것 같다. 험난한 바위에 오르고 내릴 때, 때로는 등산화 하나에 의지하고 경사가 심하면 자일을 붙잡았다. 초기 몇 번은 상당히 무섭고 두려웠다. 하지만 그러한 내색을 하기도 어려웠다. 남자 체면으로 여성들도 가볍게 올라가고 내려가는 산행길을 멈출 수 있는 환경이 아니었다. 갈 수 없다고 혼자서 되돌아갈 수 있는 분위기도 아니다. 이를 악물고 자일을 얼마나 강하게 부여잡고 갔는지 손바닥이 아팠다. 어깨에 근육이 뭉친다. 허벅지와 종아리에 힘이 들어간다. 그렇게 하

---

6) 업스타일 할 때 웨이브의 산의 살아있는 정도. 일반적으로 특수장비를 사용하지 않아도 되는 코스를 도보로 산행하는 것을 워킹산행이라 한다. 이외 암벽등반, 릿지산행, 빙벽, 트랙킹, 고산등반(해외원정) 등으로 구분 할 수 있다. 릿지산행은 암벽 등반보다는 난이도가 낮은 바위길을 간단한 장비(릿지화, 보조자일, 슬링줄)를 가지고 산행하는 것을 말한다.

나둘씩 익숙해져 갔다.

이러한 경험은 혼자서 산행할 때에 도움이 된다. 단독산행하는 경우는 무리다 싶으면 바위를 타지는 않는다. 자칫 위험에 빠질 수 있고 누가 돌봐줄 사람도 없다. 가볍게 바위 맛을 보고 싶을 때 완만한 경사에만 도전한다. 이제는 그마저도 가능하면 피하게 되었다. 작년에 설악산에서 지인이 릿지산행을 하다가 낙하사고로 유명을 달리했다는 소식을 들은 후부터다. 남의 이야기가 아닌 내 이야기가 될 수 있다는 생각이 들었다. 그 순간부터 의도적으로 피하게 되었다. 안전한 산행을 우선으로 한다. 산을 좋아하는 만큼 무리하지 않게 해야 오랫동안 즐거움을 누릴 수 있다고 판단했다. 가끔 산에서 80이 넘은 어르신이 가볍게 걸어가는 모습을 보면 존경스럽다. 그리고 본받고 싶어진다. 자기 자신을 절제하고 통제한 삶을 살았기 때문에 가능한 걸음이라는 생각이 들었다.

자주 다녔던 산악회는 회원만 5천 명이 넘는다. 또 다른 안내산악회는 6만 명이 넘는 회원 수를 자랑한다. 월요일부터 금요일까지 주중으로 가는 멤버, 토요일과 일요일에만 가는 일행, 근교산행에서부터 원정산행, 백두대간팀, 해외원정팀, 섬산행에서 외지산행까지 다양한 코스가 있다. 팀마다 담당 산행대장이 있다. 토요일과 일요일인 경우는 여러 산으로 가는 팀이 나눠진다. 수도권일 경우는 북한산을 필두로 서울 인근 산은 전부 산행 공지가 올라오는 경우도 있다. 어떤 날은 같은 산에 코스만 달리하는 각기 다른 공지가 올라오기도 한다. 온라인카페 공지만 잘 살펴보면 내가 가고 싶은 곳을 골라서 갈 수가 있다.

물론 코스길이와 장소에 따라서 산행 희망자를 선별할 때도 있다.

20㎞ 이상 가는 대간코스에 초보자가 따라갈 수는 없다. 다른 산우들에게 민폐가 되는 경우가 부지기수(不知其數) 발생하기 때문이다. 초보자가 숙련자 걸음걸이를 따라갈 수 없다. 뒤처져지면 참여한 회원들이 늘어지게 되고 하산 시간을 맞추지 못하기 때문이다. 그래서 산행공지에 몇 가지 조건을 걸기도 한다. 바윗길 갈 때도 릿지등산화 필착으로 공지한다. 릿지 기능이 없는 등산화를 신고 온 회원은 확인하여 우회 길로 안내한다.

필자가 다닌 산악회는 주중산행과 주말산행, 원정산행 등으로 나뉘 운영하고 있다. 산악대장만 한 20여 명 되는 것 같다. 몇 번 다니다 보면 맘에 드는 산악대장을 자주 접하게 된다. 좋아하는 산, 연령대, 성격, 코스 안내, 뒤풀이 장소, 음식 선호도 등에 따라 자연스레 그룹이 형성된다. 선호하는 산악대장이 올린 공지는 가능하면 참여하려고 노력한다. 산우들도 친한 사람들이 생긴다. 어떤 면에서는 편한 사람들하고 산행하는 것이 당연한지도 모른다. 산에서 같이 식사를 하는 경우도 익숙한 사람들이 좋다. 처음 보는 사람하고 앉아서 식사하는 것이 편하지는 않다. 더구나 잘 모르는 남녀가 마주 앉아 식사하는 것도 사람에 따라서는 불편함으로 느낄 수 있다.

필자는 특별한 경우가 아닌 이상 토요일 산행을 한다. 일요일에는 기본적으로 가족과 함께 하는 시간을 보내고 있다. 사무실 나가서 다음 주 할 일을 계획 또는 정리하는 시간을 보내기도 한다. 일요산행은 다음 날 몸 컨디션에도 영향을 미치는 것 같다. 해서 10년 넘게 토요산행을 고집하고 있다.

9. 시각장애인을 위한 이타적
봉사산행의 기억

　필자가 가입된 산악회에는 매일같이 다양한 산행공지가 올라온다. 어느 날 카페공지를 보다가 유독 회원신청 수가 적은 공지를 보게 되었다. 클릭해서 들어가 보니 다른 산악회원들과 함께하는 산행이라는 내용이다. 지켜야 할 것이 많다는 내용만 보고 바로 빠져나왔다. 편하게 산을 다니고 싶지, 이것저것 통제당하면서 다니고 싶은 생각은 없었기 때문이다. 그렇게 열심히 산악회를 다니면서 체력증진뿐 아니라 좋은 산우들도 만나게 되었다. 특히 동갑친구들이 많아졌다. 같은 나이에 산을 좋아하고 함께하니 반갑고 기쁘다. 산행 중에도 뒤풀이에도 같이 하는 경우가 많아졌다. 대부분 필자보다 오래전부터 산을 다녔던 친구들이라 산에 대해서는 선배였다. 그들을 통해서 다른 산악회원들과 함께 하는 봉사산행의 내용을 알게 되었다.

　시각장애인분들을 모시고 다니는 산악회가 있단다. 그런데 일반회원이 많지 않아서 연계된 산악회 또는 함께하려는 산악회원들이 시각장애인 산행을 도와주려 합류한다고 한다. 몇몇 뜻이 있는 산악대장들이 돌아가며 참여한다. 회원 일부도 참여해 봉사한다고 한다. 그러면서 함께 해볼 생각이 없냐고 물어본다. 처음에는 선뜻 대답을 못 했다. 내 한 몸도 산행하면서 힘들어하는데 그게 가능할까 라는 생각이 들었기 때문이다. 시각장애인과 함께 산행하려면 지켜야 할 규칙들이 많다. 그 자료를 읽어보았다. 더 나서기가 어렵다. 가능할까 라는 생각으로 쉽게 결정을 못 하고 그렇게 시간이 흘러갔다.

2013년 8월 말로 기억하고 있다. 나름 친하다고 생각하고 있는 동갑네 산악대장이 리딩하는 봉사산행에 초대받았다. 평소 알고 지냈던 산우들도 여러 명 참여한다고 해서 용기를 내보았다. 수락산역에 도착했다. 필자가 소속되어 있는 산악회 멤버들은 일종의 봉사협력단체의 역할이다. 시각장애인의 산행을 도와주는 산악회가 별도로 있다. 참으로 대단하고 존경스럽다는 생각이 들었다. 본격 산행에 나서기 전 인원점검과 준비운동이 시작되었다. 일반인이 30여 명이고 시각장애인이 10여 명이었다.

필자의 머릿속이 빨라졌다. "가볍게 한두 시간 산행하다 내려오겠지? 시각장애인을 데리고 설마 정상까지 가겠어? 시각장애인 10명에 일반인 10명의 매칭이 이루어지면 나머지 20명은 뭘 하나? 교대로 10명이 투입되나? 난 처음 왔으니 선구자들의 모습을 보면서 배우면 되겠지, 그래 편하게 오늘은 구경만 하는 거야. 쫄지 마!"라고 스스로를 위안하고 있었다. 그래서 뒤쪽에 멀리 떨어져 서 있었다. 관람객처럼 쳐다보면서 산악대장의 등산지침에 귀를 기울이고 있었다.

산악대장의 산행 안내 멘트가 끝났다. 시각장애인 1명과 일반인 2명이 교대로 안내하면서 산행을 한다고 한다. 필자의 계산대로 "일반인 30명 중에 20명이 참여하고 처음 온 사람들은 구경만 해도 되는구나!"하며 안도의 한숨을 쉬고 있었다. 산악대장의 목소리가 들렸다. "홈즈님, 앞으로 나오세요!" 필자의 산악회 닉네임[7]이다. 모든 산악회에 다 적용하는 닉네임은 아니다. 필자보다 먼저 사용하고 있는 사람이 있으면 다른 닉네임을 사용해야 가입이 된다. 산악회 별로 같거나 다른 닉네임을 가지고 있다.

당황스러웠다. 왜 나를 부를까? 산악대장을 쳐다보면서 앞으로 나섰다. "1조입니다, 잘 부탁합니다." 헉! 눈동자가 흔들렸다. 나보고 어쩌라고? 하지만 아무런 말을 하지 못했다. 40여 명이 쳐다보고 듣고 있는데 할 수 없다는 소리는 차마 내뱉지 못했다. "에구구, 낚였구나." 머릿속이 복잡해졌지만 나도 모르게 가장 앞줄에 서 있었다. 필자의 배낭에 로프 끈이 묶인다. 그리고 그 끈을 잡고 시각장애인 한 분이 뒤로 선다. 그 옆에 일반인 한 명이 보조를 한다. 그렇게 2인 1조로 산행팀들이 꾸려졌다. 나머지 10여 명도 뒤따라오면서 힘들고 지친 멤버들이 있으면 교대로 투입된다고 한다.

"그래, 조금 가다가 교대하면 되고, 1시간 정도만 고생하면 되겠지?" 스스로를 위안했다. 뒤에 서 계시는 시각장애인분은 필자보다 10년 정도 선배처럼 보였다. 인사하고 잘 부탁한다는 상호인사가 오갔다. 출발 소리에 힘차게 걸어갔다. 이미 시각장애인 안내를 위한 지침서 같은 것도 몇 번 읽었고 큰 어려움은 없다고 판단했다. 출발은 순조로웠다. 중간에 짧은 시간이지만 쉬어 가는 횟수가 많았다. 일반인이 아니므로 여유시간을 배려한 행동이다.

---

7) 닉네임(nickname), 인터넷이나 PC 통신상에서 사용되는 애칭(컴퓨터인터넷IT용어대사전). 별명(別名), 본 이름 이외에 남들이 지어서 부르는 이름(한국민족문화대백과, 한국학중앙연구원).

산행하는 중간에 산악대장이나 경험이 많은 산우들이 힘들면 교체하라고 말을 건넨다. 머릿속이 다시 복잡해진다. "바꾸자고 할까? 기껏해야 2~3시간이면 되는데, 그냥 완주하자." 시각장애인을 모시고 정상까지 가지는 않을 것이란 생각을 했다. 그래서 계속해서 전진했다. 결론적으로 점심시간을 포함해서 약 6시간 넘게 산행을 했다. 수락산 정상에 올라가 기념사진도 찍었다. 산 중턱에서 같이 점심도 하고 산행 후 뒤풀이 식사도 모두 모여 같이 했다.

시각장애인과 함께 하는 이른바 봉사산행을 한 것이다. 필자의 산행경험에서 가장 기억에 남는 순간이었다. 산행을 했던 그날의 기억을 더듬어 본다. 필자의 입장에서 가장 고통스러웠던 것은 들머리에서 날머리까지의 6시간 동안 계속해서 말을 해야 한다는 것이었다. 뒤따라오는 시각장애인은 앞서가는 사람의 배낭에 묶여 있는 로프 끈을 한 손으로 잡고 한 손으로는 스틱(지팡이)을 잡고 따라간다. 로프 끈의 방향이 어디로 움직이는지에 따라서 미리 준비를 하게 된다. 그 전에 안내자의 말소리에 귀를 기울이며 방향을 정하는 것이 훨씬 수월하다. 따라서 안내자의 말 한마디가 중요하다.

안내자는 걸어가는 정면의 상황을 구체적으로 설명해줘야 한다. 정면뿐만 아니라 측면, 때로는 후방의 상황도 이야기해줘야 할 때가 있다. 걸어가는 길이 어떤 길인지, 폭이 넓은 도로인지, 수풀이 우거진 곳인지, 폭이 좁은 바윗길을 빠져나가야 하는지, 평탄한 흙길인지, 울퉁불퉁 돌들이 깔려있는 길인지, 나무뿌리가 지표면 위로 뻗어 나와 가는 걸음에 지장을 줄 수 있는지, 너덜길8)인지, 언덕길인

---

8) 돌이 많이 깔린 비탈길.

지, 경사진 길을 내려가야 하는지, 계단의 높이가 어느 정도인지, 나무계단인지, 돌계단인지, 왼쪽에 바위가 튀어나와 있는지, 머리 위에 나무가 있어 고개를 숙여야 하는지, 쉴 때 어디에 앉아야 되는지 등등 전후방, 측면에 펼쳐진 풍경을 그대로 설명을 해줘야 한다.

"좌측으로 걸어갑니다. 앞이 너덜길입니다. 계단으로 내려갑니다. 왼쪽에 바위가 튀어나와 있습니다. 무릎을 조심하세요." 이런 식으로 설명을 해줘야 한다. 안내자의 설명을 듣고 그 설명에 기초하여 따라오는 모습이다. 쉬는 시간에도 이야기하고 같이 식사를 할 때에도 말을 해서 불편함이 없도록 해야 한다. 즉, 계속해서 안내멘트를 보내야 한다. 목이 마르다. 물 마시는 빈도가 높아져 간다. 중간에 교체하자고 할까? 몇 번의 유혹이 있었다. 흔들림이 머릿속을 한 바퀴 돌고 나온다. 자존심의 문제다. 중간교체도 그렇고 끝까지 가보자는 생각이 들었다.

그렇게 생각하면서도 계속되는 긴장감과 육체적 고통은 감당하기 버거울 정도였다. 혼자만의 산행도 아니고 체력적으로도 한계를 느낀 산행이었다. 필자가 던지는 안내멘트의 잘못됨으로 로프 끈 하나에 의지하고 뒤따라오는 분이 넘어지기라도 하면 어떻게 하지, 걱정만 든다. 계단의 깊이를 눈으로 쳐다보는 안내자와 달리, 눈으로 확인할 수 없는 시각장애인의 입장에선 측정 높이의 정도가 다르다. 이를 어떤 방식으로 설명하는 것이 좋은가 등 말을 하면서도 머릿속은 복잡하다. 조금도 긴장감을 늦출 수가 없다.

체력적인 차이가 드러난다. 키 높이도 다르다. 키가 엇비슷해야 잡은 로프 끈의 방향이 조금이라도 정확할 수 있다. 다른 조에서 뒤따라오는 분이 넘어지는 모습도 봤다. 앞서가는 사람의 체력이 떨어져 안내자를 교체하는 것도 지켜봤다. 뒤따라오는 사람이 배낭에 달린 끈을 잡고 따라오면서 지치면 끈을 잡아당긴다. 그 순간 몸은 뒤로 기울어지면서 휘청거린다. 언덕길을 올라갈 때 로프 끈에 의지하고 따라오는 경우 힘은 더 들어간다. 이렇게 6시간 넘게 말을 하면서 걸어가게 되면 체력적으로 몇 배 이상 에너지 소모가 이루어진다. 그 당시 6시간 넘게 버텨낸 것이 신기할 정도다. 초보자로서는 단독산행 6시간도 힘들다.

무척 더웠던 여름 끝자락이다. 수락산 정상 근처에는 시원한 하드9)를 판매하는 곳이 있다. 이곳에서 하드 하나씩 입에 물고 잠시 휴식을 취했다. 점심시간에 옹기종기 모여 앉아 식사를 했다. 각자 파트너 앞에 앉아 앞에 펼쳐놓은 음식이 무엇이고 위치가 어디쯤인지 알려준다. 필자는 말을 하고 알려주느라 음식을 어떻게 먹었는지 기억도 나지 않는다. 그만큼 긴장을 하고 있었다는 이야기다. 반짝 이벤트가 있었다. 함께 산행하러 따라온 절친 산우가 팥빙수를 만들어 돌렸다. 여름날 산속에서 먹는 맛은 비교하기 어렵다. 얼음과 빙수기를 가져와 산속에서 얼음을 갈고, 팥과 연유, 콩고물 등을 넣은 팥빙수를 만든다. 그 정성에 감탄을 넘어 존경스럽게 보였다. 얼음이며 장비며 그것만으로도 상당히 무거운 짐이 되었을 것인데 정상까지 가지고 온 것이다. 시각장애인분들을 위한 특별이벤트라고 한다. 아무나 할 수 있는 행동은 아니다. 그들과 함께하려는 따뜻한 배려가 있기에 가능한 일이다. 사회적 약자를 보호하고 함께 하려는 마음가짐이 중요하다. 선뜻 나서지 않은 봉사산행에 적극적으로 참

---

9) '얼음과자'를 부드러운 아이스크림에 상대하여 이르는 말.

여하기는 쉽지 않다. 그것도 지속적으로 실천하는 것은 더 쉬운 일이 아니다. 그만한 열정과 봉사정신, 이타심에 기초한 배려정신과 협력, 협동, 함께 하려는 의지가 부럽다.

6시간 넘게 길고 힘든 산행이 마무리되어간다. 수락산 입구에 있는 공중화장실로 갔다. 뒤따라오시는 분의 요청도 있었지만, 필자도 급했다. 화장실 앞에서 "이 문으로 들어가시면 됩니다"라고 돌아섰다. 그 당시에도 담배를 끊지 못하고 피우고 있었던 시기다. 힘들었던 6시간을 담배연기에 보상하려는 듯 한쪽 구석으로 가려는 마음이 더 급했다. 한걸음 내딛는 순간 "쿵"하는 소리를 들었다. 휙 뒤돌아보니 시각장애인께서 화장실 문에 있는 유리에 몸을 부딪친 것이다. 자동문이 아니라 수동으로 문을 열어야 된다는 사실을 잊어버리고 안내를 못 한 것이다. 6시간 넘게 수고한 노력이 한순간에 날아가는 기분이었다. 공은 사라지고 과만 남는 형국이 되었다. 당황한 나머지 뛰어가 괜찮으시냐고 여쭈어 보았다. 이러한 경우가 한번이 아닌 듯 환하게 웃으시면서 다치지 않았으니 걱정하지 마시라 한다. 오히려 필자를 위로하신다. 정말이지 쥐구멍이라도 들어가고 싶은 심정이었다. 마지막에 이런 큰 실수를 하다니, 계속된 자책으로 고개 들고 쳐다보기 민망했다.

두부를 파는 식당에서 이른 저녁을 했다. 조별로 자리에 앉아 식사를 했다. 이곳에서도 시각장애인에게는 수저와 젓가락의 위치, 밥과 국그릇, 반찬의 종류와 위치까지 구체적으로 설명해준다. 그러면 정확히 젓가락이 움직인다. 날씨도 덥고 힘든 산행이었는지 화기애애한 분위기였다. 모두 서로 위로하고 격려하고 안아주는 모습이었다. "고맙습니다. 고생했습니다. 담에 다시 뵙겠습니다, 조심히 살펴

가세요." 등등 인사가 오가고 헤어짐의 시간이 되었다. 전철 앞에까지 다시 모셔다드렸다. 전철 입구에서부터는 오히려 혼자 가는 것이 더 편하다고 말씀하신다. 손을 흔들고 고맙다는 말씀을 하고 들어가셨다. 뒤에 남은 지인들 몇 명이 가볍게 음료수를 한 잔씩 했다. 오늘의 봉사산행에 대한 소회와 뒷이야기가 이어졌다. 같은 생각에 동일 마음가짐으로 지속적인 봉사를 하기로 약속하고 헤어졌다.

집으로 돌아가는 내내 필자의 마음 한구석은 심하게 요동을 쳐댄다. 생각지도 못한 산행이었다. 봉사산행 처음이라 구경만 하고 돌아갈 줄 알았는데, 실제 경험을 하게 된 것이다. 그것도 상상도 못한 기억으로 남은 것이다. 산행 중 일어났던 일을 생각하고 또 기억하고 되새기며 집에 도착했다. 태어나서 처음으로 좋은 일을 한 것 같은 기쁜 마음이다. 배낭 정리를 하고 샤워를 하고 휴식을 취하는 시간에도 심장박동은 빨라졌다. 머리로 생각하기보다는 몸으로 행동했다는 사실이 즐거웠다. 처음에는 당황했지만 결론적으로 아주 잘했다는 생각이 들었다.

행복한 생각으로 일찍 잠이 들었다. 새벽에 심한 두통으로 잠에서 깨어났다. 두피를 바늘로 찔러대는 아픔이었다. 그것도 한두 개가 아닌 수백 개의 바늘로 머릿속을 콕콕 찌르는 것 같았다. 약을 먹기도 하고 머리를 손으로 마사지 했다. 너무 아파서 머리 감듯이 자극했다. 조금도 나아질 기미를 보이지 않았다. 그렇게 30분 넘어가니 병원이 생각났다. 응급실을 가야하는 것은 아닌가 싶었다. 의사 친구의 도움을 받기로 했다. 고통을 견딜 수 없었기에 새벽 2시에 전화를 걸었다. 미안한 마음은 뒷전으로 밀려났다. 의사의 진단이 내려졌다. 전날 극도의 신경을 쓰는 일이 없었냐는 것이다. 피가 머리로 몰리면서 나타나는 현상이란다. 두피를 따뜻하게 하고 지속적으로 마사지를 하면서 풀어야 한단다. 두통약 먹고 강한 마사지를 하기 시작했다. 조금씩 나아졌다. 두통으로 잠에서 깨어나 다시 잠들기까지 2시간이란 시간이 흘렀다. 다행히 다음 날 아침에 두통이 없어졌다. 바늘로 찔러댔던 통증이 사라졌다. 경험해보지 못한 봉사산행이 극도의 긴장감을 불러일으켰던 것 같다. 산행 중에 계속해서 걱정했던 것 같다. 필자의 실수로 뒤따라오는 시각장애인이 다치기라도 하면 어쩌나 하는 생각이 많았던 것 같았다. 체력적인 소모보다는 정신적인 고통이 스며들었던 것이다. 알게 모르게 힘들었던 것이 새벽에 잠을 깨운 것이라 생각하였다. 봉사산행 첫 경험이 가져다준 기억은 지금도 생생하다.

역지사지(易地思之)10), 필자가 좋아하는 사자성어다. 내가 산을 좋아하는 시각장애인이 되어 본다. 선천적이 아닌 사고 등 후천적 이유로 장애인이 되는 경우를 생각해본다. 산을 기억하는 입장에서는 우선 아무것도 볼 수 없다는 사실이 힘들 것이다. 두 번째는 가고 싶은데 혼자서는 도저히 갈수가 없다는 게 힘들 것이다. 산마다 지형이 다르고 높낮이가 다르기 때문에 시각장애인 입장에서는 무리다. 시도하는 것 자체가 무모한 설정이다. 그럼에도 불구하고 "산에서 뿜어 나오는 솔향기를 맡고 싶다. 맑은 공기를 마시며 걷고 싶다. 아~ 누군가 나를 도와준다면 좋겠다. 나를 이끌고 산에서 안내를 해주면 소원이 없겠다. 시각장애인도 일반인과 똑같이 산을 갈 수 있다는 것을 보여주고 싶다. 보여줌을 떠나 자신 스스로 인생도전과 열정으

---

10) 처지(處地)를 서로 바꾸어 생각함이란 뜻으로, 상대방(相對方)의 처지(處地)에서 생각해봄.

로 위기를 극복하고 싶다.” 이러한 생각을 가진 시각장애인들에게 따뜻한 손길이 필요하다.

일반 등산객이 장애를 앓는 나를 보살펴 줄 수 있을까?, 그러한 사람이 몇 명이나 있을까?, 험한 등산길을 동행해줄 사람이 나타날까? 하다가 말지는 않을까? 이러한 고민을 말끔히 없애주는 산악인들이 많이 있다. 차고 넘친다. 자세한 내용도 모르고, 경험하지도 못했기 때문에 모르는 것이다. 한 번만 경험해보면 의지를 갖고 동참하려는 산우들이 많을 것으로 예상한다.

북한산 인수봉 암벽등반을 전문적으로 하는 모 산악회원들은 1년에 한 번씩 시각장애인분들을 모시고 등반한다고 한다. 안전장비를 갖추고 2인 1조로 짜릿한 쾌감을 맛보게 해주는 봉사를 한다고 한다. 자일에 의존하여 일반인들도 접근하기 어려운 코스를 올라가는 행운도 맛보고 있단다. 6시간 봉사산행만으로도 가슴이 뿌듯한데, 인수봉 암벽등산이야 오죽 하겠는냐는 생각이 들었다. 우리 사회가 그렇게 절망적이지만은 않다는 생각이 드는 순간이다.

10. 단독 플레이어가 협동조합을
　　찾는 이유

　지금까지 혼자 다니는 단독산행, 산악회에 가입한 단체산행, 시각장애인과 함께하는 봉사산행에 대한 이야기를 늘어놓았다. 독자의 입장에서는 협동조합을 이야기하는데 산악회 사례는 왜 들었을까? 라는 생각을 하게 될 것이다. 산악회 경험이 있고 협동조합의 내부적 운영을 해본 사람이라면 이미 알아챘을 것이다. 필자는 다양한 등산방법을 통해 협동조합기본법으로 설립되는 협동조합을 설명하려고 했다. 협동조합의 조직운영이나 산악회의 단체운영에 있어 교집합이 너무 많다. 두 그룹 간의 유사성과 차별성을 가지고 협동조합을 설명하려는 것이다.

　그렇다면 "협동조합을 설명하는 사례로 굳이 산악회만 있는 것인가"라는 물음이 있다. 정책의 전달력과 파급력은 수요자들이 가장 편하게 인지하고 인식해야 확대된다는 것이 필자의 생각이다. 새로운 정책이 아무리 좋다고 한들, 정책의 수요자이면서 수혜자들이 어렵게 받아들이면 진행이 더디다. 때로는 정책실패로 귀결될 수 있다. 그만큼 간결하고 자연스럽게 전달이 되어야 한다. 이러한 맥락에서 필자는 협동조합을 설명하면서 산악회를 대비한 것이다.

필자가 오랫동안 단독산행을 하는 모습을 개인적 의지로 표현했다. 인근에 소재한 홍릉수목원에서의 지속적인 기초체력을 다지는 과정이 있었다. 하나의 산을 목표로 정하고 조금씩 산행 거리를 넓혀 나갔다. 그 다음에는 속도를 내기 시작했다. 어느 정도 지나면서 이웃하고 있는 산까지 가는 대담함도 보였다. 하루에 2개의 산을 가는 체력이 되었다. 주말 새벽에 처음 운행하는 전철에 몸을 싣고 도봉산역에 내려서 산행하기는 결코 쉽지 않은 행동이다. 7월과 8월 사이에 강한 햇볕 아래에서 단독산행은 고역이다. 10m만 걸어도 숨이 막힌다. 그러한 길을 16㎞ 이상 걸어간다. 가다가 힘들면 중간에 탈출해서 내려오면 그만이다. 아무도 필자에게 산에 오르라고 시키지 않았다. 필자 스스로 정하고 그 규칙을 준수하려 노력하는 것이다. 아무리 힘든 언덕길이라도 정상에 도착하면 피로가 금방 사라지는 것 같다. 게다가 계곡에서 올라오는 시원한 바람이 땀에 젖은 등을 스쳐 지나가면 말로 표현할 수 없는 짜릿함이 있다. 정상에서 내려다보는 세상의 그림은 다양하다. 색 도화지 속 풍경을 보면서 마시는 물 한잔은 꿀맛이다. 혼자만의 사색이 때로는 참신한 아이디어를 제공하기도 한다.

필자는 강한 정신력과 튼튼한 체력이 요구되는 직업에 종사하고 있다. 10년 가까이 매주 전국을 돌아다니는 일정을 소화하고 있다. 학교 강의는 기본이고 다양한 정책 분야의 연구와 컨설팅도 하고 있다. 공무원 등 공공기관뿐만 아니라 일반인 강의도 많다. 수도권일 경우는 운전을 하고, 지방일 경우는 KTX 등 대중교통으로 이동한다. 도착하면 평균 3시간 이상을 서서 강의를 한다. 마이크를 좋아하지 않는 강의 스타일이다. 육성으로 한 옥타브 올려서 강의를 한다. 거기에 손짓 몸짓까지 동반한다.

새벽에 집을 나서는 경우가 많다. 지방출장은 차가 막히기 전에 내려가야 한다. KTX도 마찬가지다. 오전 강의일 경우도 많다. 때에 따라서는 1박 2일로 밤늦게 내려가 다음 날 아침 오전 강의에 들어가기도 한다. 새벽 출장일 경우는 전날 쪽잠을 자기 일쑤다. 깊게 잠들지 못한다. 교통편을 놓치면 대단한 낭패다. 신뢰가 무너진다. 실수하면 고객이 다음에 찾지 않을 것이란 생각에 항상 긴장한다. 이 모든 것들이 체력이 있어야 가능하다. 주변에서 토요일 몸을 혹사하는 등산을 하지 말고 집에서 잠을 더 자면 되지 않느냐고 반문한다. 그렇게 잠을 자면 그 다음 주에 피로가 더 쌓인다. 잠을 더 잔다고 해서 피로가 풀리는 것이 아니다. 강한 체력이 정신력까지 받쳐준다. 그래서 열심히 산에 오르려 노력하고 있다.

지금까지의 단독산행의 사례는 기존 상법체계의 시스템을 말하는 것이다. 주식회사든 개인사업자이든 대표의 입장에서 얼마나 열심히 몰입하느냐에 따라 운영상황이 달라질 수 있다. 치열한 경쟁 속에 살아남기 위한 노력은 게을러서는 안 된다는 것이다. 물론 잠 못 자고 열심히 해도 실패하는 경우가 많다. 하지만 얼마나 노력하고 집중했느냐에 따라 성패가 달라지는 경우가 비일비재(非一非再)[11]하다. 개인사업자도 1년 365일 쉬지 않고 영업하는 곳이 있다. 대부분 고

---

11) 같은 일이 한두 번이 아님이란 뜻으로, 한둘이 아님.

객의 요청에 의해, 약속을 위해, 고객유치와 고객관리를 위해 하는 경우다. 대표가 상주하면서 고객들을 맞이한다. 고객들은 대표에게 무한한 신뢰를 보낸다. 몸은 피곤하지만 영리추구를 위한 목적은 달성하고 있다. 그에게는 많은 수익이 행복의 지표일 수도 있다.

반면 대표가 직원에게만 일을 맡기고 다른 일에 매진하는 경우는 부정적 결과를 가져온다. 전화로 지시만 하거나 가끔 찾아가는 회사가 잘 될 리가 없을 것이다. 대표가 없는 공간은 아무도 책임지지 않으려 한다. 무언의 공감대가 형성되어 있기 때문이다. 대표도 책임지지 않으려는 사업장은 아무도 책임 있는 자세를 보이지 않는 것이 당연한 세상사다. 개인사업자도 손님이 없다고 자주 가게 문을 닫고 쉬는 경우가 있다. 어쩌다 찾아온 고객은 닫힌 문을 보고 돌아선다. 다시 재방문 했을 경우에도 문이 닫혀 있다면 그 고객은 다른 거래처 확보에 나선다. 미련을 두지 않는다. 세상에는 고객이 원하는 서비스를 하려는 공급자가 수없이 많이 존재하기 때문이다.

열심히 노력한 만큼 소득도 비례하고 행복도 비례하는 시스템이 상법체계라 할 수 있다. 자본만 가지고 투자하면서 이익배당금을 챙기는 사람은 별도의 논의대상이다. 큰 노력하지도 않고 주식 수로 회사를 장악하고, 그룹의 막강한 영향력을 행사하는 자본주의 시스템에 대한 폐해는 서로 공감하고 있다. 필자는 대기업 중심의 사례가 아닌 일반적인 상법체계에서의 성공 여부는 의지와 성실과 근면의 토대 위에 이루어짐을 말하고 있는 것이다.

세상이 빠르게 변하고 있다. 점점 다양해지는 수요에 대응하기 위해서는 많은 인력이 필요하다. 혼자 고민하고 이끌어 가는 사장님 방식으로는 해결하기 어렵다. 공공서비스에 대한 민원의 다양성으로 많은 업무를 민간위탁으로 처리하는 행정서비스처럼, 민간기업도 변하고 있다. 사람이 만나서 직거래하는 방식이 아닌, 온라인 주문방식에서부터 택배 배송에 이르기까지 다양해졌다. 그러한 다양한 요구를 사장 혼자서 다 해결할 수가 없다. 평생직장으로 생각하는 기업문화는 사라진지 오래 되었다. 사장의 입장에서는 믿고 맡기기가 부담스럽다. 사장처럼 일해 줄 사람이 필요하다. 하지만 현재의 경제 시스템에서는 쉽게 해결하기 어려운 문제다. 주식을 조건 없이 나눠주는 것도 생각하지만 망설임의 고민이 더 크다.

시대의 빠른 다양성은 사업을 추진하는 입장에서도 고민이 깊어간다. 혼자만의 힘으로는 사업하기 어려운 환경이 되었다. 아이디어와 자금을 가지고 있어도, 믿고 같이 실행할 사람이 필요하다. 사람이 소중한 시대가 되었다. 여럿이 분담하는 형태의 시스템이 필요한 시기다. 다양한 수요에 대처하고 지속가능한 기업으로 성장시키기 위한 필요조건이 신뢰할 만한 사람의 확보다. 협력할 준비가 되어 있고 협동 정신으로 함께 하려는 사람들이 모여든다. 같은 생각 동일한 행동패턴으로 이질성을 완화시킨다. 간극을 얼마나 좁히느냐에 따라 성패가 달라질 수 있다. 같은 입장에서 고민하는 사람들의 결합체가 필요하다. 그러한 동질성의 바탕 위에 하나둘씩 모인다. 그리고 솔직한 고백이 이어진다. 나만의 고민이 아님을 알게 된다.

필자는 단독산행에서 맛볼 수 없는 즐거움을 위해 산악회를 찾아나섰다. 동호회 성격의 산악회를 다녀보니 필자처럼 같은 생각으로 찾아온 회원들이 대부분이었다. 단독산행일 경우에는 할 수 없었고 경험해보지 못한 다양한 욕구를 해결할 수 있다.

협동조합을 찾는 사람들의 사연은 다양하다. 퇴직 후 새로운 삶을 위한 수단으로 이용하려는 사람에서부터 정부의 보조금을 생각하는 경우까지 수백수천 가지다. 한 가지 분명한 것은 현재의 답답한 환경을 벗어나는 방법으로 선택한다는 것이다. 공통적인 것은 소득창출의 수단으로 인식하고 있다는 것이다. 협동조합이 주는 메시지는 간결하다. "뭉치면 살고 흩어지면 죽는다." 5명 이상이 힘을 합하면 새로운 길이 열릴 수 있다는 희망을 전달하고 있다.

11. 산악회 회칙준수,
    투명한 자금집행

가보고 싶은 산에 산악전문가들이 함께한다. 산을 타는 법을 배우기도 하고 어느 정도 시간이 지나면 내가 신입 회원에게 안내를 해주는 수준이 된다. 동호회 성격이라고 하지만 철저한 회칙이 있다. 협회산악회든 안내산악회든 온라인동호회산악회든 심지어 친한 친구끼리 운영하는 산악회조차 회칙이 있다. 필자가 가입된 산악회의 회칙을 보면 7장 20조에 부칙까지 규정되어 있다. 단체를 운영하는데 조금도 손색이 없을 정도로 세부적으로 구성되어 있다. 자율적인 산악회 회칙이지만 시행하는데 있어서는 엄격한 적용을 하고 있다. 다음은 동호회 성격의 온라인산악회와 안내산악회의 회칙을 정리한 내용이다.

〈표 2〉 안내 및 동호회 산악회 회칙 사례

회칙 구분		주요 내용
1장	총칙	명칭, 목적, 기본사업, 소재
2장	가입 및 탈퇴	회원의 자격, 회원 구분(등급), 회원 가입, 탈퇴(강퇴)
3장	운영위원회의 구성과 임기	운영위원회의 구성, 운영위원의 임기
4장	산행 및 기본사업	산행안내, 산행사고
5장	재정	재원마련, 회비, 경비정산 및 산악회 발전기금, 운영비 지원, 물품구입 및 관리
6장	회원 상벌 규정	활동중지 및 강제퇴출, 회원 포상
7장	회의	회의, 모임, 의결사항, 의결절차
8장	기타 사항	닉네임 사용기준, 게시판 사용, 산행시 안전사고에 관한 책임
부칙		시행일, 회칙에 관한 특례, 회칙의 적용시기

국내 산악회의 대부분은 영리를 목적으로 하지 않는다. 비영리 산악동호회를 원칙으로 삼고 있다. 필자가 다니는 2개 산악회의 목적을 살펴보면 다음과 같다. "본회는 산을 애호하는 산악인의 정신으로 산행을 통하여, 심신을 단련함으로써 즐거움과 삶의 의미를 찾고, 회원 상호 간의 친목과 상부상조를 그 목적으로 한다." 또 다른 산악회 목적은 "본회는 산과 자연을 사랑하는 아름다운 사람들의 모임으로서, 산행활동을 통하여 회원 상호 간의 친목 도모와 건강 증진을 그 목적으로 한다."로 되어 있다.

두 군데 모두 회원들의 친목 도모와 건강증진 및 상부상조를 추구하고 있다. 협동조합기본법 제2조(정의) 제1호 "협동조합"이란 재화 또는 용역의 구매·생산·판매·제공 등을 협동으로 영위함으로써 조합원의 권익을 향상하고 지역 사회에 공헌하고자 하는 사업조직을 말한다. 협동조합과 산악회의 근원적인 차이가 있다. 일반 협동조합은 영리12)를 목적으로 하고 있고, 산악회는 대부분 비영리로 운영된다는 점이다. 물론 협동조합기본법의 사회적협동조합은 전체 사업의 40%는 비영리를 추구하고 있다. 산악회의 경우도 공동구매, 회비납부 등을 통한 일정의 영리활동도 이루어지고 있는 경우가 많다. 어떤 산악회는 산행을 통한 기부금(회비)의 일부분을 장학사업으로 운영하는 곳도 있다.

동호회 성격의 산악회는 산행에 참석한 회원들에게 1천 원의 회비를 받는다. 이른바 "산방비"란 명목으로 적립하여 산악회 공식비용으로 사용한다. 회비 1천원은 안전하게 산행할 수 있게 도와준 산악회에 대한 기부금 형태다. 이러한 회비는 매번 산행 시 산악총무에게 납부한다. 이러한 회비납부가 몇 건의 사건으로 인해 납부형태와 명목이 바뀌게 되었다. 회칙에 의해 운영된다고 하지만 자율적이며 회원의 배려를 많이 해야 한다. 대부분 산악회는 회칙뿐만 아니라 산행공지 시 반드시 참여하는 회원이 지켜야할 규칙설명이 게재되어 있다. "산행 및 모든 모임에서 발생되는 사고는 개인 스스로가 책임을 져야하며, 산악회는 민·형사상의 어떤 책임도 없음"을 확실히 하고 있다. 그럼에도 불구하고 등산 중에 사고를 당하는 경우가 발생한다. 큰 중상을 입을 수도 있고 때에 따라서는 목숨을 잃기도 한다. 문제는 사고 발생의 책임소재로 인한 분쟁이다. 산악회에서는 사전에 충분히 안전에 대한 유의 공지를 했기 때문에 법적 책임이 없음을 이야기한다. 회원의 가족은 산악회에서 책임을 져야 한다고

---

12) 협동조합기본법에서 규정하고 있는 사회적협동조합은 비영리사업이 전체의 40% 이상을 준수하면 된다. 협동조합기본법 제2조 제3호, "사회적협동조합"이란 제1호의 협동조합 중 지역주민들의 권익·복리 증진과 관련된 사업을 수행하거나 취약계층에게 사회서비스 또는 일자리를 제공하는 등 영리를 목적으로 하지 아니하는 협동조합을 말한다.

주장한다. 이러한 갈등이 법적으로 확대되기 일쑤다. 모 산악회에서 산행 중에 사망 사건이 발생했다. 유족들이 산악회를 상대로 손해배상 청구를 했고, 법원은 유족의 손을 들어주었다. 산악회 귀책사유의 근거가 되었던 것은 산행 중에 받았던 1천 원의 회비납부였다. 회원으로 인정하였고 회비를 받은 사실이 인정되었기 때문이다. 산행 중 회비명목으로 걷었다는 것은 불의의 사고를 당했을 시 그 금액에 상관없이 보상을 해줘야 한다는 내용이다.

일부에서는 산행회비가 아닌 기부금, 찬조금, 산행기금 등은 괜찮다고 한다. 하지만 이런 종류의 행위도 일정의 금액을 주기적으로 혹은 정기적으로 수납하게 될 경우에는 그 책임에서 벗어나기 어렵다. 모임의 운영을 원활히 하기 위해 거출하는 강제성 모금회비로 인정되기 때문이다. 따라서 그 회비를 걷게 만든 산악회의 운영진이 권한은 물론 책임을 동시에 져야 한다는 의미로 해석할 수 있다.

그러나 기부금 또는 찬조금이 회원 전체를 대상으로 하지 않고, 산행 후 자율적인 판단에 의해 회원이 내는 경우는 해당되지 않을 것이다. 1천 원에 해당하는 기부금일지라도 산행에 참여하는 사람이 부정기적으로 하는 행위로 운영진의 책임이 반드시 뒤따른다고 보기 어렵다.

이처럼 산악회에서 산행 중에 걷는 회비는 사고 발생 시 운영진의 책임이 있다는 판결 이후 사라졌다. 사전에 개인적인 실수로 발생하는 사고에 대해서는 책임이 없다는 것을 분명히 하고 있다. 그럼에도 불구하고 법적인 책임을 면하기 위해 의무적으로 회비를 걷는 방식은 없어지는 추세다. 대신 산행 이후 뒤풀이 비용을 걷는 자리에서 일정의 몫을 정하여 산악회의 재정기금으로 사용할 수 있도록 하고 있다. 이것 또한 산악회에 따라서는 걷지 않는 곳도 많다. 버스를 이용해 지방소재 명산을 소개해주는 형태의 안내산악회의 경우는 교통비 이외는 아무것도 받지 않는다. 산행 이후 뒤풀이도 하지 않는다. 말 그대로 교통편의만 제공하는 형태다. 이러한 안내산악회의 경우는 버스대절 등에서 탄력적인 운영을 통해 소정의 운영자금을 마련하고 있다. 또는 등산 관련 제품 등의 공동구매를 통한 수익금의 일부를 산악회에 기부하는 형태로 운영하기도 한다.

원정산행 등 산악회에서 차량을 대여하여 진행하는 산행에 대해서는 참여자들의 여행자보험 등 보험가입을 원칙으로 하고 있다. 불의의 사고 시 대처할 수 있기 위함이다. 단체보험 가입 시 불편함이나 보험회사 가입절차의 복잡함 등을 이유로 개인별 보험가입을 유도하고 있다. 이 또한 사전공지를 통해 참여하는 회원이 개인보험에 가입하도록 적극 권장한다.

산악회의 재원은 크게 발전기금, 찬조금, 기타 수익금으로 구분하며 현금거래가 아닌 산악회 지정통장으로 거래하며, 결산내용은 공지 게시판에 올리도록 되어 있다. 예를 들어 어느 산행에 몇 명이 참여했고 뒤풀이에서 남은 얼마의 발전기금을 통장에 입금했다는 내용까지 알려주고 있다.

발전기금은 산행에 참가하는 모든 참가자에게 1인당 1천 원을 자율적으로 기부하도록 유도한다. 강제성은 없으나, 산행도중 개인적인 일로 먼저 하산하는 회원이거나 산행 후 바로 가는 회원을 제외하고는 뒤풀이에 참여하는 회원의 경우 식대에 발전기금을 합하여 1/참여자 수로 나누어 부담하고 있다. 산행대장의 경우는 가까운 곳은 10인 이상일 경우, 원정 및 정기산행일 경우는 일정 금액 한도에서 비용을 면제해준다. 산악회 임원들은 무보수이며 자원봉사형태로 운영되기 때문에 일정의 노력에 대한 봉사 대가를 지불해준다.

산악회에서 사용되는 모든 경비는 철저히 카페에 공지하여 전 회원이 볼 수 있도록 하고 있다. 산악회 운영의 투명성을 강조한다. 지출에는 영수증을 첨부하여 공신력을 높이고 있다. 발전기금은 매년 회계정산 월까지 최소 예비비를 제외한 나머지는 물품구입 또는 상품을 통해 회원들에게 돌려주는 방식을 취한다. 산악회 공동물품 구입은 운영위원회 동의를 구하고, 장비 담당 운영자가 관리한다. 산악회 행사 때 회원들에게 배포하거나 회수하는 경우에도 기록하여 그 책임 여부를 관리한다.

발전기금 등을 통해 적립한 산악회 운영비는 운영위원회 회의를 통해 사용된다. 산악회 발전을 기본으로 행사, 회원 포상, 선물비용 등 회원들의 친목 도모를 위해 지출된다.

12. 협동조합 운영과
   원칙적용의 한계

　동호인 성격의 안내산악회(이하 산악회)는 기본적으로 산행을 통한 회원들의 친목 도모와 모임의 활성화를 추구하고 있다. 산행과 관련한 정보를 교류하거나 체육대회, 송년회 등 행사도 개최한다. 산악회를 통해서 국내는 물론 국외 산에 대한 정보도 접할 수 있는 장점이 있다. 초보자의 입장에서는 사전에 가고자 하는 산에 대한 구체적인 정보를 접할 수 있다. 미리 다녀온 회원들의 산행 사진을 보고 가늠할 수가 있다.

　산악회마다 가입과 탈퇴에 대해서는 자유스러운 입장이다. 단 산악회에 따라 나이 제한을 두는 경우가 많다. 연령대에 따라 산행속도 및 산행문화의 차이가 있다. 인터넷으로 산악회에 가입하면 준회원이 된다. 처음 가입할 당시에는 나이 제한이 있지만, 한번이라도 산행에 나오면 정회원이 된다. 정회원이 되면 연간 1회 이상 산행할 경우 해당 나이가 넘어도 산행할 수는 있다. 다만 회원 스스로가 산행 분위기 또는 체력의 차이로 포기하는 경우가 많을 뿐이다. 회원 가입은 산악회에서 규정하는 연령 등의 제한만 걸리지 않으면 가입 과 탈퇴가 자유롭다. 그러나 여러 가지 불미스러운 행위로 강제 퇴출된 회원은 재가입이 금지된다. 정회원이 된 이후에 산행에 많이 참석하는 빈도수에 따라 우수회원이 되고, 산행대장이 될 수가 있다. 온라인 카페 형태로 운영되기 때문에 게시판지기, 카페운영자, 총무, 카페지기, 고문 등으로 구분한다. 카페지기는 산악대장 이상의 회원이 모인 운영위원회에서 투표해서 선출하는 경우가 많다. 협동조합으로 보면 이사회 또는 운영위원회 역할을 한다. 산악회 운영위원회는 수평적 의사결정을 한다. 모든 현안에 대해서 과반수 찬성으로 결정하는 경우가 많다.

운영위원은 각 역할에 대해 업무를 충실히 이행해야 하는 의무를 진다. 예를 들어 카페 운영자는 대문관리와 기획업무, 회원관리, 산행신청방 관리, 게시판 관리, 발전기금 관리 및 게시 등의 업무를 수행해야 한다. 고문은 운영위원회의 운영 관련 자문 및 조언 역할과 회원들 간의 갈등이 발생하면 중재를 하는 역할도 부여하고 있다. 단, 의결권이나 투표권을 부여하지는 않는다.

운영위원은 다른 산악회의 회장 및 카페지기, 운영자, 산행대장을 금지하고 있으며 동시에 양쪽의 운영위원직을 수행할 수 없게 하고 있다. 협동조합의 경우는 이사장이 다른 협동조합의 이사장직을 겸임할 수 없게 하고 있다. 산악회의 경우는 엄격하다 못해 폐쇄적 운영구조를 가졌다 할 수 있다.

운영위원들의 임기는 1년이며, 연임이 가능하도록 되어 있다. 우수회원은 월 1회 이상의 산행실적이 있어야 그 직을 유지할 수가 있다.

카페지기의 선출은 운영자로 활동하고 있는 회원을 대상으로 개인별 추천 없이 모든 운영위원을 대상으로 무기명 투표를 하는 형태다. 1차 투표에서 과반 수 이상 득표자 없을 경우 최다득표 2인을 선정하여 2차 투표를 통해 확정한다. 필자가 다니는 산악회 카페지기의 임기는 12월 1일부터 1년으로 하고 있다.

운영위원회 결정으로 정기산행 일정을 정한다. 매월 둘째 주로 정하되, 홀수달은 토요일, 짝수달은 일요일로 정하여 토요근무자 회원들까지 배려하고 있다. 반면 원정산행은 매월 넷째 주로 정하되 홀수달은 일요일, 짝수달은 토요일로 진행한다.

정기산행과 원정산행 이외 주말산행, 주중산행, 야간산행, 특별산행, 이벤트 모임, 번개산행 등 다양하게 진행한다. 규모가 큰 산악회의 경우는 월요일부터 일요일까지 매일같이 진행하고 있다. 직업상 휴무날짜가 다른 회원들을 배려하고 있다. 자연스럽게 화요일에만 산행하는 화요방, 금요방이란 단어가 만들어진다. 번개산행일 경우에도 산행대장은 총산행대장과 협의를 하게 되어 있다. 모든 정책결정과 진행이 회칙에 따라 절차를 준수하게 하고 있다.

다양한 사람들이 모여 있는 동호인산악회는 회원에 대한 관리가 가장 중요하며 필수적이다. 오프라인 활동은 물론이고 온라인상에서 발생하는 문제에 대해서 적극적으로 대처하고 있다. 카페 게시판에 광고 및 타인비방, 유언비어 유포, 유해성 단어사용 등 스팸성 글에 대해서는 즉시 강제퇴출 및 활동정지를 시킨다. 운영진회에서 게시글을 검토하여 강제퇴출 시키거나 원상 복구하는 방법을 취한다.

온라인 산악회의 특성상, 어느 정도 규모가 되면 자연스럽게 일부 회원이 중심이 되어 새로운 산악회가 만들어진다. 새로 만들어지고 분리되고 신설되고 갈라서는 형태를 보이는 경우가 많다. 이러한 과정에서 부정적 또는 갈등이 많은 상태에서 분리되면 그 후유증도 오래 지속된다. 때문에 새로 분리되어 나가서 새로운 산악회가 설립되고 운영위원을 맡게 되는 경우, 기존 산악회에서는 중요한 역할을 맡지 못하게 한다. 즉 핵심적인 역할을 하는 운영위원회 위원들은 이중적 자격을 부여하지 않고 있는 셈이다.

산행과정이나 온라인 카페활동과정에서 폭력적인 언어사용이나 행동을 보이는 경우 자동퇴출은 당연시된다. 어느 조직과 단체 등 불미스러운 일이 벌어지면 징계위원회를 통한 의사결정을 하는 것처럼 산악회의 관리는 적극적이다.

회원 가입만 해놓고 1년 이상 산행을 하지 않거나 카페에 접속하지 않는 회원은 정회원에서 준회원으로 강등시킨다. 그 이후에도 지속적으로 활동을 하지 않을 경우 강제 퇴출시킨다. 단, 활동하지 않아 퇴출당한 회원은 이후에 다시 재가입 절차를 밟아 가입할 수 있도록 하고 있다. 불미스러운 일로 강제퇴출 당한 회원과는 차별을 두고 있다.

동호인산악회 최고책임자인 카페지기 또한 중대한 과오를 범했을 경우, 운영위원회 2/3 이상 동의 및 참석, 참석인원 2/3 이상의 찬성으로 불신임안을 통과시킨다. 총산행대장이 새로운 카페지기가 선출될 때까지 권한을 위임받아 운영한다. 또한 운영자, 산행대장, 우수회원에게 같은 문제가 발생했을 경우에도, 운영위원의 1/2 이상의 참석과 2/3이상의 동의 시 해임된다.

일반 회원들에 대한 상벌이 명확하다. 산행을 많이 한 회원에서부터 산행대장과 총무를 오래 역임한 회원, 게시글에 적극적인 회원,

정기산행 개근한 회원 등 공로가 인정되는 회원에 대해선 포상을 한다. 부상으로 상품권 또는 등산용품을 선물하기도 한다. 산악회 회의는 정기총회, 운영자회의, 정기(임시)운영위원회의, 확대운영회의로 구분하여 운영한다. 사안에 따라서 참석범위를 정하여 운영하고 있다.

회칙의 개정이나 재무 및 기금의 집행 결산 심의의 경우는 정기총회 및 운영위원회회의에서 의결하도록 되어 있다. 연간 산행계획 등 사업계획의 승인, 각종 행사에 관한 사항 심의, 상벌에 관한 심의 등 대부분 의사결정을 운영위원회에 권한을 부여하고 있다.

의결절차에 대해서도 명확하다. 의결은 재적운영위원의 1/2 이상 출석으로 성회(成會)하고 출석 1/2 이상의 찬성으로 의결한다. 회칙 개정의 경우는 재적운영위원 2/3 이상의 찬성으로 개정하게 되어 있다. 의사 결정 시 가부동수일 경우에는 카페지기가 결정할 수 있도록 하고 있다. 의결처리 절차에 대해서도 명확히 회칙을 준수하도록 정하고 있다.

의결 통과된 사안일지라도 카페지기가 집행을 보류하거나 거부할 수 있다. 이때에는 문제점을 명확히 제시해야 한다. 거부권이 행사된 사안은 재의결할 수 있으며, 재의결 처리된 안건은 다시 거부권을 행사할 수 없다. 부칙조항으로 회칙 시행을 정하고 회칙에 대한 특례로 사회 통념상의 보편성과 민법을 준수하도록 했다.

필자가 활동하고 있는 동호인산악회는 세부적인 내용을 적시한 회칙을 준용하도록 하고 있다. 특히 타 산악회에서 활동하는 일반회원과 달리 운영위원으로서의 활동은 다음과 같이 제약을 하고 있다. "본 회의 운영위원은 타 산악회의 회장 및 카페지기, 운영자, 산행대장은 될 수 없으며 임기 중 타 산악회의 운영위원이 될 경우 본회의 운영위원직을 수행 할 수 없다.” 일반회원으로서 가입 및 회원 존속은 할 수 있다.

동호인산악회보다 조금 더 개방적인 안내산악회의 경우는 회원활동에 대해서 개방적인 입장을 보이고 있다. 회원가입을 하고 산행은 물론 번개모임 등 어떠한 모임에라도 1회 이상 참여한 준회원은 정회원으로 인정하고 있다. 또한 5회 이상 산행이나 번개모임에 참여한 회원은 우수회원으로 정하고 번개산행 및 번개모임을 공지하고 진행할 수 있도록 장을 열어놓고 있다. 이러한 산악회의 경우 타 산악회에서 주도적인 활동을 했던 사람들이 다시 왕성한 활동을 할 수 있는 공간이 되고 있다.

회원이 1만 명이 넘어가면 카페지기 이외 부카페지기를 정하여 운영한다. 요일마다 방장이란 제도를 두어 관리하기도 한다.

자진탈퇴의 경우에도 2번 이상 탈퇴 후 재 가입 시에는 원칙적으로 가입을 불허하고 있다. 강퇴(강제탈퇴)의 경우 적용이 상당히 구체적이다. 위계질서 문란, 친목 저해행위, 회원을 괴롭히는 경우(전화, 메일, 메모 등), 광고 및 불순한 자료 게재, 과다음주 등으로 분쟁을 일으키는 행위에 이르기까지 다양하다.

정규산행이 아닌 번개산행 또는 야간산행의 경우에는 5회 이상 참여한 우수회원 누구라도 자유롭게 공지할 수 있게 하고 있다. 이를 통해 산악회의 양적 확대를 도모하고 있다.

지방원정 버스대절 산행의 경우는 선입금을 원칙으로 하고 3일전에 불참을 통보하지 않을 경우에는 전액 산방발전기금으로 편입한다. 신청하고 1~2일전 취소하여 전체의 흐름을 방해한다고 판단하

여 내린 조치라 생각된다. 버스대절의 경우는 차량확보 등 산악대장
이 신경을 써야 할 일이 많다. 산행경비 정산후 소정의 잔액에 대해
서는 당일 산악대장의 고유권한으로 정하여 이의제기할 수 없도록
한 것은 특이하다.

　동호인산악회와 안내산악회는 실명사용보다는 닉네임 사용을 하
고 있다. 따라서 짧은 닉네임 사용을 권장하며, 영어, 한문, 숫자, 특
수문자 등은 사용을 제한한다. 지방 원정산행 시는 회원들의 안전사
고에 대비하여 가능한 여행자보험은 개인이 자율적으로 가입하도록
한다.

　필자가 가입한 또 다른 안내산악회의 경우는 장학회를 운영하는
곳도 있다. 어린이용 도서, 학용품, 현금 등 불우한 아동지원을 위해
출발했다고 한다. 어린이 도서는 중국 내 조선족 소학교, 중학교, 마
을문고에 전달된다. 이렇게 초기에는 책 보내기 운동을 시작했지만,
현재는 장학금을 전달하는 단계로 발전했다.

　산행할 때마다 책을 가져와 전달하기도 하고, 많을 경우 택배를
통해 운영진에게 보내기도 한다. 장학금은 가정형편이 어려운 학생
과 성적이 우수한 학생을 선발하여 지급한다. 또한 여학생용 한복들
도 모아 보내준다.

　장학기금 마련을 위해 캘린더를 제작하여 구입하는 비용으로 제
작원가를 제외한 수익금을 장학회 기금으로 기부 처리한다. 각 산행
팀마다 캘린더를 구입하고 그 현황을 카페 게시판에 공지하여 투명
성을 확보하는 방식으로 진행한다. 장학회 운영 게시판을 통해 입출
금 내역과 현재 잔액까지 게시하고 있다.

2장

보조금 사업이 아닌 법인설립 정책

1. 협동조합기본법, 제도적
   정착단계

 2012년은 세계 협동조합의 해였다. 대한민국의 협동조합기본법은 2012년 1월 26일 법률로 제정되었고 법 시행일인 12월 1일까지 협동조합에 대한 관심이 봇물 터지듯 쏟아졌다. 크고 작은 수많은 단체에서 간담회, 토론회, 국제회의 등 다양한 논의가 있었다. 협동조합의 필요성서부터 제도적 발전방향, 그리고 수많은 외국사례가 지면을 차지했다.

 이전까지 사회적기업과 마을기업을 논하던 수많은 활동가들이 협동조합의 전문가처럼 등장했다. 여기에 농협, 중소기업 등 8개의 개별법으로 제정된 협농조합 관계사들의 참어가 두드러졌다. 특히 신용협동조합과 소비자생활협동조합에서 활동하던 활동가들이 선배 전문가처럼 주도적 참여를 했다.

 필자는 행정자치부의 사회적일자리 사업 프로그램인 마을기업의 연구와 현장 활동에 매진하고 있던 사람으로 많은 관심을 가졌다. 협동조합 관련 행사가 있으면 시간이 되는 한 현장 발품을 팔았다.

자료도 많이 모으고 읽고 자칭 전문가들이라 주장하는 사람들의 의견을 많이 들었다.

2016년 3월 2일 일부개정된 법률 제14053호의 개정이유와 주요내용은 다음과 같다.

◇ 개정이유

협동조합 및 사회적협동조합의 설립 등을 촉진하기 위하여 협동조합 및 사회적협동조합의 설립등기신청서 기재 항목을 축소하고 사회적협동조합의 설립등기 기한을 연장하며, 「민법」외의 다른 법률에 따른 비영리 사단법인도 사회적협동조합으로 전환할 수 있도록 조직변경 대상을 확대하고, 출자금 관련 변경등기 시한을 현행 회계연도 종료 후 1개월 내에서 회계연도 종료 후 3개월 이내로 변경하는 한편, 그 밖에 현행 제도의 운영상 나타난 일부 미비점을 개선·보완하려는 것임.

◇ 주요내용

가. 협동조합간의 연대·협력활동을 활성화하기 위하여 협동조합연합회 등이 국가나 시·도의 명칭을 대통령령으로 정하는 요건을 충족하는 경우에는 기획재정부장관의 인가를 받아 사용할 수 있도록 함(제3조제4항 단서 신설).

나. 협동조합 및 사회적협동조합의 설립등기신청서에 기재하는 내용 중 이사장이 아닌 임원의 주소를 기재사항에서 제외함(제61조제2항제4호 단서 및 제106조제2항제4호 단서 신설).

다. 총회에서 출자감소의 의결을 할 경우에는 대차대조표 작성과 채권자의 이의신청 기간이 필요한 점을 고려하면 출자금 관련 변경등기는 실제로는 3개월이 되어야 가능하게 되므로 변경등기를 회계연도가 끝난 후 3개월 이내에 하도록 조정함(제64조제2항).

라. 사회적협동조합으로의 조직변경이 가능한 법인의 범위를 「민법」외의 다른 법률에 따라 설립된 비영리 사단법인까지 확대하고, 비영리법인의 구성원이 200인을 초과하는 경우에는 구성원 3분의 2 이상의 동의로 조직변경이 가능하도록 함(제105조의2제1항 및 제2항).

마. 사회적협동조합의 설립등기 기한을 21일에서 60일로 연장하고, 사회적협동조합이 기한 내에 설립등기를 하지 아니하는 경우 설립인가의 효력을 자동으로 상실시키지 아니하고 기획재정부장관이 설립인가를 취소할 수 있도록 함(제106조제1항, 제112조제1항제5호 신설).

바. 2012년 12월 1일 이전에 협동조합과 유사한 목적을 위하여 이미 설립된 사업자가 협동조합 등으로 조직변경을 할 수 있도록 부칙에 경과조치를 두었으나, 조직변경이 지연됨에 따라 사업자의 조직변경 시한을 2016년 11월 30일까지 1년 더 연장함(부칙 제3조).

〈자료: 국가법령정보센터〉

협동조합기본법과 시행령, 시행규칙을 수십 번 읽어보았다. 한두 번 읽는 것만으로는 내용을 이해하기 어려웠다. 그래서 이해가 될 때까지 자주 들여 보았다. 법 내용이 현실적으로 바뀌어야 된다는 생각을 가지게 되었다. 현장과는 다소 동떨어지거나 괴리감이 있는 내용이 들어 있었던 것 같았다. 이런 고민은 비단 필자의 생각만은 아니었다. 수많은 토론회와 간담회에 참여한 관계자들이 이야기하기 시작했다. 그래서인지 2012년 12월 법 시행 이후 2016년 3월 2일까지 5번의 법 일부개정이 있었다.

법 관련 모순점만이 있는 것은 아니었다. 현장에서 협동조합 전문가라고 하시는 분들이 주로 성공사례라 제시하고 있는 것들이 외국 협동조합 일색이었다. 국내 협동조합의 역사와 활동에 대해서도 많은 자료가 쏟아졌다. 협동조합기본법 시행을 앞두고 많은 요구가 있었다. 그중의 하나가 지원 시스템 구축이었다. 관련법 개정도 필요해 보였다. 법 시행과 타 부처의 행정지원 시스템과는 거리가 있었다.

협동조합에 대한 많은 관심과 성장에는 공감하나 뭔가 방향이 잘못되었다는 생각을 하게 되었다. 협동조합기본법상의 협동조합은 법인격을 설립하는 지원제도인데 운영을 지원해달라는 목소리가 높아져 갔다. 여기에 사회적기업, 마을기업, 자활기업까지 묶어서 소위 사회적경제 분야로 규정했다. 같은 사회적경제이기 때문에 동일선상에서 지원을 이야기 하는 것 같았다.

2. 대한민국법원에서 규정하는
   법인구분

법인격 취득은 특수법인들을 제외하고 큰 틀에서 상법과 민법의 두 체계에서 협동조합기본법이 추가되었다. 상법은 기업에 관한 사항을 규정하는 특별사업을 말하며, 민법은 상사법(商事法) 따위의 특별 사법(私法)을 제외한 보통 사법을 지칭한다. 특수법인은 특별법에 의하여 설립된 법인이다. 국가 정책과 공공 이익을 위하여 설립하며 임원은 정부에서 임명하고 정부의 특별한 감독을 받는다.

협동조합기본법이 아닌 8개 개별법에 의한 협동조합은 각 법률에 의해 법인격을 취득하고 있다.

농업협동조합법에서 "지역조합"이란 이 법에 따라 설립된 지역농업협동조합과 지역축산업협동조합을 말하며, "품목조합"이란 이 법에 따라 설립된 품목별·업종별 협동조합을 말한다. 이 법에 따라 설립되는 조합과 중앙회는 각각 법인으로 한다.

수산업협동조합법에서 "조합"이란 이 법에 따라 설립된 지구별

수산업협동조합, 업종별 수산업협동조합 및 수산물가공 수산업협동
조합을 말한다. "중앙회"란 이 법에 따라 설립된 수산업협동조합중
앙회를 말하며, 조합과 중앙회는 법인으로 한다.

엽연초생산협동조합법은 연초경작자의 조직을 통하여 잎담배 생
산력의 증진과 경작자의 경제적·사회적 지위향상을 도모하고, 담배
사업의 건전한 발전에 이바지함으로써 국민경제의 균형 있는 발전
에 기여함을 목적으로 한다. 이 법에서 "조합"이란 엽연초생산협동
조합을 말하고, "중앙회"란 엽연초생산협동조합중앙회를 말한다. 이
법에 따라 설립되는 조합과 중앙회는 각각 법인으로 하며, 조합과
중앙회에 관하여 이 법에서 규정하는 것 외에는 「민법」중 사단법인
에 관한 규정을 준용한다.

산림조합법에서 "조합"이란 지역조합과 전문조합을 말한다. "지역
조합"이란 이 법에 따라 설립된 지역산림조합, "전문조합"이란 이
법에 따라 설립된 품목별·업종별 산림조합, "중앙회"란 이 법에 따
라 설립된 산림조합중앙회를 말한다. 이 법에 따라 설립되는 조합과
중앙회는 각각 법인으로 한다.

중소기업협동조합법의 "중소기업관련단체"란 구성원의 과반수가
중소기업자로서 「민법」이나 그 밖의 법률에 따라 설립된 비영리법
인을 말한다. 조합, 사업조합, 연합회와 중앙회는 법인으로 한다.

신용협동조합법은 법에 따라 설립된 비영리법인을 말한다. "신용
협동조합중앙회"란 조합의 공동이익을 도모하기 위하여 이 법에 따
라 설립된 비영리법인을 말한다.

새마을금고법에서 "금고"란 이 법에 따라 설립된 비영리법인인
새마을금고를 말한다. "지역금고"란 제1항의 금고 중 동일한 행정

구역, 경제권 또는 생활권을 업무구역으로 하는 금고를 말한다. "중앙회"란 모든 금고의 공동이익 증진과 지속적인 발전을 도모하기 위하여 이 법에 따라 설립한 비영리법인인 새마을금고중앙회를 말한다.

소비자생활협동조합법에서 "연합회"란 조합의 공동이익을 도모하기 위하여 이 법에 따라 설립된 소비자생활협동조합 연합회를 말한다. 이 법에서 규정한 사항 외에는 「민법」 중 사단법인에 관한 규정을 준용한다. 이 경우 "사단법인"은 "조합"·"연합회"·"전국연합회"로, "사원"은 "조합원"·"회원"으로, "허가"는 "인가"로 본다.

협동조합기본법의 "협동조합"이란 재화 또는 용역의 구매·생산·판매·제공 등을 협동으로 영위함으로써 조합원의 권익을 향상하고 지역 사회에 공헌하고자 하는 사업조직을 말한다. "협동조합연합회"란 협동조합의 공동이익을 도모하기 위하여 제1호에 따라 설립된 협동조합의 연합회를 말한다. "사회적협동조합"이란 제1호의 협동조합 중 지역주민들의 권익·복리 증진과 관련된 사업을 수행하거나 취약계층에게 사회서비스 또는 일자리를 제공하는 등 영리를 목적으로 하지 아니하는 협동조합을 말한다. "사회적협동조합연합회"란 사회적협동조합의 공동이익을 도모하기 위하여 제3호에 따라 설립된 사회적협동조합의 연합회를 말한다. 협동조합등은 법인으로 하며, 사회적협동조합등은 비영리법인으로 한다.

<표 3> 대한민국법원이 규정하는 법인구분

법률	법인격	법인내용
상법	주식회사	주식의 발행을 통하여 여러 사람으로부터 자본을 조달받는 회사. 자본과 경영이 분리되어 운영
	합명회사	사원 모두가 회사의 채무에 대하여 직접 연대하여 무한 책임을 지는 회사. 소규모 기업 형태
	합자회사	두 사람 이상이 자본을 대어 만든 회사. 무한사원은 업무의 집행에 관한 권리 및 의무를 가지고, 유한사원은 재산에 대한 한정된 권한 및 감독권 유지
	유한회사	50인 이하의 유한 책임 사원으로 조직되는 회사. 사원들은 자본에 대한 출자 의무를 부담하며 회사 채무에 대하여서는 출자액의 한도 내에서만 책임이 있음
	유한책임회사	유한책임사원-회사의 채무에 대하여, 출자액의 한도 내에서 책임을 지는 사원. 책임이 유한인 점에서는 주주와 같음
민법	사단법인	일정한 목적을 위해 사람들이 결합한 단체로서 주무관청의 허가를 받아 설립한 단체
	재단법인	일정한 목적에 바친 재산을, 개인 소유로 하지 아니하고 독립된 것으로 운영하기 위하여 법률적으로 구성된 법인. 비영리 법인만 인정되며 학교법인, 종교법인 등이 있음
사립학교법	학교법인	사립 학교법에 따라 사립학교의 설치 주체로 인정된 법인. 비영리 법인으로 사립학교의 설치, 운영을 목적으로 함. 사립학교만을 설치, 경영할 목적으로 설립되는 법인
사회복지 사업법	사회복지법인	사회 복지 사업을 할 목적으로 설립된 법인. 비영리 법인의 일종이나 경영에 충당하기 위하여 수익사업을 행할 수 있음
의료법	의료법인	의료법에 따라 의료업을 목적으로 설립된 법인
공인 회계사법	회계법인	회계에 관한 감사·감정·증명·계산·정리·입안 또는 법인설립 등에 관한 회계 및 세무대리를 하는 법인
은행법	특별법에 의한 은행	특수법인 형태로 설립
농업 협동조합법	지역농업협동조합, 품목별·업종별 농업협동조합, 농업협동조합중앙회	농업협동조합은 농업 생산성의 증진과 농가 소득 증대를 통한 농민의 경제적·사회적 지위 향상을 목적으로 전국적으로 조직된 농가 생산업자의 협동 조직체
축산업 협동조합법	지역별축산업협동조합, 업종별축산업협동조합, 축산업협동조합중앙회	축산업협동조합은 축산업자들이 축산물의 공동 구입, 판매 및 보관, 사료의 수급 따위를 위하여 조직한 협동조합

법률	법인격	법인내용
수산업 협동조합법	지역별수산업협동조합, 업종별수산업협동조합, 수산업제조업협동조합, 수산업협동조합중앙회, 어업협동조합, 어촌계	수산업협동조합은 어민, 수산업자, 수산물 가공업자가 그들의 경제적 지위와 생산력을 높이려고 만든 협동조합 어촌계는 어업 조합원의 생산력을 높이고 생활 향상을 위한 공동 사업을 추진할 목적으로 수산업협동조합법에 따라 설립한 단체
산림조합법	산림협동조합, 산림조합, 산림계	산림조합은 산림 조합원의 업무를 원활하게 운영하고 공동 이익을 증진하기 위하여 설립된 비영리 사단 법인
중소기업 협동조합법	지역별중소기업협동조합, 업종별중소기업협동조합, 중소기업협동소조합, 업종별중소기업협동조합 연합회, 중소기업협동조합중앙회	중소기업협동조합이란 중소기업자가 서로 힘을 합하여 협동사업을 추진하기 위한 조직임 중소기업자의 경제적 지위향상과 국민경제의 균형 있는 발전을 도모할 목적으로 중소기업협동조합법에 의하여 설립된 비영리 법인
신용협동 조합법	신용협동조합, 신용협동조합연합회	서로 유대가 있는 사람끼리 협력하여 자금을 마련하고 이용할 목적으로 조직한 비영리 단체
새마을 금고법	새마을금고(마을금고), 새마을금고연합회	자금의 조성과 이용 및 회원의 경제적 지위 향상과 지역 사회 개발 따위를 위하여 설립된 비영리 법인
협동조합 기본법	협동조합, 협동조합연합회, 사회적협동조합, 사회적협동조합연합회	경제적으로 약소한 처지에 있는 소비자, 농·어민, 중소기업자 등이 각자의 생활이나 사업의 개선을 위하여 만든 협력 조직
한국농어촌 공사 및 농지관리 기금법	농지개량조합, 농지개량조합연합회, 농업진흥공사	농촌근대화촉진법에 의거 설립된 농지개량조합은 수리시설을 효과적으로 유지, 관리하기 위해 설립되던 한국의 비영리 조합 농업진흥공사는 농지개량·농업기계화 및 농가주택개량사업 등을 종합적으로 수행하기 위하여 설립되었던 정부투자기관
중소기업 협동조합법	단위공업협동조합, 특수공업협동조합, 공업협동조합중앙회	공업 관련 중소기업자들이 자조적인 협동조직을 통해 일정한 경제활동을 공동으로 영위함으로써 사회적·경제적 지위를 향상시키기 위한 목적으로 설립한 특수법인
국민건강 보험법	의료보험조합 (직장별, 지역별, 직종별)	의료보험은 상해나 질병에 대하여 의료의 보장 또는 의료비의 부담을 목적으로 하는 사회 보험
상호저축 은행법	상호신용금고, 상호신용금고연합회	영세 상공인을 위한 금전 융통, 상호 신용계의 구성, 어음 할인, 대출 따위에 관한 일을 취급하는 금융 회사
상공 회의소법	상공회의소, 대한상공회의소	상공회의소는 상공업자들이 자기 지방 상공업의 개량·발전을 위하여 조직한 특수 법인 대한상공회의소는 전국 지방 상공 회의소의 연합체

법률	법인격	법인내용
화물자동차 운수사업법	자동차운송사업조합, 자동차운송사업연합회	화물자동차 운송사업은 다른 사람의 요구에 응하여 화물자동차를 사용하여 화물을 유상으로 운송하는 사업
변호사법	법무법인, 법무법인(유한)	법률에 관한 사무를 처리하기 위해 전문 변호사들로 구성이 된 법률회사
법무사법	법무사법인, 법무사법인(유한)	타인의 위촉에 의하여 보수를 받고 법원이나 검찰청 등에 제출하는 서류를 작성하는 일을 업으로 하는 사람
변호사법	합작법무법인	특정사업을 달성하기 위해 결합한 사람과 재산의 집단 참여법인
노동조합 및 노동조정관계법	노동조합	노동 조건의 개선(改善) 및 노동자의 사회적·경제적인 지위 향상을 목적으로 노동자가 조직한 단체
기타법인	(외)주식회사, (외)합명회사, (외)합작회사, (외)유한회사, (외)기타법인, (외)특수법인, (외)유한책임회사	

3. 협동조합 구분과
기본법 차별화 필요

협동조합기본법상의 협동조합에 대해 필자는 2가지 의문점을 품었다. 하나는 기존 8개 개별법상의 협동조합과의 차별적 분류가 있어야 한다는 것이다. 또 다른 내용은 법률 제정의 근본요소가 흔들리지 않아야 한다는 점이다.

협동조합기본법상의 협동조합 태동이 기존 개별법으로 설립된 협동조합을 설립할 수 없는 문제를 해결하기 위해 나타난 점을 간과하고 있다고 보았다.

기존 개별법상 신용협동조합과 새마을금고는 100명 이상, 소비자생활협동조합은 300명 이상, 지역단위농협은 1천 명 이상의 조합원이 구성되어야만 했던 참여 인원을 대폭 줄인 것이다. 5명 이상만 모이면 출자금 제한 없이 설립하도록 법적으로 규정한 것이 협동조합기본법이다. 즉 규모에서부터 차이가 있다. 협동조합 방식의 사업을 원하는 많은 이들에게 기존 협동조합은 참여인원과 억대가 넘는 출자금 기본요건은 부담이다. 기존 법률로는 해결할 수 없는 영역이다. 따라서 참여 인원의 최소화, 출자금의 제한을 정하지 않은 협동조합이 등장한 것이다.

이렇듯 출발부터가 8개 개별법으로 운영되고 있는 기존 협동조합과 최소한의 자격만 유지하면 협동조합 신고필증을 발급해서 설립하는 협동조합은 다르다. 당연히 자본금과 인적네트워크와 아이템의 한계를 보일 수밖에 없다. 돈이 될만한 금융업과 보험업은 협동조합기본법에서는 진출 자체를 금하고 있다. 이미 8개의 개별법상의 협동조합 대부분이 금융과 보험을 하고 있기 때문이다. 표면적으로는 중복된 사업의 우려를 피하기 위해서였다. 대기업과 영세기업의 차이라 할 수 있다. 같은 형제라 말하면서 동생은 돈이 되는 금융과 보험시장에는 참여할 수 없다고 한다. 그래놓고 동일 선상에서의 협동조합이니 지원을 해야 한다고 주장한다면 설득력이 없다는 것을 인지하지 못하는 것 같다.

대기업은 대기업답게 이미 많은 시스템을 구비하고 안정되어 있다. 대부분 8개 협동조합은 정부의 직간접 지원을 받으며, 협동조합의 정신을 훼손했다는 비판을 받고 있다. 규모화, 거대화, 자본화로 장벽을 쌓고 있는 기존 협동조합들이다. 이들과 사업을 통해 무엇인가를 해보겠다는 열정과 의지를 갖고 소액출자금을 모아 5명 이상이 만든 협동조합을 동일 선상에 놓고 판단하는 것은 무리다. 출발선상이 다르고 처지가 다르고 둘러싼 환경과 시스템이 다르다.

두 번째로 필자가 말하는 것은, 협동조합은 법인 설립을 가장 쉽게 만들어주기 위해 법인격 부여를 지원하는 정책에서 생성된 것임을 알아야 한다는 것이다. 사회적기업처럼 사회적기업 육성에 관한 법률도 아니고, 마을기업처럼 마을기업 육성사업도 아닌 것이다. 협동조합은 법인설립을 수월하게 할 수 있도록 마련된 행정지원정책인 것이다. 법인설립을 위해 서류를 검토하고 설립 신고필증을 발부해주는 것이 행정이 할 수 있는 영역이다. 신청단체는 협동조합 신고필증을 행정으로부터 발급받아 법인등기를 하고 사업자등록증을 발부하여 사업에 참여하면 되는 것이다. 그 이상의 것을 행정에 요구하면 안 된다. 오랫동안 협동조합 활동을 해온 내공 가득한 전문가들은 자금지원 등을 받는 순간부터 협동조합 정신이 무너진다고 경고한다.

협동조합에 대한 지원을 무조건 반대하는 것이 아니다. 왜 지원해줘야 하는지에 대한 정당성과 사회적 합의가 전제되어야 한다. 협동조합이 다른 법인격과 달리 무엇인가 차별화되어 있음을 증명해야 한다. 협동조합 정관에 지역사회 공헌이라는 문구 하나 있다고 해서 정부지원 대상에 포함시켜야 하는가? 1만여 개의 협동조합이 실제로 그렇게 하고 있는가? 5명 이상이 모인 협동조합의 사회적 또는 경제적 가치는 무엇인가? 등에 대한 명확한 설명과 납득할 수 있는 이유가 있어야 한다.

상법체계에서의 합자회사 또는 유한회사와의 차이가 있는가? 주식회사라 할지라도 지역사회 공헌을 하고, 장애인 등 사회적 약자를 고용하고 함께 하려는 사례는 셀 수 없을 정도다. 최근에는 정부 및 지자체의 산하기관뿐만 아니라 대기업, 중견기업, 중소기업까지 CSR(Corporate Social Respansibility)[13]이란 이름으로 사회공헌을 하

---

13) 기업의 사회책임이라는 뜻으로 기업이 경제적 책임이나 법적 책임 외에도 폭넓은 사회적 책임을 적극 수행해야 한다는 것을 말한다. 이는 기업 경영방침의 윤리적 적정, 제품 생산 과정에서

고 있다. 전담 부서까지 설치하여 집중하고 있는 기업도 많다. 이러한 기업과의 차별성이 전제되어야 자금 등 직접지원에 대한 명분이 보장될 것이다.

협동조합에 대한 경영, 기술, 세무, 노무, 회계 등 전문적인 자문 및 정보제공 등의 경영지원이나 교육훈련지원은 바람직하다고 보인다. 다만 직접적인 자금지원으로 협동조합의 법 설립초기의 정책의 도를 훼손하는 역할은 지양해야 한다. 협동조합기본법은 2014년 1월 21일 법 개정에서 제10조(국가 및 공공단체의 협력 등) 제2항에서 "국가 및 공공단체는 협동조합등 및 사회적협동조합등의 사업에 대하여 적극적으로 협조하여야 하고, 그 사업에 필요한 자금 등을 지원할 수 있다."가 신설되었다. 이는 초기 법인설립 지원정책에서 자금지원 등을 고려하는 적극적인 개입으로 선회한 것으로 해석할 수 있다. 이런 법 개정으로 인한 기대감으로 협동조합 설립이 양적으로 증가하고 있는지도 모른다. 하지만 현실에서는 협동조합을 직접적으로 자금 지원할 수 있는 방법은 많지 않고 그 방안도 쉽지 않다. 소상공인 또는 소공인 등 기존 시스템으로의 인정과 노력이 필요한 시점이다. 협동조합의 입장에서는 설립과 동시에 자금이 필요하지만, 행정의 입장에서는 어느 정도 운영되는 협동조합이 필요할 것이다. 행정과 협동조합이 바라보는 관점이 다르다. 외형적 수치증가와 실적에 목말라 있는 행정과 구체적 실행계획 등 기업으로서 준비가 부족한 협동조합이 서로 다른 산을 보고 있다.

환경파괴, 인권유린 등과 같은 비윤리적 행위의 여부, 국가와 지역사회에 대한 공헌 정도, 제품 결함에 대한 잘못의 인정과 보상 등을 내용으로 한다. 국제표준화기구(ISO)는 CSR을 표준화한 ISO26000의 국제규격을 제정한다고 공표했으며, CSR라운드라 불리는 이 규격은 환경경영, 정도(正道)경영, 사회공헌을 그 기준으로 정하고 있다. (자료: 매일경제)

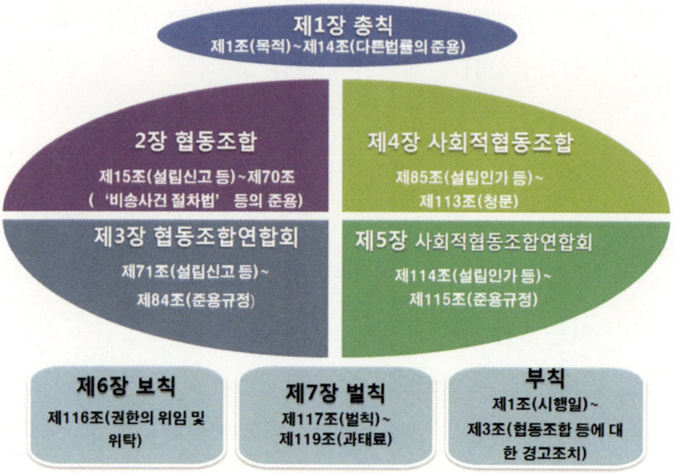

[그림 1] 협동조합기본법 구성체계

4. 협동조합 정책의
메시지 선명성 확립

이미 오래전부터 등산은 우리 생활의 일부분이 되어 가고 있다. 협동조합의 주축그룹인 연령대가 가장 많이 취미를 갖고 있는 분야이기도 하다. 많은 사람들이 내용을 어느 정도 알고 있고 산행을 하고 있다. 단독산행에서부터 다양한 산악회 참여에 이르기 까지 직접 경험자가 많다는 것이다. 정책을 어렵게 설명해서는 안 된다. 가장 쉬운 방법으로 빠르게 흡수될 수 있게 전달되어야 한다. 전파력과 흡수가 가능한 정도의 농도에 따라 확산의 여지가 결정된다. 정책이 의도하는 목표대로 순탄하게 진행될 수 있다. 결과는 물론이고 성과도 기대할 수 있다.

수도권 지역의 협동조합 관련 연구와 실태조사를 한 경험이 있는 필자의 연구결과물과 맥을 같이 한다. 협동조합 이사장 및 핵심 연령층과 산악회를 통한 등산을 하는 연령층이 대부분 겹친다. 주요 고객들에게 정책 내용이 생소하지 않아야 한다. 그들이 현장에서 조금이라도 경험한 내용을 바탕으로 설명을 해줘야 한다. 고개를 끄덕이는 횟수가 많아질수록 협동조합 정책의 확산속도가 빨라질 수 있다. 확대되는 속도가 문제가 아니다. 정책에 대한 수용도가 높고, 실행 가능성과 실천력이 담보된다면 성공 가능성이 크기 때문이다.

반대로 정책공급자 입장에서만 이야기를 한다면 어떻게 될 것인가. 강의를 하는 사람이나 정책 자료를 내놓는 사람도 경험하지 못한 이야기를 하는 것이 어불성설(語不成說)14)이라 본다. 정책대상자인 그룹들이 한 번도 보지 못 하고 가보지도 못한 국가의 사례에 대해 쉽게 공감하지 못한다. 동시에 공급자도 이해를 못 하는 내용을 수요자에게 일방적으로 전달하는 것은 바른 방법이 아니라고 본다.

협동조합의 개념적 정의에 매몰되어 협동만 중심으로 이야기를 꺼낸다. "왜 협동하지 않느냐"고 독촉하고 다그친다. "과거에는 두레 및 계 등 공동체 정신을 가지고 협력했는데, 현대도시는 그렇지 못하다.", "다시 복원하는 것은 협동조합을 통해서 가능하다. 해서 협동조합을 만들고 조합원에 가입해서 활동하라." 협동조합에 길이 있는 것처럼 이야기를 한다. 협동조합에 직·간접적으로 활동하고 있는 사람 중에는 의외로 이러한 생각을 가진 부류가 많다. 협동조합에 관심이 있는 사람들이 협동조합을 잘 이해하지 못한다. 그래서 교육이 필요하다. 조합원 정신이 필요하다. 때로는 경영마인드 교육도 진행해야 한다. 그래서 수많은 교육과정이 필요하다. 협동조합 정

---

14) 말이 말로 이루어지지 않는다는 뜻으로 말이 안 된다는 것이다. 사리(事理)에 맞지 않아서 말 같지 않은 이야기라는 뜻의 만불성설(萬不成說)과 말이 도무지 이치에 맞지 않는다는 뜻의 어불근리(語不近理)와 같은 말로 줄여서 불성설(不成說)이라고도 한다. 말이 하나의 일관된 논의로 되지 못하여 이치에 맞지 않아 말이 안 되는 것을 가리킨다. 하는 말이 조금도 사리에 맞지 않아서 말이 되지 않을 경우에 쓰이는 성어(成語)로 말이 사리와 이치에 전혀 맞지 않는다는 뜻. (두산백과)

체성을 인식해야만 성공할 수 있다는 논리로 밀어붙이는 사람이 제법 있다. 이러한 생각조차 공급자적인 시각에서 비롯된 것이라 본다.

정책대상자인 일반 국민의 협동조합에 대한 의식 수준은 그다지 높지 않다. 실체적 접근이 많지 않았기 때문이다. 조금 더 들여다보면 사실 관심이 크지 않다. 따라오지 못 하는 것만 가지고 안타까워하고 절망한다. 행정이 이해를 하지 못 한다고 비판을 한다. 대기업이 호응하지 못 하고 일반기업이 도외시한다고 푸념만 늘어놓는다. 현실과 이상 사이에서 뿌리를 내리지 못 하는 협동조합들이 나타나기 시작한다. 장기적인 안목으로 그들에게 길안내를 하는 선구자 역할을 해야 할 사람이 보이지 않는다. 단기적 시각과 성과와 실적에 매몰되어 있다. 당장 돈벌이에 급급하고, 몇 개가 설립되고, 토론회 등 모임을 주도하는 것에만 관심이 많은 것처럼 보인다. 많은 소중한 시간을 낭비한다. 일부 정책을 결정하고 수립하는 담당자들도 부화뇌동(附和雷同)15)하려 한다. 솔직히 이야기하면 그렇게 하고 있다. 결과에 매몰되어 있으니, 다른 방법이 없다. 본인이 담당자로 있을 때 무엇인가 새로운 정책이 나와야 한다. 그래야만 고과점수 취득에 유리하다. 당장 진급이 중요하다. 순환보직의 역기능이 발휘된다. 자리 떠나면 모르쇠16)로 일관하면 된다. 새로운 업무에 충실히 근무하면 될 일이다. 악순환의 반복이다. 정책결정자는 물론이고 현장에서 집행하는 담당자의 생각도 다르지가 않다. 중간지원기관 또는 활동가내지는 전문가 흉내를 내는 일부 사람들조차 차별화 되어 있지 않다. 비슷한 생각을 가지고 있는 집단에서 신선한 아이디어가 쉽게

---

15) 자신(自身)의 뚜렷한 소신 없이 그저 남이 하는 대로 따라가는 것을 의미(意味)함.
16) 아는 것이나 모르는 것이나 다 모른다고 잡아떼는 것.

도출되기 어렵다. 외부 수혈도 원하지 않는다. 순혈주의가 정체성을 유지한다고 믿는 사람도 있다. 남의 말을 들으려 하지 않는다. 본인의 생각과 뜻이 다르면 대화 자체를 거부한다. 일종의 폐쇄적 사고방식을 보이고 있다. 개방적 협동조합과 정반대의 길을 걷고 있다. 외연을 확대하고 협동조합의 대중화를 포기하는 모습으로 비쳐질 수 있는 대목이다. 아직 갈 길이 멀다. 협동조합 숫자 1만 개를 외치지만 일반인의 참여는 아직도 요원하다. GRDP[17]에서 차지하는 비중은 미미하다.

2012년 12월 1일부터 본격적인 협동조합 시작이라고 보면 5년이 넘어간다. 이쯤이면 협동조합의 지나온 길을 냉정히 점검해야 할 시기다. 경우에 따라서는 정책의 프레임을 바꿀 수도 있어야 한다. 생산적 시각으로 기업으로서, 새로운 경제주체로서 육성할 것인가, 복지적 접근으로 행정의 의존성 심화를 부채질 할 것인가를 결정해야 한다. 생산도 하고 복지도 실현하는 두 마리 토끼를 구현할 수 있다는 어설픈 논리는 접어야 할 때라고 본다. 5대 5 정책이 아닌 적어도 어느 한쪽의 비중이 70% 이상을 차지해야 선명해진다.

정책의 선명성이 있어야 가야 할 길도 보이고 지속적인 비전도 수립이 된다. 장기적인 관점에서 로드맵이 만들어져야 지속가능성을 보장할 수 있다. 새로운 경제주체로 육성할 것인지, 복지적 돌봄을 하는 시스템으로 활용할 것인지를 결정해야 한다. 정책의 메시지가 간결하고 뚜렷해야 참여하는 시민들이 조금이라도 덜 고통 받고 순항할 수 있는 기반이 되는 것이다.

---

17) 지역내총생산 (Gross regional domestic product), 시·도 단위별 생산액, 물가 등 기초통계를 바탕으로 일정 기간동안 해당지역의 총생산액을 추계하는 시·도단위의 종합경제지표를 말한다.

5. 협동조합기본법 제정을 위한
국회 논의과정

협동조합기본법은 대한민국국회 기획재정위원회 경제재정소위원회 3회, 상임위원회 1번의 논의로 통과되었다. 국회 회의록을 통해 확인한 내용이다. 제18대 국회 제304회 임시회 기획재정위원회에서 내린 결론은 위원회 대안으로 본회의에 부의하지 아니하고 가결시켰다. 2011년 12월 28일 제1차 기획재정위원회의 회의결과다. 본회의에 상정하지 아니하고 법 제정을 한 것이다.

국회 입법과정은 국회의원 10인 혹은 위원회의 법률안 '제안'으로 시작된다. 법률안을 국회 소관 위원회에 회부하고, 소관 상임위원회에서 심사를 한다. 이후 법제사법위원회에서 법률안의 체계 및 자구 심사를 하게 된다. 이때 주요 의안의 경우 본회의 상정 전에 전원위원회 심사를 한다. 그리고 본회의 상정 및 심의·의결을 통해 정부에 이송하여 최종적으로 공포하는 단계를 거친다. 이렇게 법제정을 하기 위한 이슈 제기부터 국회 본회의 통과까지 약 1년 6개월의 시간이 걸린다는 점을 생각하면 협동조합기본법 제정은 극히 이례적이었다.

법률이 공포되면 그 즉시 시행되는 경우도 있지만, 경우에 따라 법률 부칙에서 시행일을 따로 두어 공포 후 일정 기간이 지난 후에 시행되는 경우도 있다. 협동조합기본법처럼 법률을 더 구체화시키는 시행령과 시행규칙을 만들기 위해 정부에서는 1년이란 시간을 요구했다. 하지만 2012년이 세계 협동조합의 해라는 것을 상징적으로 보여주자는 의견을 수용해 2012년 12월로 정한 것이다.

너무나 조용히 신속하게 법이 만들어졌다. 이후 수많은 토론회, 세미나 등에서 법 내용에 대한 수정요구가 봇물 터지듯 터졌다. 협동조합기본법은 약 11개월의 유예기간을 두고 2012년 12월 1일 자로 시행되었다. 협동조합기본법에 대한 본격논의는 16개월이 지난 2013년 4월 18일, 제19대 국회 제315회 임시회 제3차 기획재정위원회에서 2건의 일부개정법률안으로 시작되었다.

협동조합기본법 제정이 2011년 12월에 상임위와 소위원회를 합하여 4번 개최만으로 통과된 만큼, 당시 회의내용에 대해 면밀히 살펴볼 필요가 있다. 다음의 내용은 국회 회의록을 바탕으로 위원회 개최 당시 어떠한 논의가 있었는지를 적시했다.

국회에서 협동조합기본법에 대한 논의 시작은 2011년 12월 22일 제18대 제304회 임시회 제1차 경제재정소위원회였다. 기획재정위원회 통과까지 정확히 1주일 동안 4번의 회의로 마무리된 것이다.

협동조합기본법은 당시 손학규 의원과 김성식 의원이 각각 대표발의를 했고, 이정희 의원이 협동조합기본법 제정에 관한 청원을 하였다. 하나의 법 제정을 두고 여당과 야당이 각각 법안을 제출하는

방식은 국회뿐만 아니라 서울특별시의회 등 지방자치단체 조례제정
에서도 그대로 나타난다. 지방의회에서도 본회의에 부의하지 아니하
고 상임위에서 의결, 조례로 제정한다. 당시 상황이 협동조합에 대
해 국회 및 지방의회 의원들의 이해가 높지 않았다는 점이 작용했을
것이다. 또한 국회 또는 지방의회 논의과정에서 드러난 사회적경제
관련 모 단체의 역할이 상당 부분 작용했다는 사실이 발의를 주도했
던 의원의 발언으로 확인되었다. 해당 의원의 깊이 있는 법과 조례
제정에 기인하기보다는 이익단체의 민원을 해결하는 분위기였다. 여
당과 야당이 동시에 동일한 법을 발의하게 하고, 반대하는 의원이
나타나지 않도록 하는 방식이다.

　이후 협동조합기본법 개정을 할 때도 다수의 의원이 비슷한 안건
을 올리고 통합하여 위원회 대안으로 본회의 부의하지 아니하고 통
과시키는 방법이 나타난다. 서울특별시의회에서도 협동조합 지원조
례를 제정할 때도 일부 개정할 때도 같은 방식이 반복적으로 나타났
다. 이러한 흐름과 방식은 제19대 국회에 이어 제20대 국회에서 다
시 발의된 사회적경제기본법(안)을 추진하는 형태와 똑같다. 협동조
합기본법을 추진한 단체와 사회적경제기본법을 추진하는 단체와 구
성원이 대부분 동일하다는 점에 주목하면 흥미로운 사실이 많아진
다. 20대 국회에서 발의한 사회적경제기본법(안)을 살펴보면 모 중
앙부처의 공식명칭이 오래전에 바뀐 사실을 아는지 모르는지 3년
전 사용된 부처명을 그대로 사용하고 있다. 19대에 발의한 내용이나
20대에 발의한 내용이 대동소이하다. 대부분의 법률 제정이 이익단
체에 의해 진행되고 마련된다는 차원에서 이해하면 될 것 같다.

　국회 제2차 경제재정소위원회에서는 8개 개별법에서 운영되는 이

사장 임기를 토대로, 협동조합기본법에서 이사장 임기가 주요 핵심 쟁점이 되었다. 자본금은 출자금, 이익잉여금, 임의적립금까지 포함된 개념으로 정의했다. 일반 협동조합과 사회적협동조합의 이원적 구조로 의견이 모아졌다. 일반 협동조합은 신고주의를 적용하고 비영리법인인 사회적협동조합은 세제상 지원과 정부의 업무위탁 가능성 등을 고려해 인가주의를 적용하기로 했다.

제3차 경제재정소위원회에서는 공공서비스의 범위 및 제정법 시행시기에 대한 논의가 쟁점이 되었다. 기존 기본법(안)에서 "취약계층에게 보건·의료 등 사회서비스 또는 일자리를 제공하는 사업"에서 "취약계층에게 복지·의료·환경 등의 분야에서 서비스 또는 일자리를 제공하는 사업"으로 복지를 부각시켰다. 그만큼 공공복지서비스에 대한 관심과 내용이 주요 바탕을 이루고 있다. 협동조합기본법 제정과 시행시기에 대해서는 6개월로 하자는 국회 의견과 실태조사 등을 바탕으로 1년으로 하자는 정부의 주장이 대립했다. 2011년 12월 말 제정된 협동조합기본법 시행이 1년을 적용하면 2013년 1월이 된다. 2012년이 유엔이 정한 '세계 협동조합의 해'라는 정치적, 상징적 이해를 감안하여 2012년 12월 1일로 시행날짜를 정한 것이다. 그리고 협동조합의 소액대출 및 상호부조에 대한 논쟁은 부실화 우려와 국민경제 신용질서 부담 등을 감안해 출자금 범위 내에서만 한정하자는 정부의 기본입장이 있었다.

이렇게 3번의 소위원회 논의를 마치고 2011년 12월 28일 기획재정위원회에서 손학규, 김성식 대표발의한 법률안과 이정희 청원은 본회의에 부의하지 아니하고 그 내용을 통합·보완하여 위원회 대안으로 제시하고 가결시켰다.

주요 통과 내용은 다음과 같다. 협동조합의 법적 성격을 법인으로 하고, 통상의 협동조합은 소재지를 관할하는 시·도지사에게 설립신고를 하고, 취약계층에게 사회서비스 또는 일자리를 제공하는 사회적협동조합은 기획재정부장관의 인가를 받아 설립한다.

기획재정부장관이 협동조합에 관한 정책을 총괄하고 협동조합의 자율적인 활동을 촉진하기 위하여 기본계획을 수립하도록 하는 한편, 3년마다 실태조사를 하여 그 결과를 국회 소관 상임위원회에 보고한다.

대통령령으로 정하는 일정한 요건에 해당하는 협동조합의 행위에 대하여는 독점규제 및 공정거래에 관한 법률을 적용하지 아니하되, 다만 불공정거래행위 등 일정한 거래분야에서 부당하게 경쟁을 제한하는 경우에는 동법을 적용한다.

협동조합의 사업은 원칙적으로 정관에서 자율적으로 정하여 수행할 수 있도록 하되, 통계청장이 고시하는 한국표준산업분류에 의한 금융업과 보험업은 영위할 수 없도록 하였다. 조합원에 대한 소액대출과 상호부조는 출자금 총액 한도 내에서 사회적협동조합만이 할 수 있도록 규정한다.

협동조합은 이익잉여금을 협동조합의 이용실적과 납입출자액에 따라 배당할 수 있으나, 사회적협동조합의 경우에는 공익적·비영리적 성격을 고려하여 이익잉여금을 배당하지 못하도록 한다.

마지막 토의과정에서 2012년이 유엔이 정한 협동조합 해라는 상징에 맞추어 시행시기를 2012년 12월 1일로 수정의결 요청하여 의결했다.

〈표 4〉 대한민국국회 회기별 협동조합 관련 주요 회의 내용

의사일정	국회 협동조합 관련 국회회의록 내용 (2011년말~2016년 10월)
2011. 12. 22 18대 제304회(임시회) 제1차 경제재정소위원회	• 손학규, 김성식 각각 대표발의한 협동조합기본법(안)과, 이정희 협동조합기본법 제정에 관한 청원에 대해 일괄상정 • 협동조합의 설립·운영 및 육성 등의 기본적인 사항을 규정, 협동조합을 사회발전의 한 축으로 양성, 사회통합과 국민경제의 균형발전 도모 • 협동조합 법인격에 대한 발의자들의 의견차이, 영리와 비영리 체계
2011. 12. 23 18대 제304회(임시회) 제2차 경제재정소위원회	• 일반 협동조합은 신고주의, 사회적협동조합은 인가주의 적용 • 제정법의 취지는 자율적인 협동조합의 설립과 활동을 촉진, 협동조합의 활동에 지나친 국가의 감독은 배제
2011. 12. 26 18대 제304회(임시회) 제3차 경제재정소위원회	• 제정법 시행시기는 국회의견(6개월)과 정부(1년)의견으로 대립 • 소액대출 및 상호부조의 부실화 우려, 국민경제 신용질서 부담 등을 감안해 출자금 범위 내에서만 한정하자는 정부의 기본입장
2011. 12. 28 18대 제304회(임시회) 제1차 기획재정위원회	• 2개의 법률안과 청원은 본회의에 부의하지 아니하고 그 내용을 통합·보완하여 위원회 대안으로 제시 • 2012년이 유엔이 정한 협동조합 해라는 상징에 맞추어 협동조합기본법 시행시기를 2012년 12월 1일로 가결
2013. 11. 26 19대 제320회(정기회) 제7차 기획재정위원회	• 협동조합연합회 등이 국가나 광역지방자치단체의 명칭을 사용하는 경우 오해나 혼동을 일으키는 것을 방지 • 정치적인 중립성을 높이기 위하여 협동조합 임직원은 국회법에 따른 국회의원 또는 지방자치법에 따른 지방의회 의원을 겸직 금지
2013. 12. 5 19대 제320회 제8차 기획재정위원회	• 협동조합의 법적 성격을 법인으로 하되 취약계층에게 사회적 서비스와 일자리를 제공하는 사회적협동조합은 비영리법인으로 설립 • 사회적협동조합에 한해 조합원에 대한 소액대출과 상호부조를 일정금액 한도로 수행할 수 있도록 규정
2013. 12. 9 19대 제320회(정기회) 제1차 경제재정소위원회	• 조세감면, 정치관여 금지, 출자 1좌의 금액 동일, 자본금의 규정, 조합원 활동의견, 대의원 정수, 10인 미만 협동조합의 이사회 불필요, 비조합원 사업이용 등 18가지 논의에 대한 검토 의견 및 논의
2013. 12. 19 19대 제321회(임시회) 제1차 경제재정소위원회	• 흡수합병, 공제사업 한도를 출자금 한도로 규정, 정치참여 의견 대립 • 조세를 감면할 수 있는 근거규정, 실태조사 2년 주기 • 8개 개별법에 없는 조세특별조항 규정의 어려움 논의

의사일정	국회 협동조합 관련 국회회의록 내용 (2011년말~2016년 10월)
2013. 12. 26 19대 제321회(임시회) 제5차 법제사법위원회	• 기존 법인이 협동조합이나 사회적협동조합으로 조직변경 가능 • 협동조합연합회가 회원들의 상호부조를 위한 공제사업 가능 • 대통령령으로 위임하는 사항을 조정하고 인용 조문을 명확·수정
2013. 12. 26 19대 제321회(임시회) 제2차 국회본회의	• 협동조합기본법 일부개정법률안(대안), 기획재정위원장 제출 • 기획재정부장관의 인가를 받아 다른 법인 등을 흡수 합병, 협동조합연합회가 회원들의 상호부조를 위한 공제사업을 할 수 있도록 함
2014. 11. 12 19대 제329회(정기회) 제4차 기획재정위원회	• 협동조합 기본법 일부개정법률안 3건 대표발의 • 협동조합기본법과 사회적경제기본법과의 조화를 어떻게 이룰 것인가에 대한 토의가 충분히 이루어져야 함을 지적
2014. 11. 18 19대 제329회(정기회) 제5차 기획재정위원회	• 3건의 법률안은 본회의에 부의하지 않고, 통합·조정하여 위원회 대안으로 제안, 가결함 • 협동조합 사업의 비조합원 이용을 원칙적으로 허용 • 협동조합으로의 조직 변경에 대한 경과조치를 사업자에 한하여 1년 더 연장
2014. 12. 8 19대 제329회(정기회) 제10차 법제사법위원회	• 비조합원도 조합원의 이용에 지장이 없는 범위 내에서 이용 • 시한을 연장하려는 해당 부칙규정이 2014년 11월 30일 자로 유효기간이 종료되었음을 고려하여 개정안 부칙에 경과조치를 신설
2014. 12. 9 19대 제329회(정기회) 제14차 국회본회의	• 협동조합기본법 일부개정법률안(대안), 기획재정위원장 제출 • 시행령에 근거가 있는 협동조합 정책심의위원회를 법률에 규정 • 협동조합 사업의 비조합원 이용을 원칙적으로 허용 • 협동조합으로의 조직 변경에 대한 경과조치를 사업자에 한하여 1년 더 연장
2015. 10. 20 19대 제337회(정기회) 제1차 기획재정위원회	• 협동조합기본법 일부개정법률안, 정부제출 • 협동조합 및 사회적협동조합의 설립·운영상 불합리한 부담을 완화 • 협동조합 설립등기 기재 항목을 상법상 회사 수준으로 조정
2015. 11. 17 19대 제337회(정기회) 제7차 미래창조과학방송통신위원회	• 과학기술인 협동조합 육성 및 지원에 관한 법률안에 대한 공청회 • 협동조합기본법의 입법정책의 구체화 측면, 인증제 도입, 관련되어 있는 제도 육성지원의 근거를 마련하는 법률적 체계 • 투자보장에 대한 규정 도입을 주장
2015. 11. 27 19대 제337회(정기회) 제4차 경제재정소위원회	• 정부제출안과 국회 발의안 등 2건의 법률안은 각각 본회의에 부의하지 아니하고 이들을 하나로 묶은 대안을 의결 • 사회적협동조합의 설립등기 기한을 현재 21일에서 60일로 연장 등

의사일정	국회 협동조합 관련 국회회의록 내용 (2011년말~2016년 10월)
2015. 11. 30 19대 제337회(정기회) 제3차 기획재정위원회	• 민법 외의 다른 법률에 따른 비영리 사단법인도 사회적 협동조합으로 전환할 수 있도록 조직변경 대상을 확대 • 출자금 관련 변경등기 시한을 현행 회계연도 종료 후 1개월 내에서 회계연도 종료 후 3개월 이내로 변경
2016. 2. 1 19대 제339회(임시회) 제1차 법제사법위원회	• 협동조합연합회 등의 명칭에 특별시·광역시 등의 명칭을 사용할 수 있도록 하는 안 제3조 4항에 포괄위임의 문제가 있어 위임범위를 명확하게 하기 위한 수정의견을 마련
2016. 2. 4 19대 제339회(임시회) 제1차 국회본회의	• 민법 외의 다른 법률에 따른 비영리 사단법인도 사회적협동조합으로 전환하고, 협동조합이 아닌 사업자의 협동조합으로의 조직 변경에 대한 경과조치를 1년 더 연장

2011년 12월 22일, 협동조합기본법은 "협동조합의 설립·운영 및 육성 등의 기본적인 사항을 규정함으로써 협동조합을 사회발전의 한 축으로 양성하고, 궁극적으로는 사회통합과 국민경제의 균형 있는 발전"을 이루고자 하는 목적으로 제안되었다.

다음은 국회 수석전문위원의 협동조합기본법 제정을 위한 검토의견을 그대로 가져왔다. 『2008년 글로벌 금융위기 이후에 협동조합이 새로운 경제주체로서 그 효용성을 주목받고 있다. 협동조합이 안정적인 경영이 가능하고 일자리 확충과 고용안정도 기할 수 있다는 점에서 시작되었다. 협동조합은 새로운 경제사회 발전의 대안모델로 인식되고 있다. 유엔총회는 2012년을 '세계협동조합의 해'로 지정하는 결의문을 채택하고, 협동조합의 발전을 위한 법제도 정비를 권장하고 있다. 유엔은 자본주의 경제의 취약점을 보완하는 협동조합의 잠재력과 발전 가능성, 새로운 경제성장의 추동력으로서의 중요성을 인식했다. 유엔 산하기구인 국제협동조합연맹은 협동조합을 "공동으로 소유하고 민주적으로 운영되는 사업체를 통해 공동의 경제적·사회적·문화적 필요와 욕구를 충족시키기 위해 자발적으로 모인 사람들의 자율적 단체"로 정의했다. 협동조합의 가장 큰 특징은 '이용자 소유회사'로서 '투자자 소유회사'인 영리회사와 구별된다는 점이다. 이러한 특징으로 협동조합에 독자적인 법인격을 부여하고 조합원에 대해서는 1인 1표의 의결권과 유한책임을 갖도록 하며, 조합원의 자격을 제한할 필요가 있는 독특한 법적 성격이 요구된다. 민법상 조합이나 상법상의 주식회사 등 기존의 법적 제도들로는 협동조합의 성격과 특성을 반영하는 법인격을 부여하기 힘든 실정이었다. 우리나라의 입법체계를 살펴보면, 농업협동조합법 등 산업정책적 필요에 따라 특별법을 제정하는 입법 형식으로 8개의 개별법 체제가 유지되고 있다. 기존에 자활운동, 돌봄노동 등 공익적 역할을 수행하는 4천여 협동조합 지향의 단체가 활동 중에 있다. 그러나 법적 근거, 실태 파악, 정책적 지원 부재 등으로 체계적인 관리와 육성이 어려운 상황이었다. 제3섹터를 통해 사회적 양극화 확산, 빈곤층의 확대, 일자리 창출 여력의 소진 등의 문제에 대응할 필요가 있음에도 개별법 체제를 취하고 있었다. 즉, 사회적으로 다양한 형태의 협동조합을 양성할 수 있는 토대가 없었던 것이다. 주식회사, 유한회사, 유한책임회사, 합명회사, 합자회사는 상법의 적용을 받고, 사업의 목적으로 이윤 극대화에 있다. 민법상 사단법인과 재단법인[18]이 있다.』

전문위원이 검토한 법제정 취지는 다음과 같은 3가지로 축약된다. 첫째는 양극화로 인해 붕괴된 공동체 가치를 복원하고 승자독식 사

---

18) 우리 <민법>은 공익법인에 한정하지 않고 학술·종교·자선·기예·사교, 기타 영리 아닌 사업을 목적으로 설립할 수 있도록 하고 있으므로, 반드시 공익을 목적으로 하지 않는 재단법인도 설립할 수 있다. 재단법인은 주로 <민법>의 규정에 따라 설립되지만, 그 밖에 종교법인·학교법인·공익법인·의료법인 등 특별법의 규정에 따라 설립되는 것도 있다. 또, 국고나 공단·공사 등도 재단법인적 성격을 가지고 있다. <민법>상의 재단법인을 설립할 때는 비영리를 목적으로 재산을 출연한 자가 재단법인의 근본규칙을 기재한 서면, 즉 정관을 작성하여 기명날인하고 주무관청의 허가를 얻은 뒤에 주된 사무소의 소재지에서 설립등기를 하여야 한다 (한국민족문화대백과, 한국학중앙연구원)

회의 폐단에 대처하기 위해 법제정이 필요하다. 둘째, 협동조합 발전에 맞추어 기본법 제정이 필요하다. 셋째, 일반 조합원의 자발적 협동조합 형성을 가능하게 하는 법 제정 취지에 공감한다. 그러나 현행 8개 개별법 외에 별도 기본법 제정의 필요성이 의문시되고, 법 제정 후 협동조합의 무분별한 난립 우려가 제기되었다.

협동조합 법인격 설정에 대한 의견은 법 발의를 한 3명의 의원의 견해가 달랐다. 손학규 의원은 협동조합을 경제활동 중심의 사업조직으로 정의하고 그 법인격에 대해서는 상법상 유한책임으로 보았다. 김성식 의원은 협동조합을 사업조직으로 정의하고, 그 법인격에 대해서는 법인으로 규정하고 사회적협동조합의 개념을 별도로 도입하여 비영리적·공익적 성격을 규정하고자 했다. 이정희 의원의 청원은 협동조합의 법인격을 비영리법인으로 국한해서 규정했다. 결론적으로는 협동조합기본법 체계는 김성식 의원의 일반 협동조합과 사회적 협동조합으로 구분하는 형태로 제정되었다.

우리나라 협동조합기본법이 제정되기까지, 국가별 협동조합 체계는 3가지 유형이 있었다. 첫째, 일반법으로서 단일 협동조합법을 제정하는 국가, 둘째, 민법과 상법 등 성문법 일부를 협동조합과 관련해서 구성하는 국가, 셋째, 특별법만 제정하는 국가다. 우리나라의 경우는 기존엔 8개 협동조합 특별법 형태를 가지고 있는 협동조합 유형으로 분류되었다. 협동조합기본법 제정에 따라서 기본법과 특별법을 운용하는 4번째 유형이 되었다.

2011년 12월 28일 국회에서 협동조합기본법에 대한 제정결의가 있었던 이후 2012년은 단 한 차례도 공식 논의가 없었다. 2012년 4월에 국회의원 선거가 있었고 19대 국회가 시작된 2013년 4월 18일에 법 개정을 위한 논의가 시작되었다. 2013년부터 2016년 10월까지 협동조합기본법 개정에 대해 어떠한 내용이 다루어졌는지 살펴본다.

2013년 4월에 협동조합기본법 일부개정법률안 2건이 발의되었다. 이후 7개월 뒤인 11월에 정부제출 법률안 등 4건의 발의가 있었다. 협동조합연합회 등이 국가 및 광역지방자치단체의 명칭을 사용하여 혼동을 일으키는 것을 방지하며, 협동조합 임직원은 지방의회 의원 겸직을 금지한다는 내용이 주를 이루었다.

동년 12월에는 7건의 발의가 있었다. 협동조합기본법에 대한 법 개정을 요구하는 내용이 많아지고 의원의 관심도 증가했다. 결국 발의된 개정건 등은 본회의에 부의하지 아니하고, 통합·조정하여 위원회 대안으로 제안하여 가결되었다. 사회적협동조합에 한해 조합원에 대한 소액대출과 상호부조를 일정 금액 한도 내에서 수행할 수 있도록 규정했다. 기존 법인이 협동조합이나 사회적협동조합으로 조직을 변경할 때에 필요한 기준과 절차 등을 정했다. 또한 기획재정부장관의 인가를 받아 다른 법인 등을 흡수하거나 합병할 수 있도록 했다. 2011년 12월 협동조합기본법 제정에 이어 2013년 12월에도 여러 건의 개정법률안이 올라옴으로써 본회의에서 다루지 아니하고 상임위에서 통과시킨 모양새가 되었다.

2014년은 11월 6일에 협동조합기본법 일부개정법률안이 3건 발의되었다. 비조합원의 협동조합 이용을 원칙적으로 허용하기로 했다. 타 조직에서 협동조합으로의 법인변경을 더 연장하기로 부칙 경과조치의 시한을 1년 연장했다. 이는 2014년 11월 30일 자로 법인변경 유효기간이 종료되는 것을 1년 연장한 것이다.

2015년에는 4월에 일부개정법률안 1건이 발의되었고, 10월에 정부제출 발의, 11월에 의원입법으로 발의되었다. 동년 11월 미래창조과학방송통신위원회에서 개최한 공청회에서는 협동조합에 대해 개선해야 할 내용들이 쏟아졌다. 협동조합의 의사결정이 1인 1표이지만 오히려 의사결정 구조가 복잡해지는 문제, 수익배분이 이루어지지 않는 상황에서 투자가 원활하지 못한 점 등이 부각되었다. 투자에 대한 보장이 확보될 수 있도록 법제정 요구도 있었다.

비영리 사단법인도 사회적협동조합으로 전환할 수 있도록 조직변경 대상이 확대되었고, 사회적협동조합의 설립등기 기한을 60일로 연장하였다. 협동조합이 아닌 사업자의 협동조합으로의 조직변경에 대한 경과조치를 2015년에 이어 2016년에도 1년 더 연장하는 것으로 의결했다. 정부제출안과 국회제출안은 본회의에 부의하지 않고 각 내용을 통합·조정하여 위원회 대안으로 제안 의결되었다. 이렇게 협동조합기본법은 제정과 개정 모두 본회의서 논의되지 않고 해당 상임위에서 위원회 대안으로 정리되었다. 이러한 절차가 법적으로 문제되지 않지만, 협동조합에 대한 국회의 이해와 확대적 측면에서는 별로 도움이 되지 못했다고 판단한다.

2016년 2월에 열린 제19대 제339회 임시회 제1차 국회본회의에 처음으로 협동조합기본법 개정법안이 가결되었다. 위원회 대안으로 발의되고 기획재정위원장 명으로 제출되었다. 민법 외의 다른 법률에 따른 비영리 사단법인도 사회적협동조합으로 전환이 가능해졌다. 또한 협동조합이 아닌 사업자의 협동조합으로서의 조직 변경에 대한 경과조치를 1년 더 연장했다. 위 내용은 당일 재석 213명중 208명의 찬성으로 가결되었다. 2016년 9월말 기준으로 협동조합기본법 관련 법개정 논의는 2월 국회 본회의 내용이 마지막이었다.

6. 서울특별시 협동조합 서울시의회 논의과정

　박원순 서울시장이 협동조합에 관심을 가지고 정책을 선도적으로 이끌어가는 반면 서울시의회에서의 논의는 다소 늦게 시작되었다. 2012년 12월 1일 협동조합기본법 시행을 앞둔 동년 10월 12일, 제8대 제241회 제2차 본회의에서 사회적협동조합이란 단어가 사용되었다. 당일 논의의 핵심은 서울시 사회적기업개발센터(현 사회적경제종합지원센터) 운영 사무의 민간위탁 동의안 가결이었다.

　동년 11월은 시의회에서 협동조합을 25개 자치구별로 거점화 계획수립 요구가 있었고, 자치구 사업으로 이관을 권고했다. 동년 12월 예산결산특별위원회에서는 감액된 협동조합 10억 사업비의 원상회복과 이체에 대한 논란이 있었다. 시의회가 협동조합에 대한 이해가 부족 또는 시각이 그리 긍정적이지 않았다는 것으로 풀이된다.

　2013년 2월에 들어서야 협동조합에 대한 논의가 본격화되었다. 협동조합에 대한 현황분석을 통한 지도감독 및 정책적 개입의 필요성이 제기되었다. 서울시 4개의 협동조합지원센터 활성화에 대한 요구도 있었다. 2012년 민간위탁으로 가결한 서울시 사회적기업개발센터 내에 협동조합도 포함하여 지원할 수 있는 방안과 별도의 지원센터를 만드는 방안이 충돌하였다.

3월 서울시 협동조합 육성에 관한 조례안과 서울시 협동조합 활성화 지원 조례안이 발의되었다. 제7차 재정경제위원회에서 협동조합 관련 단체와 서울시의 의견을 수렴하여 조례를 발의한 만큼 공청회를 실시하지 않기로 의결하였다. 관련 조례 제정 전에 4개의 협동조합 상담센터를 수의계약으로 민간위탁으로 진행한 것에 대한 문제 제기가 있었다. 2013년 3월 8일, 본회의에서 2개의 관련 조례안을 재정경제위원회 대안으로 제출하여 가결, 조례가 마련되었다.

7월에는 서울시 협동조합 상담지원센터 운영 사무의 민간위탁 동의안이 원안 가결되었다. 서울시 협동조합 업무는 2013년 8월 1일자로 서울시에서 25개 자치구로 이관되었다. 경기도에 이어 전국에서 2번째로 협동조합 업무를 기초지방자치단체로 넘긴 것이다.

2014년 3월에는 본회의에서 서울시 협동조합 활성화 지원 조례 일부개정 조례안을 상정하여 질의답변 생략하고 원안대로 가결시켰다. 9월 본회의에서 서울시 협동조합 상담지원센터 운영 사무의 민간위탁 동의안은 종합적으로 지원하기 위해 원안 의결되었다. 12월 2일, 제9대 제257회 제2차 교육위원회에서는 학교협동조합 시범학교 운영 등에 관련된 예산 편성이 있었다. 시범학교 1개당 5백만 원 지원 예산을 편성했다.

2015년 5월에는 학교 햇빛발전소 설치 동의안 상정하였다. 금천햇빛발전협동조합과 서울시민햇빛발전협동조합이 학교 옥상에 햇빛발전소 설치하는 내용에 대한 사용료 조정이 있었다. 9월에는 에너지관리사협동조합 등의 지속적인 일자리 창출가능성, 지원방안에 대한 논의가 많았다.

서울신용보증재단의 보증요건에 해당되는 기업이 많지 않아 2012년부터 2015년 8월말까지 서울시 사회적경제기업에서 보증받은 기업이 20개에도 미치지 못하였다. 서울시의회 제9대 제263회 제5차 교육위원회에서는 서울시교육청 학교협동조합 지원 및 육성에 관한 조례안은 9월 18일 본회의에서 조례안 가결되었다.

〈표 5〉 서울특별시의회 회기별 협동조합 관련 주요 회의 내용

의사일정	서울특별시 협동조합 관련 의회회의록 내용 (2012년~2015년)
2012. 10. 12 제8대 제241회 제2차 본회의	• 서울시 사회적기업개발센터 운영 사무의 민간위탁 동의안 가결 • 사회적기업, 마을공동체기업, 사회적협동조합을 대상으로 하는 종합지원기관으로서 네트워킹과 협무협력을 기획 조정하는 업무 담당
2012. 11. 12 제8대 재정경제위원회 행정사무감사	• 마을기업, 사회적기업, 협동조합 등 25개 자치구별로 거점화 계획을 수립해달라는 의견제시 • 전체 산업별로 25개 자치구에 분포되어 있는 기업현황 자료확보
2012. 11. 22 제8대 제242회 제5차 행정자치위원회	• 마을공동체사업과 협동조합은 광역단위에서 자치구로 이관을 권고 • 서울시는 광역단위의 업무를 수행하고, 일정 궤도에 달하면 자치구로 전부 이관해줄 것을 당부
2012. 12. 13 제8대 제243회 제1차 예산결산특별위원회	• 협동조합 10억 감액분을 원상회복해야 한다는 의견이 접수되었지만 계수조정에서 확정된 금액으로 결정 • 마을공동체기업 육성예산에서 10억 감액하고 협동조합 활성화 관련해서 10억 감액한 것을 증액하는 것은 이체 가능
2013. 2. 28 제8대 제245회 제4차 재정경제위원회	• 서울시 협동조합지원센터 4개소 활성화 방안 필요 역설 • 지역 인큐베이터, 시민사회 및 특정 정당 활동, 주민제안사업 등에 현장 활동가와 심의위원, 특정 시민단체 등이 신청하는 문제 지적
2013. 3. 6 제8대 제245회 제7차 재정경제위원회	• 서울시 협동조합 육성에 관한 조례안, 서울시 협동조합 활성화 지원 조례안은 공청회를 실시하지 않기로 의결 • 조례제정 전에 4개의 상담센터를 수의계약으로 민간위탁을 진행한 것에 대한 문제제기

의사일정	서울특별시 협동조합 관련 의회회의록 내용 (2012년~2015년)
2013. 3. 8 제8대 제245회 제2차 본회의	· 서울시 협동조합 육성에 관한 조례안과 서울시 협동조합 활성화 지원 조례안은 재정경제위원회 심사결과 대안으로 제출 · 협동조합 생태계 조성과 협동조합 활성화를 위한 위원회 대안 의결
2013. 4. 19 제8대 제246회 제3차 재정경제위원회	· 협동조합과 사회적기업의 기술력과 특허를 이용한 상품개발 치중 · 창업교육, R&D 예산, 기술력 지원 등 산업통상진흥원 역할 요구 · 성장하는 협동조합도 하이서울브랜드 앱에 탑재하여 홍보
2013. 4. 26 제8대 제246회 제3차 재정경제위원회	· 공공우선구매를 위한 사회적기업, 협동조합 앱 개발 의향 타진 · 협동조합에 대한 실질적 법률지원, 무료 소송대행 등 검토
2013. 7. 3 제8대 제247회 제3차 재정경제위원회	· 서울시 협동조합 상담지원센터 운영 사무의 민간위탁 동의안(제1385호) 제안설명 · 수의계약을 통해 민간위탁 한 건에 대한 문제제기와 기존 사회적경제지원센터 및 신용보증재단 등을 활용하는 운영 방식을 검토 권유
2013. 7. 12 제8대 제247회 제2차 본회의	· 서울시 사무위임조례 일부개정 조례안 발의 · 협동조합 신고 수리 등의 사무를 자치구로 위임하는 사항 · 시민들의 편의성 등을 고려해 원안 의결
2013. 9. 4 제8대 제248회 제3차 재정경제위원회	· 사회적경제지원센터를 권역별로 설치할 수 공간확보 가능성 타진 · 은평구에만 관련 센터들을 모아놓는 것은 적절하지 않음, 선택과 집중이 잘 조화로울 수 있는지 문의, 4개 권역으로 분산방법 논의
2013. 11. 17 제8대 제 250회 제3차 본회의	· 협동조합 설립 신고 및 수리권한이 2013년 8월 1일자로 서울시에서 25개 자치구로 이관 · 2013년 10월말 기준, 852건 신고 건수 중, 1천원 출자금 3개, 8천원 출자금 1개 등 1천만원 미만이 567개(66.5%)로 실태조사 필요성 제기
2013. 12. 2 제8대 제250회 제3차 행정자치위원회	· 서울시 공유재산 및 물품 관리조례 일부개정조례안 집행부 설명 · 사회적협동조합에 시유재산을 저렴하게 임대하여 일자리 창출을 지원하고 시유재산 활용의 공공성을 제고
2014. 2. 26 제8대 제251회 제4차 재정경제위원회	· 서울시 협동조합 활성화 지원 조례 일부개정 조례안을 상정(의안번호 제1713호) · 간담회 논의를 거친 바 질의답변 생략하고 원안대로 의결하여 가결

의사일정	서울특별시 협동조합 관련 의회회의록 내용 (2012년~2015년)
2014. 3. 4 제8대 제251회 제2차 본회의	• 서울시 협동조합 활성화 지원조례 일부개정조례안 • 서울시 사회적경제기업 제품 구매촉진 및 판로지원에 관한 조례안 • 서울시 사회적기업 육성에 관한 조례 일부개정조례안 등 원안 의결
2014. 9. 13 제8대 제248회 제5차 본회의	• 서울시 협동조합 상담지원센터 운영 사무의 민간위탁 동의안 • 협동조합의 설립과 운영 등을 종합적으로 지원하기 위해 원안 의결
2014. 9. 25 제9대 제256회 제4차 기획경제위원회	• 서울시 사회적경제 기본 조례 일부개정조례안 상정(의안번호 제86호) • 사회적기업, 협동조합, 마을기업 등 사회적경제 활성화를 위하여 사회적경제 참여자 및 학생, 사회적기업가 등 미래 사회적경제 참여 대상자에 대한 교육 확대와 대시민 교육, 홍보 강화를 위한 조례
2014. 11. 14 제9대 기획경제위원회 행정사무감사	• 사회적경제기업은 제품의 기술력이 있어도 자본력이 부족하고 약간의 자본력과 기술력이 있어도 판로가 없기 때문에 약소기업을 지원하는 시스템 마련 주장
2014. 12. 2 제9대 제257회 제2차 교육위원회	• 학교협동조합 시범학교 운영, 학교협동조합지원팀 운영비 등 학교협동조합 관련 예산 편성 • 시범학교 1개당 500만원 지원 예산 편성
2015. 2. 26 제9대 제258회 제1차 기획경제위원회	• 서울신용보증재단의 사회적경제 분야 550억 지원은 신용보증 요청을 해올 경우에 검토해 지원결정하나, 홍보가 안되어 있음 • 목표금액을 정했으나, 사회적경제기업에 보증을 받으라고 강요 못함
2015. 4. 9 제9대 제259회 제2차 교육위원회	• 햇빛발전소 설치 후 인근주민들로부터 반사광선으로 인한 불편이 발생되어 학교에 설치하는 것을 우려 • 협동조합 조합원은 학교재정 투입은 없음
2015. 5. 17 제9대 제259회 제4차 교육위원회	• 학교 햇빛발전소 설치 동의안 상정 • 공립 각급학교 건물 옥상을 활용하여 민간자본으로 햇빛발전소를 설치할 수 있는 조례 제안, 2015년부터 4년동인 500개 설치예정
2015. 6. 25 제9대 제261회 제3차 교육위원회	• 햇빛발전소 사업은 서울시가 주관이 되어 민간발전사와 함께 학교 옥상에 매년 100개씩 설치해가는 계획과 교육청에서 협동조합을 결성하여 매년 25개씩 진행하는 투톱 형식을 취하고 있음
2015. 7. 9 제9대 제261회 제4차 본회의	• 사회적 책임 조달을 위해 사회적기업, 협동조합 등 사회적경제조직에 대한 지원방안 질의 • 서울시가 조달하는 상품 또는 용역을 강화, 계약비율 검토

의사일정	서울특별시 협동조합 관련 의회회의록 내용 (2012년~2015년)
2015. 9. 4 제9대 제263회 제3차 본회의	· 에너지관리사협동조합 및 비영리단체 등 10여개 설립하여 서울시가 가고자 하는 방향으로 노력하고, 후속조치를 하였으나, 생활임금을 확보하기에는 역부족을 지적, 지속적인 일자리 창출가능성 타진
2015. 9. 9 제9대 제263회 제2차 기획경제위원회	· 서울신용보증재단의 특례보증형식으로 협동조합, 사회적기업, 마을기업 지원방법을 모색할 것을 요구 · 2012년부터 현재까지 신용보증에 조건에 부합한 기업은 20개 미만
2015. 9. 10 제9대 제263회 제1차 도시계획관리위원회	· 기부체납 공공시설 통합관리시스템 도입시행과 더불어 공공기여의 효율성 증대방안을 위해서 사회적기업, 협동조합, 마을공동체사업의 임대료 과다발생으로 활성화되지 못하는 것을 해결방안 모색요구
2015. 9. 15 제9대 제263회 제5차 기획경제위원회	· 사회적경제 관련 사회적투자기금 운영과 동시에 신용보증재단의 적극적인 금융의 역할을 강조 · 정책보증, 특별보증 등을 통해 사회적기업, 협동조합에 유리하다고 하나. 실제로 이 보증요건에 해당되는 기업이 많지 않음
2015. 9. 15 제9대 제263회 제5차 교육위원회	· 서울시교육청 학교협동조합 지원 및 육성에 관한 조례안 상정 · 학교협동조합을 지원·육성함으로써 지역사회에서의 나눔과 협동의 가치가 실현될 수 있는 제도적 근거를 마련하고자 제안, 가결

7. 경기도 협동조합 경기도의회 논의과정

경기도 협동조합은 2011년 말 협동조합기본법 제정이 이루어지고 나서부터 의회 논의가 많았던 편이다. 또한 민선5기 남경필 도지사의 따복공동체(따뜻하고 복된 공동체) 공약에 따른 협동조합 등 사회적경제기업의 민간위탁, 마을만들기와 사회적경제의 접목 등 새로운 시도가 많았다.

2012년 2월 8일, 제8대 제264회 제1차 경제투자위원회에서 협동조합기본법 시행령이 확정되면 바로 일을 시작할 수 있도록 의회 차원의 당부가 있었다. 이를 계기로 의회에서 지속적으로 협동조합 활성화를 위한 다양한 주문이 있었다. 하지만 처음부터 경기신용보증재단 등을 통한 지원 등 협동조합 지원을 위한 대책 마련에 몰두한 측면이 있었다. 의회에서 협동조합을 이해하고 공유하는 의원이 많지 않았다. 일부 의원만이 관심을 가지고 있는 것처럼 보였다.

협동조합에 대한 교육을 강조했으나, 현장에서 실질적으로 이루어지는 것은 많지 않았다. 이는 2012년 12월 1일부터 시행하는 협동조합기본법의 진행사항을 판단하기 어려웠던 측면도 작용했다. 그러다보니 2013년 경기도 협동조합 관련 편성예산이 3억 원에 머물렀다. 31개 시군에 1천만 명을 상회하는 인구를 가지고 있는 경기도 수준에서는 미흡하다는 평가를 받았다.

경기도는 협동조합 관련 상임위원회인 경제과학기술위원회 이외 도시환경위원회, 보건복지공보위원회, 기획재정위원회, 경제민주화 특별위원회 등 다양한 위원회에서 논의가 많았다. 그만큼 의회 차원에서 많은 관심이 있었다는 말이 된다.

2013년 1월 29일에 경기도 협동조합 육성에 관한 조례안이 상정이 되고 동년 2월 5일, 본회의에서 가결되었다. 경기도 내의 협동조합의 건전한 육성을 촉진함으로써 생산적 복지확충, 지역공동체 재건 및 안정적 일자리 확충을 도모한다는 내용이다. 이를 통해 지역사회의 균형 있는 발전과 지역주민의 삶의 질 향상에 기여하는 목적으로 조례가 만들어졌다.

경기도 협동조합 육성에 관한 조례의 제정 배경을 살펴보면 생산적 접근방식보다는 복지적 접근을 하고 있다. 조례 제정의 배경 및 필요성을 그대로 옮겨왔다.

"2008년 글로벌 금융위기 시 스페인의 3대 기업인 몬드라곤 협동조합 연합체는 협동조합 간 고용승계 등으로 구조조정 없이 안정적으로 위기를 극복하면서 새로운 경제사회 발전의 대안모델로 협동조합이 주목하게 되었고 유엔에서도 결의문을 통해 2012년을 세계협동조합의 해로 선포와 함께 관련법 제도의 정비를 권고하곤 했습니다. 협동조합을 지향하고 협동조합적 사업운영을 희망하거나 법인격이 없어 애로를 겪고 있는 단체가 다수 있으나 관련법령의 제도적인 장치가 미흡하여, 2012년 12월 1일부터 시행된 협

동조합 기본법의 제정으로 이를 해소할 수 있는 법적근거가 마련
되었습니다. 따라서 새로운 법인격 도입이 경제 활력을 제고하고
사회서비스 등 기존 복지체계에 민간참여 확대, 창업 활성화를 통
한 일자리 확대, 유통구조 개선을 통한 물가안정, 취약계층에게
일자리 및 사회서비스를 제공하여 일을 통한 복지에 기여하는 제
도인바 제도를 정착화하고 교육컨설팅 지원 등 보다 더 체계적이
고 종합적인 지원을 위하여 관련사업의 지원근거를 마련하기 위
해 조례를 제정하는 것입니다.”

2013년 초 사회적기업경기재단은 사회적기업, 경기중소기업종합
지원센터는 예비사회적기업과 마을기업을 관리 운영했다. 이런 현장
의 별도 운영문제로 후에 경기도 사회적경제통합지원센터가 탄생되
는 계기가 되었다.

협동조합 설립신고 업무는 서울시와 경기도를 제외하고는 광역지
방자치단체에서 이루어지고 있다. 경기도는 2013년 5월 16일 제278
회 제4차 본회의에서 협동조합 신고업무를 31개 시군으로 위임하는
결정을 내렸다. 지역 특성에 맞는 협동조합의 육성과 민원의 편의를
도모하고자 함이다. 즉 협동조합의 설립부터 정관의 변경, 합병 및
분할, 해산, 과태료 부과 등 협동조합의 운영에 필요한 신고사항을
시장이나 군수에게 위임한 것이다.

이러한 결정이 내려진 이유는 경기도청이 있는 수원시 근처에 소
재하는 도민들은 접근성이 그나마 나은 편이었지만 경기 북부는 그
렇지 못했기 때문이다. 동두천, 포천 등에 살고 있는 도민들이 협동
조합 서류를 가져왔지만 서류 미비 등으로 왕래하면서 민원 불만이
많아진 것이다. 협동조합을 신청하려는 주민 입장에서는 살고 있는
소재지 행정기관에서 처리하는 것이 편리하다. 이러한 편의성 제공

이라는 측면 뒤에서, 31개 기초지방자치단체 담당자들의 입장은 불편했다. 예산 등 지원도 없이 업무만 떠넘긴다는 인식이 많았다. 동시에 협동조합에 대한 인식과 행정업무 경험이 없는 상태여서 부담스러운 측면도 있었다. 기초지자체의 반대가 있었지만, 최종적으로는 전국에서 최초로 협동조합 신고업무를 광역에서 기초로 넘긴 곳이 경기도다. 서울시의 경우 폭증하는 업무를 분산시키기 위해 25개 자치구로 이관했다면, 경기도는 이동 거리로 인한 민원 발생으로 선택한 것이라 할 수 있다.

2013년 5월 경기도 협동조합 비전선포식이 있었고, 경기도 협동조합상담센터가 설치되었다. 7월에는 마을기업과 사회적기업은 일자리정책과, 협동조합은 경제정책과로 이원화 운영되던 것을 경제정책과로 통합하였다. 2013년 12월 20일, 제8대 제283회 제6차 본회의에서 경기도 사회적경제 육성지원에 관한 조례안이 의결되었다. 이전에 사회적경제조직 통합지원조례를 제정하고 운영하고 있던 충청남도, 광주광역시, 전라북도, 서울특별시에 이어 5번째였다.

2014년 2월, 경기도 사회적경제통합지원센터로 기존에 마을기업, 협동조합, 예비사회적기업을 운영했던 경기중소기업종합지원센터가 선정되었다. 이는 사회적경제에 대한 이해 부족과 컨트롤타워 부재, 비효율성 문제 등을 해결하기 위한 방안으로 실시되었다. 민선6기가 시작된 7월엔 경기도 공유경제 촉진 조례가 통과되었다. 10월 17일, 제9대 제291회 제2차 본회의에서는 경기도 행정기구 및 정원 조례 일부개정 조례안에 따라 사회적경제과가 신설되었다. 사회적경제팀, 협동조합지원팀, 소상공인지원팀으로 구성되었으나, 소상공인지원팀의 업무와 사회적경제업무의 이질성에 대한 문제 제기가 있었다.

2014년도에 경기신용보증재단을 통한 우대지원이 24건, 총 8억 원이 지원되었다. 행정사무감사에서는 사회적경제조직과의 업무협조가 원활하지 못하는 점에 대한 지원기관 비판이 제기되었다. 따복공동체와 사회적경제과의 업무가 중복된다는 지적에 따복공동체담당관이 별개이며, 소속 변경은 없다고 했다. 이는 경기도의회에서 따복공동체가 마을만들기로 시작했다가 사회적경제로 방향을 바꾸면서 나타난 현장의 여러 문제점 등에 대한 우려에 기인한 것이다. 또한 사회적경제통합지원센터가 운영되는 상황에서 별도로 따복공동체지원센터를 2개나 설립하는 것에 대한 의회의 부정적 흐름이 있었다. 그럼에도 불구하고 마을만들기 지원조례를 따복공동체 지원조례로 변경하고, 사회적경제 지원조례를 수정하여 따복공동체로 통합 운영하는 방식으로 변경했다. 결국 따복공동체지원센터에 기존에 운영했던 사회적경제종합지원센터 업무까지 통합한 것이다.

경기도 사회적경제위원회 위원으로 활동했던 필자가 바라보는 따복공동체지원센터 상황이다. 따복공동체지원센터 설립을 주도하고 운영하는 주체들은 크게 3부류로 분류할 수 있다. 경기도 내에서 자활공동체와 사회적기업을 운영했던 팀, 신용협동조합 등 기존 개별법에 의해 활동했던 협동조합을 기반으로 한 팀, 마을만들기 등 시민사회단체팀이다. 여기에 서울 등 타 지역에서 사회적경제 지원기관 일을 담당했던 사람까지 합세하면서 내부적 일원화를 이루기가 쉽지 않았을 것이다. 따복공동체가 따뜻하고 복된 마을을 만들겠다고 시작했지만 현장에서 적용이 쉽지 않았다. 서울시에서 진행했던 마을공동체사업 수준으로는 성과를 내기가 어려운 환경이었다. 사람은 경험해봤던 일에 익숙해지고 그 일에 자신감을 드러내기 마련이다. 따뜻한 복지공동체를 구현하기 보다는 기존에 경험했던 사회적기업, 협동조합을 실현하는 일이 더 가까웠을 것이다. 결국은 사회적기업, 마을기업, 협동조합을 토대로 한 복지공동체를 실행하는 조직으로 전환했다. 도의회에서 그렇게 하지 않는다고 장담했던 담당관의 설명이 무색해질 정도다.

2015년 2월 3일, 본회의에서 남경필 도지사는 사회적기업과 협동조합으로 경기도에 생활공동체와 경제공동체를 지원하겠다고 밝혔다. 이재정 교육감은 학교와 마을이 함께 하는 사회적협동조합 등을 운영하여 학교와 마을, 지역사회를 유기적으로 결합시키겠다고 알렸다. 경기도 마을만들기 지원조례 전부개정조례안에 대해 따복공동체로 조례변경하는 것에 대해 의회의 부정적인 분위기가 팽배했다. 4월에는 사회적경제과에 소속되었던 사회적경제팀과 협동조합팀이 따복공동체지원단으로 넘어갔다. 9월에는 경기도 사회적경제 육성 지원에 관한 조례 전부개정조례안에 의해 경기도 사회적경제기업 관련 의사결정 등은 따복공동체위원회에서 통합 운영하기로 하였다. 10월에는 경기마을교육공동체 활성화 지원에 관한 조례가 통과되었다. 11월에 따복브랜드 사용과다에 따른 문제점과 따복공동체사업의 불명확함에 대한 지적이 이어졌다.

<표 6> 경기도의회 회기별 협동조합 관련 주요 회의 내용

의사일정	경기도 협동조합 관련 의회회의록 내용 (2012년~2015년)
2012. 2. 8 제8대 제264회 제1차 경제투자위원회	• 기존 자본주의 시장에서 실패하는 영역들을 보완하려는 조합운동 • 협동조합기본법 시행령 확정되면 중소기업종합지원센터에서 할 수 있는 일을 미리 준비하여 진행할 수 있도록 당부
2012. 2. 13 제8대 제264회 제4차 경제투자위원회	• 협동조합은 중소기업기본법상 지원대상이 아닌 것으로 되어 있어 경기신용보증재단이 중소기업청에 건의하여 지원할 수 있는 방안 모색 • 협동조합기본법 시행령이 확정되면 조례를 준비
2012. 9. 7 제8대 제271회 제1차 경제투자위원회	• 예비사회적기업, 사회적기업을 협동조합과 매칭을 하는 방안 필요 • 협동조합이 증가했을 때 경기도 차원에서의 관리감독 방안 모색 • 포럼 등 개최하고 전문가뿐만 아니라 도의원 참여도 필요
2012. 9. 10 제8대 제271회 제2차 도시환경위원회	• 협동조합을 활용하여 마을만들기사업을 정책적으로 지원할 수 있는 체계를 수립, 시범사업을 통해 연차적 확대 • 폐지, 재활용품 수집이 개인수입으로 가는 반면, 협동조합은 공동출자 및 공동분배 방식이라 상당한 동의가 필요
2012. 10. 22 제8대 제272회 경기도경제민주화특별위원회	• 한살림, 아이쿱 등 성장과는 달리 그들만의 리그로 인식되어 있음 • 사회적기업 5% 이상이 적자구조, 정확한 교육이 필요 • 경기도 사회적기업 교육은 삼성이 비용지원 성균관대학교에서 진행
2012. 11. 7 제8대 경제과학기술위원회 행정사무감사	• 대기업의 취업유발계수가 매년 감소하는 반면, 사회복지서비스 분야는 높게 나타남 • 사회적기업, 마을기업, 협동조합 등 사회복지서비스 분야를 강화
2012. 11. 14 제8대 경제과학기술위원회 행정사무감사	• 협동조합 예산 3억의 한계 지적과 사회적기업 활동가들이 경기도를 떠나 서울로 떠나는 현상방지 • 사회적 문제 및 이슈, 공공성에 헌신하는 사회적활동가 이외 수탁사업을 바라고 네트워크를 형성하는 사람들에 대한 비판적 시각상존
2012. 12. 4 제8대 제273회 제4차 예산결산특별위원회	• 협동조합 활성화를 위한 지원사업, 설명회, 홍보, 정책연구비, 정보지, 창업컨설팅 등 민간경상보조금에 대한 세부내역 요구 • 협동조합에 대한 이해 및 설립에 대한 내용보완위한 예산 증액 요구
2013. 1. 29 제8대 제275회 제1차 보건복지공보위원회	• 사회적경제조직의 마케팅 통합지원방안 연구, 경기도 내 자활센터, 사회적기업, 협동조합 등 생산품 판매에 대한 마케팅 통합지원 방안을 마련하기 위함

의사일정	경기도 협동조합 관련 의회회의록 내용 (2012년~2015년)
2013. 1. 29 제8대 제275회 제1차 경제과학기술위원회	· 경기도 협동조합 육성에 관한 조례안 상정(2013.1.18.제출) · 사회적으로 필요한 재화와 서비스를 사회적일자리를 창출하면서 지속가능한 사회적 경제조직들을 마련
2013. 1. 30 제8대 제275회 제2차 경제과학기술위원회	· 경기도 31개 시군별 대표적인 사회적기업에 대한 홍보부족 문제제기 · 사회적기업은 사회적기업경기재단, 예비사회적기업은 경기중소기업종합지원센터 관리운영 분리
2013. 2. 5 제8대 제275회 제2차 본회의	· 협동조합적 사업운영을 희망하고 있으나, 법인격이 없어 애로를 겪고 있는 단체가 다수가 있는 등 관련 법령의 제도적인 장치 미흡을 해소위한 경기도 협동조합 육성에 관한 조례안가결
2013. 5. 9 제8대 제278회 제1차 기획재정위원회	· 경기도 2년 운영후 기초지자체에 위임 의견과 지역특성에 맞는 밀착형과 거리상 제약을 해결하기 위한 신설사무 시군 위임방안 대립 · 2013.5.16. 제278회 제4차 본회의에서 협동조합 신고업무를 시군위임
2013. 11. 14 제8대 경제과학기술위원회 행정사무감사	· 2013년 5월 경기도 협동조합 비전선포식 개최, 경기도협동조합상담센터 운영 · 사회적기업, 마을기업, 협동조합 통합조례 제정, 통합지원센터의 직영, 공공기관 위탁, 민간재단 위탁 등 검토요구
2013. 11. 19 제8대 여성가족평생교육위원회 사무감사	· 새출발 프로젝트, 은퇴자 맞춤형 프로그램을 8개 기관에서 협동조합 설립운영을 통한 은퇴준비 과정을 통해 285명 교육, 만족도 80%
2013. 11. 21 제8대 경제과학기술위원회 사무감사	· 협동조합 예산삭감에 대한 경기도의 의지에 대한 문제제기 · 500여개가 넘는 협동조합 실태조사에 대한 인력부족과 31개시군의 협조 및 중간지원기관, 관련 협회의 도움을 받아 협동점검
2013. 11. 22 제8대 교육위원회 사무감사	· 성남시 5천만원 전액지원으로 성남 복정고등학교, 학교협동조합 설립 · 성남 포함 6개학교 협동조합 진행중
2013. 11. 27 제8대 제283회 제2차 경제과학기술위원회	· 사회적기업, 마을기업, 협동조합 지원을 효율성을 도모하기 위해 2개과에서 업무 분담했던 것을 2013년 7월 1일자 경제정책과로 통합 · 시군별로도 통합 유도, 1개 지원기관에서 원스톱서비스 체계준비
2013. 12. 17 제8대 제283회 제3차 경제과학기술위원회	· 경기도 사회적경제 육성지원에 관한 조례안 제안설명 · 지방자치단체 지역 실정에 맞게 통합 운영하고 지원해서 효율성을 도모하기 위해 통합지원센터 설치 주장

의사일정	경기도 협동조합 관련 의회회의록 내용 (2012년~2015년)
2013. 12. 20 제8대 제283회 재6차 본회의	• 경기도 사회적경제 육성지원에 관한 조례안 수정 의결 • 사회적경제 분야 육성 및 지원시책을 개별법에 의하여 각각 추진하는 것을 지방자치단체 지역실정에 맞게 통합 지원, 효율성 도모
2014. 2. 6 제8대 제284회 제2차 경제과학기술위원회	• 2014년 2월 경기중소기업종합지원센터가 경기도 사회적경제통합지원센터 운영의 우선협상 대상자로 선정 • 사회적경제 분야 간에 교류협력에 대한 기회, 사회적경제 활성화를 위한 법적·제도적장치에 대한 대응 등을 목표
2014. 2. 11 제8대 제284회 제4차 경제과학기술위원회	• 스페인 몬드라곤, 스위스 미그로, 바르셀로나 축구팀, 주택협동조합 등 외국의 협동조합 선진사례를 벤치마킹하여 경기도 사회적경제조직에 대한 도 산하기관들의 지원 관심 유도
2014. 7. 18 제9대 제289회 제2차 경제과학기술위원회	• 2014년 7월 17일 경기도 공유경제 촉진 조례안 통과로 사회적경제의 토대를 마련 • 기술기반한 사회적기업, 협동조합, 공유기업, 공유단체 등에 주목
2014. 9. 15 제9대 제290회 제1차 본회의	• 민선5기 경기도는 일자리 창출을 위한 예산을 전체 총예산의 0.59%밖에 사용하지 않음 • 민선6기에 일자리 확충과 사회적경제 활성화, 마을만들기 등 정책을 실현하기 위해 사회적경제위원회를 제안
2014. 10. 17 제9대 제291회 제2차 본회의	• 제290회 임시회에서 결의된 경기도 행정기구 및 정원 조례 일부개정조례안에 따라 신설된 사회적경제과 • 사회적경제과는 사회적경제팀, 협동조합지원팀, 소상공인지원팀 구성
2014. 11. 12 제9대 경제과학기술위원회 행정사무감사	• 경기신용보증재단이 협동조합 등 사회적경제기업에 대해 우대 지원하여 저소득층의 사회적일자리와 사회서비스를 제고 총 24건에 8억원을 지원
2014. 11. 21 제9대 경제과학기술위원회 행정사무감사	• 31개 시군중 12개 지자체는 기초지원기관 운영, 도 차원의 예산편성으로 기초지원기관 운영을 지원 • 따복공동체와 사회적경제과 운영과는 별개, 팀 자체가 소속이 변경될 가능성 없음을 밝힘
2014. 11. 28 제9대 제292회 제4차 기획재정위원회	• 따복공동체가 마을만들기 개념으로 시작되다가 사회적경제와 합해지는 것에 대한 시기적 문제, 옳은 정책방향인지에 대한 문제제기 • 따복공동체의 사회적경제기업 발굴 등 중복사업 지적
2014. 12. 6 제9대 제292회 제5차 예산결산특별위원회	• 따복공동체 지원센터 2개 건립에 대한 사업내용 질문 • 사회적경제통합지원센터 이외 따복공동체지원센터 2개 건립에 대한 문제제기, 비동의 분위기 형성

의사일정	경기도 협동조합 관련 의회회의록 내용 (2012년~2015년)
2015. 2. 3 제9대 제294회 제1차 본회의	· 세대간 단절과 양극화 심화를 해소하기 위해 따뜻하고 복된 마을을 통해 공동체 복원을 도모 · 사회적기업, 협동조합으로 경기도에 생활공동체, 경제공동체를 지원
2015. 2. 4 제9대 제294회 제1차 경제과학기술위원회	· 사회적기업, 마을기업, 협동조합 등 사회적경제의 자립기반 제고를 위한 시군 통합지원센터를 2017년까지 20개소로 확대하고 판로개척을 위한 전시판매장 조성(경기도 계획)
2015. 2. 4 제9대 제294회 제1차 기획재정위원회	· 경기도 마을만들기 지원 조례 전부개정조례안에 대한 제안 설명 · 마을만들기를 따복공동체로 조례변경하는 것에 대한 의회의 부정적 분위기 · 따복공동체는 마을공동체 플러스 사회적경에 영역을 같이 고려, 민 주도의 민간거버넌스 강화하는 측면 주장
2015. 2. 5 제9대 제294회 제2차 기획재정위원회	· 2015년 총 12회에 걸쳐 협동조합 설립 및 성장단계별 상담, 컨설팅, 판로·홍보 등을 지원 · S-CEO 네트워크 구축 운영으로 사회적경제 구성원간 네트워크 활성화를 통해 소통 및 시너지 효과 창출을 도모
2015. 3. 16 제9대 제295회 제1차 경제과학기술위원회	· 사회적경제기본법 제정촉구 건의안 상정, 2015. 3. 19. 제4차 본회의에서 원안가결 · 2013. 11. 21. 경기도 사회적경제 육성지원에 관한 조례제정
2015. 5. 19 제9대 제297회 제2차 본회의	· 마을만들기 조례 없는 곳 12개 시군, 기초지자체 예산없는 곳 14개 시군, 지원센터는 2개 시군, 협동조합, 마을기업, 사회적기업 담당부서가 다른 3개 시군, 인증사회적기업이 하나도 없는 2개 시군
2015. 7. 9 제9대 제300회 제1차 보건복지위원회	· 경기도 사회적일자리 조례안 검토결과 보고 · 경기도는 2014년 10월 전국 최초로 사회적일자리과를 신설, 민선6기 사회적일자리 18만개 창출을 목표
2015. 9. 9 제9대 제302회 제1차 경제과학기술위원회	· 경기도 사회적경제 육성 지원에 관한 조례 전부개정조례안 검토보고 · 사회적경제통합지원조례에 의한 센터의 업무와 따복공동체 지원센터가 맡아야 할 업무는 중복되지 않아야 함
2015. 9. 10 제9대 제302회 제2차 경제과학기술위원회	· 2015. 4. 7일자 조직개편, 사회적경제과에 있던 사회적경제팀과 협동조합팀은 따복공동체지원단으로 이체 · 따복공동체지원단 지원센터 49명 근무, 공무원 20명
2015. 10. 15 제9대 제303회 제2차 본회의	· 경기마을교육공동체 활성화 지원에 관한 조례안 · 꿈의 학교, 교육협동조합, 교육자원봉사활동 지원 등 마을교육공동체 활동을 활성화할 수 있도록 법적 근거를 마련, 원안 가결

의사일정	경기도 협동조합 관련 의회회의록 내용 (2012년~2015년)
2015. 11. 12 제9대 경제과학기술위원회 행정사무감사	・협동조합 컨설팅 지원분야가 노무, 인사, 회계, 마케팅 등 4개분야로 한정된 것에 대한 문제제기, 구체적 해결방안 모색요청 ・제도 및 지원정책을 안내하는 수준에서 탈피 요구
2015. 11. 13 제9대 농정해양위원회 행정사무감사	・농식품분야 협동조합을 대상으로 판로개척, 기술지원, 경영교육, 품질개선을 지원하는 STAR-Coop 사업대상지 2개사 선정 지원, 컨설팅을 통해 성장가능성 있는 협동조합을 선정, 관리부재 문제제기
2015. 11. 18 제9대 경제과학기술위원회 행정사무감사	・태양광 협동조합의 전기구매단가 하락에 따른 어려운 환경 ・100KW 미만의 소규모 태양광발전사업자의 경우 협동조합이 참여 ・공모신청을 열심히 하는 시군과 안하는 시군을 독려하는 방안모색
2015. 11. 20 제9대 경제과학기술위원회 행정사무감사	・경기도 사회적경제 규모, 우리나라 GDP의 0.078% 수준 ・협동조합, 마을기업, 사회적기업의 인식조사 필요, 공감대 부족 ・따복택시, 따복기숙사, 따복산업단지 등 따복 브랜드 사용 과다 문제
2015. 11. 30 제9대 제304회 제10차 교육위원회	・경기도교육청 사회적기업제품 구매촉진에 관한 조례 일부 개정조례안에 대한 제안설명, 원안 가결 ・학교와 마을이 서로 연계하여 지속가능한 교육서비스를 제공하기 위한 교육협동조합 설립

8. 비활성화 논란 속에서도
   지속적 설립

 협동조합기본법 시행일은 2012년 12월 1일이었고, 제1호 협동조합 수리는 2012년 12월 3일에 이뤄졌다. 인천에 소재한 협동조합전국통신소비자는 알뜰폰 판매 및 유통, 사물통신 유통 등을 위해 설립되었다. 거대 통신사의 독점과 담합에 맞서 시장 안에서 '통신 소비자 주권회복', '통신비 인하', '휴대폰 가격인하'를 소비자의 조직화되고 단결된 힘을 모아 이루고자 만들어진 소비자 운동단체라고 되어 있다. 협동조합 홈페이지에 나와 있는 자료다. 위 협동조합은 협동조합기본법 발효되기 전인 2011년 4월 19일 발기인대회를 통해 설립되었다.

 2016년 12월 9일 기준으로 협동조합 등록 수는 1만 500개를 상회하고 있었다. 당일 기획재정부 협동조합 홈페이지 기준으로 협동조합 1만 번째로 기재된 곳은 한국해썹협동조합이었다. 경기도 고양시에 소재한 식품안전 관련 사업을 하는 협동조합이다. 9,999번째는 식용 및 원예곤충 사업을 하는 경기도 한국곤충산업협동조합이다.

10,001번째는 식품조장재를 생산하는 서울소재 한국에프앤피협동조합으로 기재되어 있다.

협동조합 수리(인가)일 기준, 1개부터 100개까지 42일 소요되었다. 500개 달성에는 99일, 1천 개 달성에 162일이 걸렸다. 약 5.4개월로 상당히 빠른 속도를 보였다. 1천 개에서 2천 개 달성까지가 83일로 나타나 초기에 집중된 관심사로 나타났다. 5천 개가 넘어가면서 처리 기간이 늘어나기 시작했다. 2013년 초 봇물 터지듯 터진 흐름이 불과 1년 6개월 뒤인 2014년 7월경부터 다소 완만한 곡선을 그리기 시작했다. 9천 개에서 1만 개 달성까지는 179일로 약 6개월이 소요되었다.

1번째에서 1만 번째까지 협동조합 수리(인가)에 걸린 세월은 총 1,360일이다. 1천 개씩 증가하는데 평균 4개월 15일이 걸렸다.

2012년 12월 1일 본격적으로 시행된 협동조합은 양적인 증가는 뚜렷했다. 일반협동조합은 수리건수, 사회적협동조합은 인가건수를 계산하여 협동조합 숫자를 계산한다. 협동조합 시행 초기 예상은 5년 내 1만 개 정도가 될 것으로 예측했으나, 4년도 되지 않아 양적인 목표를 달성했다. 실질적인 활동을 하지 못한다는 비판에도 불구하고 속도는 빠르지 않지만 계속 증가하고 있다.

협동조합은 정부 보조금 사업이 아님에도 불구하고 계속 만들어지고 있다. 사회적기업이나 마을기업 같은 보조금 사업이 아님에도 숫자는 증가하고 있다. 협동조합이라는 법인격을 가지고 다른 사회적일자리 사업을 신청하는 흐름이 많다. 정부의 다양한 일자리 사업 신청 등에 있어 상법 등 다른 법인체계에서 설립된 법인체보다 여러 모로 유리하다고 판단하고 있다.

협동조합을 정부차원에서 정책적으로 이끌어가는 형국에서, 시장의 참여자는 그 흐름을 따르게 마련이다. 정부 또는 지방자치단체에서 마을만들기를 하든 사회적경제 영역의 사업참여를 하든 협동조합으로 참여하는 것이 유리하다. 이런 변수는 공공영역에 해당하는 이야기다. 민간영역에서의 상대적 유리함은 보이지 않는다.

<표 7> 협동조합 수리(인가) 1만 번까지의 현황

순서	수리(인가)일	협동조합명 (조합유형)	품목	업종구분	주소지
1	2012.12.03	협동조합전국통신 소비자(사업자)	알뜰폰 판매 및 유통, 사물통신 유통 등	출판, 영상, 방송통신 및 정보서비스업	인천
100	2013.01.14	아모틱협동조합 (다중이해관계자)	체육	예술, 스포츠 및 여가관련 서비스업	광주
500	2013.03.12	봉화임업협동조합 (사업자)	임산물	농업, 어업 및 임업	경북
1,000	2013.05.14	대동협동조합 (사업자)	친환경농산물, 천연 비누 및 화장품 등	도매 및 소매업	경기
2,000	2013.08.05	협동조합해오름영농 (사업자)	농수산물	농업, 어업 및 임업	강원
3,000	2013.12.09	퇴직공무원협동조합 (사업자)	방과후 학교운영, 결혼중매업	교육 서비스업	대전
4,000	2014.03.18	싱싱하우스협동조합 (사업자)	주거재생	숙박 및 음식점업	경기
5,000	2014.07.17	한민족기업협동조합 (사업자)	공동네트워크협력	도매 및 소매업	서울
6,000	2014.12.31	비뇨기관의사회협동 조합(다중이해관계자)	의료기기	도매 및 소매업	서울
7,000	2015.05.15	협동조합재한중국유학 생회(다중이해관계자)	재한중국유학생 관련 정책기반조성, 활동지원, 교육, 거점ㅂ공간 운영 등	협회 및 단체수거 및 기타 개인 서비스업	서울
8,000	2015.10.16	사회적협동조합제주로	컨설팅	교육 서비스업	제주
9,000	2016.03.25	제주특별자치도골재 협동조합(사업자)	건설업	건설업	제주
10,000	2016.09.20	한국해썹협동조합 (사업자)	삭품안전관련사업	교육서비스업	경기

특히 은행대출, 어음할인 등에서는 현장의 정보 부족으로 차별을 받기도 한다. 법적 책임을 확실히 져야 하는 상법체계의 시스템과 달리, 참여지분만큼 그 책임을 지는 협동조합 방식이 기존 은행권 시스템으로서는 반가울 리 없었을 것이다.

2012년 12월에 본격 시행된 협동조합기본법상의 협동조합이 초기 기대와는 달리 부정적인 시각이 증가한 것이 사실이다. 1만 개를 넘어선 협동조합이 현장에서 활동하고 있는 숫자는 그리 많지 않다는 비판적인 시선이 많다. 관련 기관 또는 언론의 보도가 아닐지라도 주변을 둘러보면 그 심각성을 알 수 있을 정도다. 필자도 2014년과 2015년에 협동조합 관련 연구를 한 적이 있다. 협동조합 컨설팅을 수행하면서 경험한 현장의 모습과 서울시와 경기도 전체 상황을 파악해본 일이 있다. 물론 이후에도 꾸준히 확인하고 현장의 모습과 진행 과정을 지켜보고 있다. 전국을 투어하면서 120회가 넘는 협동조합 강의를 하면서 현장 활동가, 담당 공무원, 협동조합 관계자들에게도 반드시 물어본다. 현장의 상황은 어떠한지, 이곳은 잘 진행되고 있는지를 확인한다. 지역에 따라서, 업종에 따라서 조금씩 차이는 있지만 전반적으로 그리 활발하지 못하다. 1만 개의 협동조합이 설립되었지만 실제적으로 경영활동을 하고 조금이라도 수익을 내고 있는 협동조합이 얼마나 되느냐고 물어보면 대단히 난감해진다. "절반 정도는 운영되고 있지 않나요?"라고 자문해보지만, 속내는 뜨끔하다. 현장에서 들려주는 협동조합 현실은 30% 선을 넘지 못하고 있다. 이것도 많이 봐준 것은 아닌가 싶을 정도다. 이보다도 더 냉정하게 바라봐야 할 것 같다.

이렇듯 협동조합 운영과 활동에 있어서 한계를 보이고 있는 상황에서도 꾸준히 그 숫자는 증가하고 있다. 조금만 시선을 돌려봐도 많이 부족해 보이는 협동조합을 만날 수 있다. 관심을 조금 기울이면 협동조합 설립에 신중을 기할 것으로 판단된다. 그럼에도 불구하고 지속적으로 협동조합이 양적으로 증가하는 이유는 무엇일까? 협동조합 시행 5년차에 접어드는 시점에서 정부 보조금 사업이 아닌 것은 확실히 알려져 있다. 그럼 무엇 때문에 그 숫자가 지속적으로 증가하고 있는가?

최근 우리나라 경제의 어려움이 가져온 또 다른 현상이라고 본다. 정년을 채우지 못하는 기업의 현실과 정규직과 비정규직의 차이가 있다. 혼자서는 일어서기 어려운 환경 등에서 그 원인을 찾아야 할 것이다. 그만큼 우리 사회에 일자리가 부족해서다. 정부에서 새로운 일자리를 만들려는 노력을 하고 있지만 그리 녹록지 않다. 정부와 기업에서 제공해주는 일자리의 한계를 극복해야 하는 상황이다. 일자리가 부족하다 보니 뭔가 방법론이 필요했다. 새로운 차원의 일자리 확보가 필요하다. 개인 중심의 자영업을 하는 방식에서 여러 명이 모여 운영하는 협동조합 방식으로 전환을 도모하고 있는 것이다. 반면, 기존 협동조합 관련 단체 및 기관의 일관성과 연관성이 부족해 보이는 '띄우기' 활동이 부채질하고 있다는 지적이다. 여기에는 행정의 홍보도 한몫을 하고 있다.

9. 협동조합 부각을 위한
　　주식회사 비교

　개인사업, 법인에 상관없이 기업으로서 영리활동을 하려면 고민이 많아질 것이다. 도시 번화가에서 모양을 갖춘 가게라도 하나 차리려고 하면 억 단위는 기본이다. 보증금에 권리금까지 더하면 그 액수는 계속 늘어난다. 가게 위치가 어디냐에 따라서도 차이가 크다. 개인이 가지고 있는 아이디어, 자금, 기술, 네트워크 등 사업을 영위하기 위한 다양한 수단이 상대적으로 빈약하다고 판단 된다면 주저하게 된다. 아주 작은 단위의 개별사업이라 할지라도 기업의 영리활동을 위해서는 많은 일손이 필요하다. 기존 사업방식과 생각으로는 빠르게 움직이는 시장환경에 부응하기 어렵다. 다양한 소비자의 수요욕구를 따라가기도 벅차다. 반사적으로 움직여야만 시장에 적응할 수 있을 정도다.

　상법상의 주식회사, 합자회사, 합명회사, 유한회사 등을 설립하든, 민법상의 사단법인, 재단법인 등을 설립하든 많은 인력과 상당한 자본금 등이 필요하다. 기업의 영리활동을 하는 데 있어서 주식회사를 설립하든, 협동조합을 설립하든 무슨 차이가 있겠냐는 반문이 있을 수 있다. 각각 법인격을 갖추고 시작하기 때문이다. 기존에는 주식회사를 설립하려면 자본금과 참여하는 이사의 수를 규정하였다. 7명의 이사진이 있어야 하고 5천만 원 이상의 자본금이 있는 은행잔고증명을 제출해야만 등기를 할 수 있었다. 최근에는 자본금 1백만 원과 사내이사 1명과 감사 1명만 있어도 주식회사 법인설립에 어려움이 없다.

협동조합기본법에 따른 협동조합은 자본금 성격의 출자금 제한이 없고 5명의 사람만 있으면 설립할 수 있다. 초기에는 출자금 500원짜리 협동조합이 2개나 있었다. 경기도는 7천 원짜리 출자금으로 시작하는 협동조합도 있었다. 현행법상 출자금 제한이 없으니 5원짜리 협동조합도 가능하다. 우리나라 최소 화폐단위가 1원이기 때문이다. 협동조합은 몇 백 원에서 수십 억 원까지 출자범위가 넓다. 협동조합 1만 개가 넘어간 현시점에서도 3백만 원에서 5백만 원 사이의 출자금으로 시작하는 협동조합이 많다.

아이템에 따라서 참여하는 인원과 자본금의 차이가 크게 날 것이다. 사업장과 시설, 기계설비 등까지 감안하면 그 간격은 훨씬 넓어진다. 서류상 인력 2명과 1백만 원으로 시작하는 주식회사와 5명 이상이 모여서 3백만 원으로 출발하는 협동조합 중 어느 것이 더 유리할까? 사업을 하려는 사람의 입장에서 단순한 비교가 될 것이다. 어떤 사람이 주식회사로 시작하고 어떤 그룹이 협동조합으로 출발하는가? 유형별로 차이를 두고 비교하기란 쉽지 않다. 다만 개인적이고 가족적인 사업모델을 추구할 것인가, 자립적이고 협동적인 방식을 선호할 것인가에 따라서 나눌 수도 있을 것이다. 주식회사 방식이 자립적이지 못하고 협력적이지 못한 방식이란 뜻이 아니다. 기존 상법 체계가 물적 자원을 중요시하였다면 협동조합기본법 체계는 인적자원을 중시하고 있다는 점을 말하는 것이다. 사람과 사람의 관계망을 견고히 하고 그 신뢰를 바탕으로 기업운영을 도모하자는 시도다. 회사 운영의 기본은 사람 간의 신뢰와 믿음의 바탕 위에 이루어지는 행위이기 때문이다.

협동조합이 시행되었던 2012년에 기획재정부가 협동조합을 설명하기 위해 내놓은 홍보 책자에는 기존 상법상 주식회사와 협동조합기본법상 협동조합을 비교하는 표가 있다. 협동조합 설립운영 안내서 "아름다운 협동조합 만들기(2013 기획재정부)" 9페이지에서, 협동조합과 다른 조직 형태의 비교가 나온다. 상법과 민법과 협동조합기본법 체계를 비교하는 내용이다. 상법을 소개하면서 사업 예시를 '대기업 집단'과 '삼성전자(주) 등'으로 표시하고 있다.

2012년과 2013년 초, 협동조합을 설명하는 세미나, 간담회뿐만 아니라 협동조합을 강연하는 강사들조차도 기획재정부의 자료를 그대로 인용하였다. 당시 분위기에서 상법을 토대로 하는 주식회사는 대부분 대기업 집단으로 규정하였다. 일부 국민 정서에 반하는 대기업을 지칭함으로써 분리적 분위기를 조성하려는 모습이 있었다. 주식회사로 기업을 운영해서는 안 될 것 같은 분위기였다. 기업의 이익이 발생했을 때 주식 수로 이익을 배분하고, 주식 수로 의사 결정하는 것은 올바르지 못한 기업운영이라는 인식을 심어주는 것 같았다. 출자금 지분율이 다르더라도 의사 결정할 때는 1인 1표라는 제도로 운영되는 협동조합이 대안이라고 홍보했다. 상법체계와 협동조합기본법 체계의 장·단점은 물론 회사운영에서 나타날 수 있는 다양한 변수에 대해서는 설명을 해주지 않았다. 알면서도 애써 도외시하는 분위기마저 읽혔다. 정확한 내용전달과 협동조합 본질에 대해서 이야기해야 한다고 하는 전문가 또는 협동조합운동을 오래전부터 해온 시니어 활동가의 목소리는 묻혔다. 협동조합에 대해 비판은 협동조합 흐름을 방해하는 집단의 목소리로 치부할 정도였다. 협동조합을 구성하는 것부터 운영하기 까지 어려움을 이야기해야 한다는 의견은 점차 사라져 갔다.

대기업 또는 재벌이라는 집단이 골목경제 상권까지 침투하면서 국민적 정서는 호의적이지 못하다. 필자 또한 커피, 빵 등은 물론 SSM(Super SuperMarket)[19]까지 시장을 확대함으로써 골목 구석구석까지 서민상권을 초토화시키는 행위에 대해 비판적 시각을 갖고 있다. 식탁에 올라가는 먹을거리는 중국 등 수입제품에 자리를 내준 지 오래되었다. 대기업에 밀려, 일상생활에 사용되는 대부분의 모든 소비 용품마저 전문성 있는 중소기업 제품을 찾기가 쉽지 않다. 이러한 사회적 배경과 대기업을 바라보는 국민적 정서가 옹호적이지 못한 것은 사실이다.

그러나 협동조합을 부각하려고 기존의 상법 체계의 단점만을 말하는 것은 편협하고 의도적인 홍보방식이라 할 수 있다. 더구나 주

---

19) '기업형 슈퍼마켓'으로 불리는 것으로, 대형마트보다 작고 일반 동네 슈퍼마켓보다 큰 유통매장을 지칭한다. 일반적으로는 개인 점포를 제외한 대기업 계열 슈퍼마켓을 지칭한다. 즉, 대규모 할인점과 동네 슈퍼마켓 중간 크기의 식료품 중심 유통 매장으로, 할인점이 수요를 흡수하지 못하는 소규모 틈새시장을 공략 대상으로 삼는다. SSM은 할인점에 비해 부지 소요 면적이 작고 출점 비용이 적게 들며 소규모 상권에도 입지가 가능해 차세대 유통업태로 각광받으면서 그 수가 급증했다. 또 대형마트와 달리 주거지에 가까이 위치하고, 영세슈퍼에 비해 다양한 품목을 취급한다는 점 때문에 그 수가 증가하면서, 전통시장과 동네슈퍼의 고사라는 부작용을 일으켰다. (시사상식사전, 박문각)

식회사의 대표적인 사례로 예시하여 적시한 것이 대표적인 재벌의 회사명이다. 대기업 체제를 비판하는 국민적 정서를 이용하려는 의도는 없었을 것으로 생각한다. 국민들이 가장 많이 알고 있는 기업명을 제시하다보니 정부가 발간하는 책자에 그렇게 기재되었을 것이라 이해는 하고 싶다.

협동조합 시행 초기에 협동조합을 설명하기 위한 방안의 하나로 상법 체계의 단점과 부정적인 요소를 부각시키는 행위는 자료뿐만 아니라 현장 곳곳에서 드러났다. 특히 2012년 12월 1일에 시행된 협동조합기본법상의 협동조합의 사례를 들어가면서 설명하는 강사가 부족했다. 그 시기에는 기존 8개 개별법에 의해 설립된 협동조합 중 신용협동조합과 소비자생활협동조합의 활동가들의 참여가 많았다. 물론 기존 자활공동체 활동가는 사회적기업과 마을기업을 알리는 데 일조했고, 일부 시민사회단체 활동가도 협동조합을 알리는 데 일조한 것이 사실이다. 앞에서 열거한 조직 활동가들이 기획재정부가 발간한 협동조합 책자를 활용하다 보니 정보전달의 왜곡이 많았다는 것을 말하고 싶은 것이다.

당시 분위기는 협동조합만 설립하면 우리 사회의 모든 것이 다 해결될 것처럼 이야기하는 사람이 많았다. 스페인 몬드라곤을 중심으로 유럽 사회에서 협동조합이 성공한 이야기가 주를 이루었다. 2007년부터 2008년까지 발생한 세계 금융 위기는 2000년대 말 미국의 금융 시장에서 시작되어 전 세계로 파급된 대규모의 금융 위기 사태를 통틀어 이르는 말이다. 2007년에 발생한 서브프라임 모기지(subprime mortgage)20) 사태인 미국발 금융위기는 국제금융시장에 신용경색을 불러왔고, 그 여파는 1929년 경제 대공황에 버금가는 수준에 달했다. 대단히 심각한 경제위기였고, 그 여파는 지금도 이어지고 있는 상황이다.

당시 많은 기업이 마이너스 성장을 하고 도산을 하는 상황에서도 스페인 몬드라곤협동조합은 해고 한 명하지 않고 성장했다는 사실이 경제계의 주목을 끌었다. 이 사실 하나만 가지고도 사람 중심의 협동조합이 우리 경제는 물론 사회 전반에 긍정적인 영향을 미칠 것으로 생각하게 만들었다. 이러한 신화적인 사실들이 협동조합을 지향하는 사람들에게 무한한 감동으로 전달된 것이다. 비정규직 문제와 일자리 창출에 목말라 있던 정부는 물론 시민사회 입장에서는 사막에서 오아시스를 찾았을 때의 기쁨 수준이었다.

---

20) 신용등급이 낮은 저소득층을 대상으로 주택자금을 빌려주는 미국의 주택담보대출상품. 우리말로 비우량주택담보대출이라 한다. 신용도가 낮기 때문에 상대적으로 높은 대출금리가 적용된다. 미국의 주택담보대출시장은 개인들의 신용등급에 따라 프라임, 알트-에이, 서브프라임 등 3종류의 대출이 있다. (한경 경제용어사전, 한국경제신문/한경닷컴)

10. 협동조합은 조합원의
동업 시스템

협동조합에 대한 필자의 첫 이미지는 다소 부정적 시각이 지배했다. 시장 실물경제의 경험을 가지고 비판적인 시각으로 말하는 것은 아니다. 협동조합 방식의 회사를 운영해봤던 기억을 가지고 판단하는 것도 아니다. 우리 사회가 그러한 협력적 방식의 조직설립과 운영에 대해 미숙함이 많은 상황에 대한 조바심이 있었다.

필자의 이러한 생각은 다소 주관적이라고 할 수도 있지만, 강의를 하는 발언에서도 묻어 나왔다. 지금도 이전보다는 완화된 내용이지만 협동조합의 신중론을 핵심으로 이야기하고 있다. 지난 4년 넘게 전국 각지를 돌며, 공무원 또는 협동조합에 관심 있는 일반인과 협동조합을 운영하는 관계자들을 대상으로 120회가 넘는 강의를 했다. 공공기관 퇴직을 앞둔 간부들을 대상으로 하기도 하고, 마을기업이나 사회적기업을 탐색하고 있는 예비창업자들에게 협동조합 법인격의 현재와 미래에 대한 이야기를 전달했다. 2012년 12월 1일 시행

이후 2013년과 2014년에는 일부 그룹에서 협동조합에 대한 맹목적인 지지가 있었던 것 같았다. 특히 2013년 첫해 협동조합이 급속도로 퍼져나가던 시절에 협동조합에 대한 이야기는 대부분 긍정적인 이야기가 주를 이루었다. 여기를 가보아도 저기를 둘러보아도 협동조합에 대한 외국 선진 성공사례 일색이었다. 협동조합이 우리 사회의 고질적인 시장실패와 정부실패에 대한 새로운 대안 경제라고 이야기하는 사람이 많았다. 시장경제는 실패했지만 협동조합이 그 대안적 시스템으로서 역할을 할 것이라 믿는 분위기가 형성되고 있었다. 유럽사회의 협동조합이 수많은 실패가 있었고, 얼마나 많은 시간이 흘렀고, 같은 실패를 하지 않으려면 어떻게 해야 하는가에 대한 진지한 논의는 뒤로 밀려났다. 대규모 자본이 필요한 경우 협동조합 법인격으로만 해결할 수 없는 내용에 대해선 누구 하나 이야기하지 않았다. 유럽의 협동조합과 우리나라의 기존 8개 개별법으로 설립된 협동조합과의 차이를 말하지 않았다. 새로운 법인격 부여제도인 협동조합기본법상의 협동조합과 외국의 협동조합의 규모 및 법적 성격 등에 대한 논의가 없었다. 8개 개별법 협동조합과 협동조합기본법 협동조합이 왜 다르고 접근방식이 달라야 성공할 수 있다는 내용이 부족했다.

현실적으로는 협동조합기본법을 토대로 하는 협동조합 설명이 8개 개별법 협동조합과의 차별성을 이야기하지 않고 외국의 협동조합을 액면 그대로 비교하는 것이 적합한지에 대한 논의도 없었다. 협동조합 현장의 모습은 위와 같은 비판적인 또는 심층적이고 다소 신중한 접근방식을 선호하지 않았다. 잘나가는 협동조합에 대해 조금이라도 비판적이거나 고민에 빠지게 만드는 의제를 꺼내는 것 자체를 외면하는 것 같았다. 조금 더 속내를 들여다보면 대단히 싫어했다. 잘나가는 집에 훼방을 놓거나 협동조합 발전을 저해하는 집단으로 분리하는 것 같았다. 표면적으로는 아직 협동조합에 대한 근원적인 내용을 모르기 때문에 말하는 것이라 치부해버린다. "너희들이 협동조합을 알아!", "잘 모르면 아무 말 말고 그냥 조용히 있어.", "협동의 정신을 이해하지도 못하면서 떠들기는" 등등 한 가지 색으로 덧칠을 해버린다.

더 심각했던 것은 협동조합 전문가 또는 관계자로 활동하려면 동일한 생각과 유사한 활동을 해왔던 멤버인지 아닌지를 판단하려고 한다는 것이다. 이러한 흐름은 자활기업, 사회적기업, 마을기업, 농촌공동체회사 등 소위 사회적경제기업 전반에 나타나는 문제점이다. 시장 선점을 위한 주도권을 쥐려는 헤게모니 싸움이라고 치부하기에는 다소 심각한 양상이다. 협동조합에 대한 획일적인 생각에서 벗어난 소신 발언은 이질적인 집단으로 선을 긋는 행태도 나타났다. 주도적으로 협동조합을 이끌어나가는 그룹이 이후 부정적 또는 협동조합 실패의 원인으로 지목될 수 있는 내용이다.

협동조합에 대한 필자의 입장은 기대 반, 걱정 반이었다. 협동조합에 대한 강의 핵심은 조합원 구성원들이 신의를 바탕으로 협력하고 협동할 자세가 되었느냐는 것이다. 협동의 마음이, 협력할 수 있는 행동이 선행되지 않은 상태에서는 협동조합 설립을 늦추라고 제언한다. 때로는 수강생들에게 자극적인 메시지를 전달하기 위해 다소 거친 표현도 사용한다. "협동조합은 일종의 '동업'입니다. 부부, 형제자매, 부모와 자식 간에 동업하지 말라고 합니다." "동업이라는 시스템이 얼마나 힘들고 어려우면 옛 어르신들이 그런 이야기를 하시겠느냐”는 말을 전달한다. 이러한 동업시스템을 너무 쉽게 이야기하는 것은 당황스럽다는 말까지 풀어놓는다. “협동조합 쉽지 않습니다. 간단히 이야기하고 사람만 5명 있다고 해서 될 일이 아닙니다. 준비하고 해결해야 될 일이 너무 많습니다.” 이러한 입장을 유지하면서 강의를 이어나간다. 5년 차에 접어든 현재도 위와 같은 강의 논조는 변하지 않는다. 필자의 주장을 위해서 다양한 사례를 접목하여 들려주고 있다. 처음에는 다소 어색한 강의 분위기가 중반 이후부터는 대부분의 수강생들이 공감하는 강의장으로 바뀐다. 이렇게 하기까지, 필자 자신의 협동조합 방식의 경험이 있었기에 가능했다. 동시에 협동조합 설명에 대한 확신이 있었기 때문에 가능했다.

2013년 상반기에는 협동조합에 대한 열기와 분위기는 최고조였다. 협동조합에 대한 외국의 성공사례가 주를 이루고 있었고, 정부 차원에서도 대대적인 홍보를 했던 시기였다. 협동조합 설명회장, 강의장, 세미나, 국제회의, 간담회, 토론회 등 협동조합 논의를 하는 모든 공간에서는 협동조합은 실패한 시장경제의 확실한 대안적 경제체제라고 주장하는 분위기가 압도적으로 많았다. 이러한 분위기와 흐름에 부응하지 못하고, 협동조합에 대한 비판을 뛰어넘어 비관적인 우려를 섞어 강의하는 필자를 못마땅하게 지켜보는 사람도 많았다. 행정 측은 공식적으로 표현은 하지 않았지만, 내부적으로는 필자의 주장에 동의하고 수긍하는 사람이 많았다. 반면 기존 협동조합의 경험이 있다거나 협동조합기본법상의 협동조합을 선도하려는 일부 사람들에게는 상당히 부담스러운 존재였을 것이라 생각이 들었다. 현시점에서 그렇게 생각했던 본인들이 잘못 판단한 것 같다는 말을 건네 줄 때는 다소 위안이 된다.

2013년 봄으로 기억한다. 동대문구청이 주관한 협동조합 설명회에 강사로 나선 일이 있었다. 필자는 동대문구에 살고 있고, 소속법인도 같은 지자체에 소재해 있었다. 해당 구청의 관련 위원도 맡고 있었기에 일종의 프로보노(Pro Bono)[21] 형태의 강의였다. 협동조합 시행 초기였기 때문에 협동조합기본법에 대한 내용을 풀어주고, 사례를 설명하는 형식이었다. 법률을 최소 5번 읽으라는 이야기를 했다. 그 중에서도 7장 벌칙조항, 벌칙, 양벌조항, 과태료 부분을 면밀히 검토하라는 당부를 했다. 좋은 사업 하려다 자칫 잘못된 기록을 남길 수 있다며 쉽게 접근하지 말라는 내용을 전달했다. 그리고 핵심적으로 당부하고 전달하려는 메시지는 '협동조합을 쉽게 보지 말라'였다. 일종의 동업형태 사업구조를 가지고 있는데, 선생님은 동업에 대해서 고민해본 적이 있느냐를 물었다. 협동조합의 밝은 빛만을 보려고 하지, 이면적인 어두운 이야기는 외면하는 것은 아닌지를 반문해보라고 강요했다. 수업을 듣는 사람들의 입장에서는 대단히 부정적인 이야기만 하는 강사로 보였을 것이다. 물론 강의 초반의 부정적인 이야기를 지나 중반 이후부터는 왜 협동조합을 해야만 하는가, 협동조합을 통해서 우리가 할 일은 무엇인가, 협동조합 방식으로 가야만 미래를 꿈꿀 수 있다는 이야기 역시 전달한다.

간혹 성격이 급한 수강생 중에선 표정이 어두워져 손을 들고 질문 형식을 빌려 공격하는 사람까지 등장한다. 동대문구청 강연장에서도 그러한 사람이 나왔다. "협동조합이 얼마나 좋은데, 왜 부정적으로

---

21) '공공의 이익을 위한 무료봉사'라는 뜻으로, 라틴 문구인 '공익을 위하여(pro bono publico)'의 약어로 변호사가 소외계층에 대한 무료로 법률서비스를 제공하는 행위를 말한다. 최근에 프로보노의 의미는 확장되어 각 분야의 전문가가 공익을 위하여 자신의 전문적 지식.기술.경험 등을 기부하는 활동이나 사람을 뜻하기도 한다.(한경 경제용어사전, 한국경제신문/한경닷컴)

이야기하느냐"고 물어서, "강의를 다 듣고 판단하시는 것이 좋을 것 같다"고 했다. 질문한 A 씨는 필자를 잘 모르는 것 같지만, 필자는 그 사람을 잘 알고 있었다. 강의를 마치고 협동조합에 관심 있는 몇 분의 상담을 마치고 돌아왔다. 몇 일 뒤 해당 구청 관련자에게서 이야기를 들었다. 필자에게 질문한 A씨가 공무원에게 강사가 협동조합을 부정적으로 표현했다며, 무엇을 하는 사람이냐고 물었다는 것이다. 마을기업을 중심으로 나름 유명한 사람이라는 이야기를 듣더니 아무 소리 안 하시더란다.

이후 그 사람과의 인연은 같은 지역에서 사회적경제 관련 단체 회원으로서 만나게 된다. 그리고 시간이 흘러 2년 뒤인 2015년 초에 행사장에서 그 사람으로부터 솔직한 고백을 듣게 된다. "협동조합을 보니까 정말 동업하는 것 맞다. 말로만 떠들어서 될 일이 아닌 것 같다. 실행하려는 노력이 부족하다." 등등, 그동안 2년여 넘게 협동조합을 설립하고 진행하면서 다양한 경험을 한 모양이었다. 우리 사회에서 동업자적인 방식으로 협동조합을 설립하고 운영한다는 것이 그리 녹록하지 않은 삶의 현장이라는 것을 알았다는 것이다. 2년 전 그 강의장에서 들려준 필자의 이야기가 귓가에 맴돌았다고 한다. 그렇게 말했던 그 사람은 현재 협동조합계에서 나름 유명해졌다. 여전히 필자가 바라보는 협동조합의 정신으로서 희생과 헌신과 상대방을 배려하는 자세는 다소 부족해 보이지만, 그래도 선구적으로 실행하려는 열정은 높이 살만하다.

11. 사회적경제기업의 시작, 자활공동체

우리나라 자활사업은 1990년대 초 일부 지역에서 생산공동체 운동으로 시작되었다고 볼 수 있다. 그러나 일반 기업들이 생산한 제품과 단순경쟁하게 되면서 실패를 겪게 되었다. 이에 자활생산 공동체에는 사회적인 지원이 필요함을 역설하였고, 1995년에 국민복지기획단을 구성하기에 이르렀다. 1996년 빈민 지역에서 생산공동체 운동을 진행했던 성공회 '나눔의 집'을 중심으로, '자활지원센터'가 시범적으로 운영되었다. 1997년 외환위기로 공공성을 담보하면서 사회서비스를 제공할 수 있는 논의가 활발히 신행되었나. 이에 따라 자활지원센터는 특별취로사업 등을 시행하게 된다. 1998년부터 본격적으로 자활공동체 사업이 활성화되었다.

자활공동체 사업의 활성에 따라 1998년부터 국민기초생활보장법이 본격적으로 논의되었다. 1999년 9월 7일에 법률 제6024호로 제정되었고, 2000년 10월 1일부터 시행에 들어갔다. 2000년에 전국

20개에 불과했던 자활지원센터는 2005년부터 본격적으로 확대되었다. 이렇게 시작된 자활지원센터가 2016년 현재 기준으로 16개 지부 247개 지역자활센터가 운영되는 규모로 성장해 있다.

이러한 자활지원센터의 활약과 지원사업은 우리나라 사회적기업 육성법이 제정되는 데 상당한 영향을 미친 것으로 알려졌다. 자활지원사업은 우리 사회에 사회적기업이란 단어가 알려지지 않았을 때에 노동자협동조합, 제3섹터, 사회적협동조합 등의 이름으로 사용되어 왔다. 출발 자체가 협동조합 운동과 제3섹터형 일자리 창출을 지향하고 있으며, 지역의 자활지원센터의 활동가와 실업극복운동조직이 중심을 이루었다. 1998년 자활지원사업을 시범적으로 운영하면서 자연스럽게 자활정책연구회가 결성되었다. 현재의 자활기업은 자활공동체에서 변경된 사업명이고 이는 자활근로라는 큰 틀에서 사업조직으로 탄생한 탈빈곤화 정책의 일환이라 할 수 있다.

전국 247개 지역자활센터를 총괄하는 한국지역자활센터협회는 기존의 자활정책연구회의 기능을 그대로 유지하면서 자활정보센터를 운영하고 있다. 협회는 2005년에 정부의 사회적기업의 제도화에 적극 개입을 하였다. 2007년 7월 1일부터 시행된 사회적기업 육성법 제정에 큰 역할을 한 것이다. 우리나라 사회적기업의 정책의 핵심 또는 흐름에 있어 지역자활센터의 이념과 사업 및 활동이 그대로 스며들었다고 해도 과언이 아닐 정도다. 사회적기업의 참여와 조직화를 지역자활센터의 중요 방향으로 설정하고 진행한 것이다.

이러한 전략 방향은 사회적기업의 적극적인 참여를 통해서 나타났다. 2007년 7월 이후, 3년이 지난 2010년 7월 인증 사회적기업은 353개에 달했다. 이 중 자활공동체 또는 자활근로사업단에서 사회적기업으로 전환한 것이 약 22%인 78개에 달했다는 사실은 이를 입증하고 있다.

국민기초생활보장법 제18조는 자활기업의 사업자와 역할을 규정하고 있다.

국민기초생활 보장법

제18조(자활기업) ① 수급자 및 차상위자는 상호 협력하여 자활기업을 설립·운영할 수 있다.
② 자활기업은 조합 또는 「부가가치세법」상의 사업자로 한다.
③ 보장기관은 자활기업에게 직접 또는 제15조의2에 따른 중앙자활센터, 제15조의3에 따른 광역자활센터 및 제16조에 따른 지역자활센터를 통하여 다음 각 호의 지원을 할 수 있다.
　1. 자활을 위한 사업자금 융자
　2. 국유지·공유지 우선 임대
　3. 국가나 지방자치단체가 실시하는 사업의 우선 위탁
　4. 국가나 지방자치단체의 조달구매 시 자활기업 생산품의 우선 구매
　5. 그 밖에 수급자의 자활촉진을 위한 각종 사업
④ 그 밖에 자활기업의 설립·운영 및 지원에 필요한 사항은 보건복지부령으로 정한다.

자활지원사업은 본인의 욕구 및 근로능력 정도에 따라 이윤창출을 통한 경제적 자립을 지향하는 시장진입형 사업과 무료 간병인 등 공익증진을 위한 사회적 서비스형 사업으로 구분을 하고 있다. 사업의 참여자들에게 일정이 기술능력과 자신감을 고취시켜 본인 스스로 안정적인 자립기반을 마련할 수 있도록 지원하는 것이다.

자활근로사업[22]은 국민기초생활보장법에 의한 저소득층에게 자활을 위한 근로의 기회를 제공하여 자활기반을 조성하는 사업이다. 공공근로사업처럼 한시적이고 느슨한 일자리 제공에서 한 걸음 더

---

22) (사)한국지역자활센터협회, http://www.jahwal.or.kr/intro/intro01.asp

나아간 일자리사업이다. 즉 저소득층의 자활촉진을 위한 공동체 창업 등을 위한 기초능력배양에 중점을 두고 있다. 이러한 자활근로사업 유형으로는 지자체가 주로 운영하는 근로 유지형과 인턴 형이 있고, 지역자활센터가 주로 운영하는 사회 서비스형과 시장 진입형 자활근로사업이 있다.

근로 유지형 자활사업은 현재의 근로능력 및 자활의지를 유지하면서 향후 상위 자활사업 참여를 준비하는 형태의 사업이다. 전체 자활근로사업 규모의 20%미만으로 유지하고 있다. 근로 유지형 자활근로사업 참여자를 근로능력 정도에 따라 유형화하여 참여자 특성에 맞는 사업을 발굴하고 진행하고 있다.

반면 사회서비스형 자활사업은 사회적으로 유용한 일자리 제공으로 참여자의 자활능력 개발과 의지를 고취하여 향후 시장진입을 준비하는 사업이다. 매출액이 총 사업비의 10% 이상 발생하여야 한다. 대상사업은 공익성이 있는 사회적으로 유용한 일자리 분야의 사업을 선정하여 추진하되, 향후 시장진입 가능성을 고려하여 추진해야 한다.

인턴·도우미형 자활사업은 지자체, 지역자활센터, 사회복지시설 및 일반기업체 등에서 자활사업대상자가 자활인턴사원으로 근로를 하는 형태이다. 해당 대상지에서 기술과 경력을 쌓은 후 취업을 통한 자활을 도모하는 취업 유도형 자활근로 사업인 것이다.

시장진입형 자활사업은 일정 기간 내에 자활기업 창업을 통한 시장진입을 지향하는 사업단 사업형태다. 시장진입 가능성이 높고 자활기업 창업이 용이한 사업이다. 매출액이 총 투입예산의 30% 이상 발생해야 한다. 이러한 시장진입형 자활사업에서 분리, 운영되는 형태가 자활기업이다. 자활기업은 2인 이상의 수급자 및 저소득층이 상호 협력하여, 조합 또는 공동사업자의 형태로 탈빈곤을 위해 자활사업을 운영하는 업체다. 2012년 8월부터 자활공동체에서 자활기업으로 명칭이 변경되었다. 자활기업의 성립요건을 2인 이상 사업자에서 1인 이상으로 기준을 완화하였다. 창업의 의지와 아이템만 있으면 자활기업으로 진입을 쉽게 해놓은 것이다. 그러나 1인 창업의 이면에는 회사로써 기본적으로 처리해야 하는 행정과 세무업무를 기존 지역자활센터 등에서 돌봐주지 않으면 안 된다는 어려운 환경이 놓여 있다.

자활기업의 구체적 성립요건을 살펴보면 다음과 같다. 자활기업으로 인정받기 위해서는 자활공동체 구성원 중 기초수급자가 1/3 이상이어야 한다. 모든 구성원에 대해 70만 원 이상의 배분이 가능하여야 한다. 자활기업은 지자체로부터 기본 6개월간의 인건비 지원, 구매 지원, 사업자금 융자 지원, 지자체 사업의 우선위탁 등의 지원을 받을 수 있다. 이러한 자활근로의 경험을 거쳐 일정 정도의 경험 축적과 창업자금 마련을 기반으로 참여자들 스스로 자립의 기틀을 만들어 운영하는 업체로 탈빈곤을 지향하고 있다. 이렇게 대한민국 사회적경제 분야는 자활공동체 사업을 기점으로 다양한 프로그램을 통해 성장하고 있는 중이다.

3장

국민과 같은 생각,
눈높이를 맞춰라

1. 공공근로 한계극복, 사회적일자리 사업시행

　　1997년 외환위기 이후 정부는 대량실업 사태에 따른 대응방안의
일환으로 공공근로사업[23]을 시행하였다. 이는 경제위기에 따른 저
소득 실업자들에게 정부가 일시적인 일자리를 제공하는 정책이다.
즉 저소득 근로자에게 최소한의 생계보장 일자리 제공하여 실업자
를 구제하는 사업이다. 성인으로서 장기적인 실업상태에 있거나 소
득이 불분명한 일용근로자, 노숙자, 재산 보유액이 일정기준 이하인
사람 등이 참여할 수 있다. 단, 실업급여를 받고 있거나 국민기초생
활보장법상 수급자 신분은 참여가 제한되어 있다. 이러한 공공근로
사업은 단순 취로사업의 한계를 벗어나지 못했다. 일회성 동원방식
이나 일당제 개념에 따라 지속가능성이 보장되지 못했다. 공공근로
사업에 참여하는 사람들의 자립심을 육성시키기보다는 행정에 대한

---

23) 공공근로사업(公共勤勞事業, The Public Laboring Project)은 실직자 및 노숙자 등 저소득취약계
　　층을 위한 재취업의 기회를 제공하고자 시행하고 있는 실업 대책 사업의 하나이다. [위키백과]

의존성 심화를 가져온 것이다.

이러한 문제의식에 따라 정부는 스스로 자립할 수 있는 제도적 장치 마련에 나섰다. 2000년 10월, 국민기초생활보장법의 시행에 따라 근로능력이 있는 저소득층이 스스로 자활할 수 있도록 자립능력을 고취하고 기능습득 지원 및 근로 활동의 기회를 제공하는 사업이 전개되었다. 자활근로사업, 돌봄사회서비스 바우처, 자활기업 등 다양한 사업명으로 시행되었다.

2000년부터 시작된 자활공동체 사업은 2012년 8월에 자활기업으로 명칭이 변경되었다. 2007년 7월에는 사회적기업 육성법 시행으로 사회적기업이 등장했다. 하지만 자활공동체사업과 사회적기업이 본격적으로 활성화되기 시작한 것은 2010년이라 할 수 있다. 공공근로사업의 한계를 극복하고 주민역량 강화전략의 일환으로 사회적일자리 사업이 시행된 것이다.

이명박정부에서도 가장 큰 사회적 이슈는 일자리 창출이었다. 4대강 사업 등 토목방식의 일자리 창출이 원활하지 않은 상황이었다. 2010년 2월에 부처별 사회적일자리 사업이 시작되었다. 당시 지식경제부의 커뮤니티비즈니스 시범사업을 시작으로 안전행정부(현 행정자치부)의 자립형 지역공동체 시범사업(현 마을기업), 농림수산식품부의 농어촌공동체회사(현 농촌공동체회사)가 첫발을 내디뎠다. 사회적기업이란 명칭은 고용노동부가 인정하는 7가지 조건을 구비하고 심사에 통과한 기업만이 사용할 수 있다. 하지만 사회적기업 육성법에도 명시하지 않은 (예비)사회적기업이라는 제도가 등장했다. 중앙부처뿐만 아니라 광역과 기초 지방자치단체에서 자체 부담금으로 제도시행에 들어갔다. 예를 들어 서울형 (예비)사회적기업,

마포형 (예비)사회적기업 등의 방식으로 확대되었다.

커뮤니티비즈니스 시범사업은 1년도 채우지 못하고 사업이 중단되었다. 일방적인 사업 중단은 수많은 논란거리를 낳았다. 자립형 지역공동체 시범사업은 시행 6개월 만에 마을기업으로 명칭을 변경하고 본격적인 사업에 나섰다. 농어촌공동체회사는 어촌지역을 제외한 농촌공동체회사로 명칭을 변경했다. 2012년 12월에 협동조합기본법에 의한 협동조합이 시행되었다. 이렇게 협동조합을 마지막으로 자활기업, 사회적기업, 마을기업, 농촌공동체회사, 협동조합을 사회적경제기업의 대표적인 독수리 5형제라 일컫고 있다. 농촌공동체회사는 서울특별시를 비롯한 광역시 단위에서의 사업은 없다. 경기도와 강원도를 비롯한 도 단위의 지역에서만 사업을 시행하다보니 지역에 따라서는 제외되는 경우가 있다. 대표적인 사회적경제분야의 3대기업은 사회적기업, 마을기업, 협동조합을 지칭하는 경우가 많다.

각 사업별 시행 시기는 자활기업은 2000년, 사회적기업 2007년, 마을기업 2010년, 농촌공동체회사 2010년, 협동조합 2012년이다. (예비)사회적기업도 2010년부터 시행되었다. 짧게는 4년에서부터 16년 동안의 세월에 꾸준한 양적 성장을 해왔다. 하지만 여전히 질적 성장을 담보하지 못하는 한계를 보이고 있다.

이는 사회적경제기업의 핵심 주요사업 방식이 저소득 주민의 자활을 지원하기 위한 복지적 접근방식에서 비롯되었다고 해도 과언이 아니다. 대한민국 사회적경제 분야의 주축그룹이 자활공동체 사업을 경험한 관련 활동가 등이다. 이러한 맥락과 연장 선상에서의 사업진출 아이템은 그 한계를 보이고 있다. 카페 운영, 도시락 판매, 건물관리와 청소, 주거환경 개선, 택배, 자원재활용 등이 많다. 사회적기업, 마을기업 등으로 이어가면서 육아 돌봄, 1차와 2차 농산물 판매, 의류 리폼 등으로 확대되었다. 대부분 소량 다품종 형태의 사업군 진출이다. 협동조합을 제외한 보조금 사업의 지원비용 제약이 걸림돌이다. 사업내용의 다양성 추구와 자체적인 자금조달의 어려움도 한몫을 하고 있다. 결론적으로 사업을 이야기하면서도 규모의 경제를 시행하기 어려운 저비용 소규모 체제로 대응하고 있는 것이다. 동시에 제한적 아이템과 전문인력 부족을 극복하지 못하는 상황에서 버티고 있는 현실과 아쉬움이 있다.

<표 8> 사회적경제기업의 법률 제정 현황

사회적경제기업 근거법률	사회적경제기업 종류	주관부처
「국민기초생활보장법」	제18조에 따른 자활기업	보건복지부
「사회적기업 육성법」	제2조제1호에 따른 사회적기업	고용노동부
「마을기업 육성사업 시행지침」	시행지침 마을기업의 정의	행정자치부
「농어업인의 삶의 질 향상 및 농어촌지역 개발촉진에 관한 특별법」	제19조제3호에 따라 재정지원 등을 받는 법인, 조합, 회사, 농어업법인, 단체(농촌공동체회사)	농림축산식품부
「협동조합 기본법」	제2조에 따른 협동조합, 협동조합연합회, 사회적협동조합, 사회적협동조합연합회	기획재정부
「도시재생 활성화 및 지원에 관한 특별법」	제2조제1항제9호에 따른 마을기업	국토교통부

사회적경제기업의 독수리 5형제 중 관련 근거법률이 애매한 분야는 마을기업이다. 국민기초생활보장법에 의한 자활기업, 사회적기업 육성법에 의한 사회적기업, 농어업인의 삶의 질 향상 및 농어촌지역 개발촉진에 관한 특별법에 의한 농촌공동체회사, 협동조합기본법에 의한 협동조합은 각 근거법률에 의해 운영되고 있다.

반면, 2010년 하반기부터 시행된 마을기업은 행정자치부의 마을기업 육성사업 시행지침에 근거하여 시행되고 있다. 유일하게 기본법 없이 운영되고 있는 것이다. 그런데 19대 국회에서 사회적경제기본법(안)을 발의한 여야 국회의원의 법안을 살펴보면 마을기업의 근거법률을 국토해양부의 도시재생 활성화 및 지원에 관한 특별법(이하 도시재생법)으로 규정하고 있다. 아마도 육성사업 시행지침보다는 마을기업이란 제목으로 법적 근거를 하고 있는 것을 적용하다보니 그랬을 것이라 추측한다.

하지만 도시재생법에서 말하는 마을기업은 행정자치부의 마을기업 전체를 대변할 수 없는 구조적 문제가 있다. 즉 생활환경개선 사업을 하는 도시재생사업 분야에 국한하여 그 정의를 내리고 있기 때문이다. 1,400여 개의 마을기업 중 도시재생법에서 말하는 마을기업의 적용 숫자는 10개도 되지 못하기 때문이다. 일종의 특정 분야에 적용되는 특별법이다. 마을기업 전체를 아우르지 못하는 법이다. 농업협동조합법 등 8개 개별법으로 제정된 협동조합과 협동조합기본법에 의해 설립된 협동조합과 차별을 두는 것과 같은 맥락으로 이해하면 된다.

국토교통부에서 도시재생법 제2조제9항 「마을기업」이란 "지역주민 또는 단체가 해당 지역의 인력, 향토, 문화, 자연자원 등 각종 자원을 활용하여 생활환경을 개선하고 지역공동체를 활성화하며 소득 및 일자리를 창출하기 위하여 운영하는 기업"을 말한다.

반면 행정자치부의 2016년 마을기업 육성사업 시행지침에 의하면, 「마을기업」이란 "지역주민이 각종 지역자원을 활용한 수익사업을 통해 공동의 지역문제를 해결하고, 소득 및 일자리를 창출하여 지역공동체 이익을 효과적으로 실현하기 위해 설립·운영하는 마을

단위의 기업"을 말한다.

국토교통부의 도시재생법과 행정자치부의 마을기업 시행지침의 차이는 인테리어, 주택개량 등 생활환경을 개선하는 사업만을 적용하느냐, 전체 지역자원을 활용한 아이템 제한이 없느냐다. 행정자치부의 마을기업은 지역공동체 회복과 지역경제 활성화를 위해서라면 그 어떤 사업영역이라도 참여할 수 있다.

국토교통부 도시재생 활성화 및 지원에 관한 특별법	지역주민 또는 단체가 해당 지역의 인력, 향토, 문화, 자연자원 등 각종 자원을 활용하여 생활환경을 개선하고 지역공동체를 활성화하며 소득 및 일자리를 창출하기 위하여 운영하는 기업
행정자치부 마을기업 육성사업 시행지침	지역주민이 각종 지역자원을 활용한 수익사업을 통해 공동의 지역문제를 해결하고, 소득 및 일자리를 창출하여 지역공동체 이익을 효과적으로 실현하기 위해 설립·운영하는 마을단위의 기업

이러한 확실한 차이가 있음에도 불구하고 19대 국회에 이어 20대 국회에 제출된 여야의 사회적경제기본법(안)에서 마을기업은 여전히 국토교통부의 도시재생법을 법률근거로 제시하고 있다. 사회적경제기본법 제정에 마을기업 관련 협회를 비롯한 행정자치부는 부정적인 의견을 제시했다. 기존 사회적경제기업들을 위한 근거법률이 마련되어 있는 상황에서 통합적인 법률안 필요성을 느끼지 못했기 때문이다. 사회적경제기본법은 사회적기업 또는 사회적협동조합만을 위한 법률(안)이라 판단했다. 법률 제정을 위한 논의과정에서도 마을기업이나 농촌공동체회사들의 의견은 도외시되거나 논의구조에 포함되지도 않았다. 해당 전문가도 없다.

이러한 배경에는 2011년과 2012년 사회적기업이 마을기업을 흡수 통합하려는 시도가 무산된 환경이 작용한다고 생각한다. 실제로 그 당시 청와대 담당자가 마을기업과 사회적기업의 지원기관을 통합적으로 운영하라는 내용으로 권고까지 할 정도였다. 표면적으로는 통합운영이 효율적이라는 내용이었으나, 결과는 마을기업 대표자들의 대규모 민원에 직면하여 다시 분리 운영된 것이다.

2. 사회적경제기본법 제정위한
   두 가지 쟁점

사회적경제기본법은 지난 19대 국회에서 당시 새누리당 유승민의원, 새정치민주연합 신계륜의원, 정의당 박원석 의원이 발의했다. 사회적경제기본법을 둘러싸고 기존 시장경제에 역행한다고 보는 견해와 대안경제로서 역할을 할 수 있다는 논리가 정면충돌하면서 결국 법 제정에 이르지 못했다. 20대 국회가 들어서면서 더불어민주당 윤호중의원과 바른정당 유승민의원이 기본법 발의를 했다. 하지만 사회적경제기본법에 대한 집중도가 느슨해지고 관심과 동력이 많이 저하된 상태다. 기본법 찬성을 하는 단체에서조차 군더더기 내용 등은 제거하고 기본적인 내용만을 가지고 법제정에 나서자는 의견도 등장했다. 법을 제정하는 단계에서 너무 많은 내용들이 논란이 되고 여야 간에 견해 차이의 극명함으로 인해 제정이 늦어지거나 어렵다고 본 것이다.

필자는 사회적경제기본법 제정에 있어 가장 큰 문제점은 두 가지

쟁점으로 보고 있다. 첫째는 사회적경제와 사회적경제기업의 범위의 선명성이다. 사회적경제기본법에서 사회적경제조직은 주식회사 등 상법체계 이외 대부분의 조직을 담고 있다. 사회적경제기업의 범위로 독수리 5형제로 불리는 자활기업, 사회적기업, 마을기업, 농촌공동체회사, 협동조합 이외 농업협동조합, 중소기업협동조합 등 8개 개별법상의 조직을 포함하고 있다. 여기에 (예비)사회적기업, 관련된 단체 및 조직 등까지 포함한 포괄적인 조직으로 그 범위를 확대하고 있다.

사회적경제기업의 핵심은 인적자본의 신뢰와 상호내부거래를 통한 자립적인 경제활동을 기반으로 하는 것이다. 동시에 사회적 약자들을 보호하기 위한 가치활동을 하기 때문에 일정의 국가보조금 제도가 가동되는 것이다. 물론 협동조합기본법 상의 협동조합은 보조금 사업방식이 아닌 법인격 부여를 하는 시스템이다.

그렇다면 상법상의 주식회사들은 사회적 약자를 보호하는 활동을 하지 않는가? 장애인을 고용하고 취약계층에 대한 배려를 전혀 하지 않는가? 주식회사는 독자적으로만 운영하는가? 같은 기업끼리 협회도 만들고 단체도 결성하여 공동대응 방식은 하지 않는가? 주식회사는 우리 사회에 존재해서는 안 되는 기업 시스템인가? 등등에 대한 질문이 쏟아진다. 주식회사도 협동조합, 사회적기업, 마을기업, 자활기업, 농촌공동체회사 등과 유사한 형태의 조직활동을 한다. 출발시점에서 풍부한 자금력, 우수한 인재, 탁월한 아이템과 네트워크, 기술력 등을 보유하고 시작하는가 등의 차이가 있을 뿐이다.

정책의 효과성을 담보하거나 효율적 운영을 통한 산출 내지는 성과를 내기 위해서는 메시지가 단순해야 한다. 막강한 자본력과 기술,

인적자원 등을 가진 기존 시장경제와 대비하여 열악한 체제로 시작하면서 사회적 가치와 지역공동체 회복을 꿈꾸며, 자주성과 자립심을 통해 협동정신을 이어나가는 기업과는 차별화가 있어야 한다. 기존 시스템으로는 따라갈 수 없는 가치실현을 하는 집단이기에 그 역할에 대한 보답으로 정책자금을 지원하는 것이다. 정부가 다 처리할 수 없는 복지환경을 채워주는 기능에 대한 보조금 운영방식이다. 이러한 내용이 공유되고 알려졌기에 조금 더 체계적으로 사회적경제를 운영하려는 법을 제정하려는 것이다.

그런데 작은 단위의 기업들을 위한 제도적 보완을 하려는 법 테두리 안에 이질성 있는 큰 규모의 집단을 포함시키려는 의도에 문제를 제기할 수 있다. 나램 그 세계에서 공룡급으로 분류되는 농업협동조합, 새마을금고 등과 함께 보호하자고 하면 국민적 시각에서 어떻게 받아들일까 라는 생각을 하지 못하는 것 같다. 이러한 대규모 집단까지도 사회적경제기업으로 분류하고 생태계를 지원하는 사회적경제기본법을 만들자고 호소한들 감동이 있을 수가 없다.

다음으로 공공기관 우선구매 조항의 선별적 적용도 문제를 제기할 수 있다. 사회적경제기본법(안)에는 자활기업 등 독수리 5형제 이외 (예비)사회적기업과 8개 개별법에 따른 협동조합까지 포함시키고 있다. 모두 같은 사회적경제 범위 안에 있으며 동일한 기업이라 말하고 있다. 사회적경제기업으로 분류된 모든 기업 및 단체는 한 목소리를 내야하고 상호 협력해야 한다고 적어놓고 있다. 형제이며 자매 같은 기업이라고 목소리를 내고 있다.

그런데 그 법(안)의 혜택 부분에서는 분리하고 차별화하려는 칸막이가 존재하고 있다. 동질성을 갖춘 단체로 포장은 했는데, 내용물에서 있어서는 따로 포장을 하려는 것이다. 어떤 내용은 금박 포장을 하려고 하고, 나머지는 포장지 없이 빈껍데기 자체로 시장에 내놓으려는 것이다. 19대 국회에 이어 20대 국회에 발의된 여야 모두의 사회적경제기본법(안)에는 공공기관 우선구매 조항이라는 것이 있다. 정부 및 지자체, 공공기관에서 사회적경제기업이 생산하는 재화와 서비스를 일정 부분 우선적으로 구매해야 한다는 것이다. 이 내용이 법안의 가장 핵심일 수도 있다. 일부에서는 시장경제에 역행하는 제안이라는 비판을 한다. 시장 질서를 무너뜨리는 시도이며 반시장적 요소가 포함되어 있다고 주장하기까지 한다.

이러한 비판을 받는 내용인데도 열거된 수많은 사회적경제기업들에서 그 혜택을 누릴 수 있는 기업은 고용노동부로부터 인증 받은 사회적기업과 사회적협동조합 법인격을 인가받은 기업뿐이다. (예비)사회적기업도, 마을기업도 해당되지 않으며, 협동조합기본법상의 일반 협동조합도 적용대상이 아니다. 8개 개별법에 의한 협동조합은 말할 필요조차 없다.

사회적경제기본법(안)상의 유형으로 제시하는 사회적경제기업은 스스로 다르다고 말하고 있는 것이다. 우리 자본주의 시장경제의 폐해와 정부와 시장실패를 보완하는 수준을 넘어 대안으로서 그것을 극복할 수 있는 사회적경제기업이라는 주장이 무색하다. 저소득계층의 자립과 일자리 창출을 도모하고 지역공동체를 회복하며, 농어촌의 균형 있는 발전을 계획하며, 자주·자립·자치를 추구하고 사회적 가치실현을 하는 사회적경제기업이라는 구호가 민망할 정도다. 동일한 목표를 추구하는 기업들이기에 다 함께 모이자고 해놓고 막상 혜택을 받을 수 있는 구조는 선별적용을 한다.

현장 강의에서 이러한 이야기를 들려주면 당황하는 기색이 역력하다. 대부분 사회적경제 기본법이 만들어져야 사회적경제기업들이 활로가 열리는 것으로 착각 내지는 오해를 하고 있다. 정확한 정보 전달이 되지 못하고, 세부적인 내용이 공유되지 못하고 있다.

인증 사회적기업과 사회적협동조합만이 우리 사회에서 사회적 가치를 실현하고 있기에 그 두 개 기업에게만 공공기관 우선구매 조항을 적용해야 하는 가에 대한 분석이 필요하다. 고용노동부로부터 7가지 조건을 구비하고 인증된 사회적기업은 직접 지원 3년, 간접 지원 5년 동안 다양한 혜택을 보고 있다. 기존에는 상법상 주식회사가 대부분을 차지하고 있었다. 인증 받은 지 5년이 넘어가게 되면서 그 혜택은 현저히 감소할 수밖에 없다. 그런데 법인격을 상법상 주식회사에서 사회적협동조합으로 변경하게 되면 그 혜택은 영원히 지속될 수가 있다. 물론 사회적협동조합 법인격을 획득하기 위해서는 해당 부처의 인가를 받아야 된다. 그럼에도 불구하고 주식회사 법인격을 가지고 있던 사회적기업이 혜택만료 시점에 사회적협동조합으로 법인격을 바꾸었다면 기존 혜택이 그대로 유지된다. 즉 공공기관 우선구매 조항으로 사업을 쉽게 편히 할 수 있는 시스템이 된다는 것이다. 현재 발의된 사회적경제기본법(안)이 원안 그대로 통과되면 가능한 이야기다. 사회적기업으로 인증 받을 정도로 사회적 가치를 실현하는 수준이면 사회적협동조합으로의 법인격 변경도 어렵지 않다. 협동조합 시행 초기에는 타 법인격에서 협동조합 법인격으로 변경을 시행 2년까지 정했다. 하지만 국회에서 2번에 걸쳐, 그 변경시기를 매년 연장해왔다.

인증을 받은 사회적기업은 (예비)사회적기업에 비해 안정적으로 사업을 운영하고 있다. 열악한 마을기업과 농촌공동체회사보다도 지속가능성이 보인다. 1인 중심의 자활기업과는 비교도 할 수가 없다. 1만 개가 넘어가는 협동조합에서 실제로 운영하는 일반 협동조합의 수는 극히 미미하다. 대부분의 사회적경제기업의 현실은 인증 사회적기업보다 어두운 편이다. 오히려 더 열악한 다른 사회적경제기업들의 지속가능성과 성장을 도모하기 위한 일환으로 제도적 뒷받침을 해줘야 한다. 같은 형제라 말하면서 실질적인 혜택을 더 가져가려 한다는 사실 자체만을 본다면 대단히 정치적인 행위라 비판받을 수 있다. 이러한 분리적인 정책을 추구하는 상황에서 단일화된 의견을 수렴하고 동일한 목소리를 내자고 주장하는 주도적 집단은 힘을 받기 어렵다. 마을기업 등 관련 단체에서는 이런 사실을 지적하며 비판하고 있는 것이다.

이상과 같이 사회적경제기업의 동질성이 확보되지 못하고 공공기관 우선구매 조항에 있어 차별하는 내용으로는 내부적 동력을 모으기 어렵다. 외부적으로 기존 시장시스템에 반하는 구조라고 비판을 받고 있는 상황에서 일치된 목소리를 내기 어려운 법 내용이라면 그 한계는 명확할 것이다.

3. 사회적경제 성장을
   저해하는 원인

현재 5가지 유형의 사회적경제기업 수는 약 1만 5천여 개에 달하고 있다. 이중 협동조합이 1만 5백 개를 넘어섰다. 지난 2016년 9월 20일자로 설립필증을 교부받은 1만 번째 협동조합이 탄생했다. 그러나 협동조합에 대한 언론의 시각은 그리 호의적이지 않다. 초창기에 새로운 경제시스템의 대안으로까지 칭송했던 언론매체가 부정적으로 변하기 시작한 것이다. '무늬만 기업인가, 활동하지 않는 휴먼 기업'의 문제점을 지적한다. 심지어 일부 언론에서는 '좀비기업'이라는 극단적인 표현까지 사용했다. 2012년 12월에 '자본주의 4.0'을 말하며 공유경제를 이야기하고, 대안경제의 해법으로 등장한 협동조합이라는 메시지 전달에 실패한 것이다. 정확히 말하면 메시지는 분명했으나, 실행력이 뒷받침되지 못했다고 표현하는 것이 맞을 것이다. 협동조합이라는 새로운 시스템에 관심을 가지고 법인설립에 나섰으나, 현실은 녹록하지 않았다는 것이다. 상당수의 협동조합이 나아가야 할 방향을 찾지 못하고 있다. 방향은 알고 있으나, 동력이 부족하다. 동력을 끌어모을 수단과 방법을 찾지 못하고 있다. 근원적인 고민에 봉착하고 있다. 망설이고 살펴보고 기다리는 시간이 늘어만 간다. 오리무중(五里霧中)에 빠진 협동조합이 많아졌다.

이러한 현상의 배경에는 협동조합을 설립하면 다른 사회적경제기업처럼 일정 부분 보조금이 나올 것으로 기대하고 있다는 데에서 시작한다. 일부 광역지방자치단체에서 협동조합에 대한 직·간접적인 지원을 함으로써 이러한 오해와 기대가 더욱 확대되었다. A 지자체는 선착순으로 50개까지 설립된 협동조합에 1천5백만 원씩 지원을 해줬다. B 지자체는 마을기업 선정 시 가산점을 줬다. C 지자체는 공공기관 우선구매 대상에 포함시켰다. 여기에 중소기업청이 시행하는 협업화사업에 참여하면 1억 원까지 지원받을 수 있는 내용 등이 협동조합을 하려는 사람들의 관심을 끌기에 충분했다. 초기부터 자주적이고 자립적이며 협동정신으로 조합원의 권리와 이익을 추구하는 방식으로 가지 못한 것이다. 협동조합의 근본이념은 보이지 않고 단순히 정부의 보조금 사업의 일환으로 취급당했으며, 그렇게 오해받으며 양적 성장을 해온 것이다. 설립 숫자만 증가했을 뿐 실질적인 성장세를 갖추지 못했다.

사회적경제 분야의 키워드는 진화 과정을 거치면서 계속 성장했다. 민간 단위의 빈민극복운동은 행정의 공공근로 사업이 시작되도록 만드는 견인 역할을 하였다. 실업해소와 취약계층의 자립심을 육성하는 차원에서 자활공동체가 활성화되었다. 자활공동체사업은 자활기업으로 변경되었다. 현재 사회적경제 분야의 관련 조직과 기업 등에서 주도적인 역할을 하고 있는 주축은 자활공동체사업을 경험했던 사람들이라고 해도 과언이 아니다. 이들이 사회적기업, 마을기업, 협동조합 뿐만 아니라 지역공동체사업에까지 다양한 형태로 참여하고 있다.

이러한 조직구조 형태는 순기능과 역기능을 동시에 내포하고 있다. 동질성을 가지고 있는 집단은 전략수립과 사업추진에 집중할 수 있는 장점이 있다. 획일화된 지향목표는 사업의 속도감을 줄 수 있고, 성과달성에도 유리하다. 생각의 공유를 위해 노력을 하는 시간이 불필요하다. 즉 관련 집단 관계자들을 설득하거나 생각을 돌려놓는 노력이 그다지 필요하지 않다.

반면, 동일한 경험과 행동을 같이하려는 집단의 가장 큰 단점은 폐쇄적이라는 것이다. 단순한 칸막이 수준이 아니다. 벽돌을 겹겹이 쌓아 담을 만든다. 어지간해서는 무너지지 않을 정도로 튼튼하다. 생각이 조금이라도 다른 사람이 들어오면 적극적으로 밀어내려 한다. 쉽게 자리를 내어주려고 하지 않는다. 때에 따라서는 언어폭력이 직·간접적으로 이루어진다.

이러한 현상에 대해 일부에서는 자신감의 결여가 가져오는 극단적인 현상이라고 치부하기까지 한다. 지금까지 아무런 문제없이 잘해왔다고 자위한다. 큰 호수이든 작은 연못이든 물고기가 번식하고 살아가는 데 있어 문제 되지 않았다고 자부한다. 내부자는 그 물이 흐려지거나 썩어갈지도 모른다는 생각을 하려고 하지 않는다. 타인의 이야기를 관심 있게 들으려고 하지 않는다. 애써 외면하고 있는지도 모른다.

이러한 환경과 분위기가 사회적경제 분야의 성장을 지체시키거나 저해하는 원인이 되고 있다. 2000년부터 시작된 자활사업들, 2007

년 7월 사회적기업 시행 이후 2009년까지도 동일한 경험을 가지고 있는 그룹의 무대였다. 일반 국민적 관심이나 해당 유사한 관련 전문가의 이목을 끌지 못했다. 행정에 있어서도 민간에 있어서도 다양한 복지정책 사업의 한 유형으로 인식되었기 때문이다. 내부적 상황을 모르니 외부에서 적극적 참여와 관심의 정도는 한계가 있었다.

이런 흐름이 무너진 것은 2010년에 들어서면서다. 지난 정부에서 사회적일자리 사업의 일환으로 몇 개 부처가 복지정책 프로그램을 내놓기 시작하면서다. 현 정부에 들어서도 이런 일자리 창출의 확대는 지속되고 있다. 2010년 마을기업과 농촌공동체회사, 커뮤니티비즈니스 시범사업 등이 봇물터지듯 쏟아지기 시작했다. 사회적기업조차도 (예비)사회적기업이라는 명으로 확대되었다. 일부 부처에서 복지정책 사업으로 진행되었던 사업들이 각 부처로 퍼져나갔다.

2010년에 관련 사업들이 확대되면서 자연스럽게 각 분야의 전문가와 활동가들이 나타나게 되었다. 기존 공동체 관련 활동을 했거나, 시민사회단체 경험을 했거나, 소비자생활협동조합 관련 단체, 신용협동조합에서 활동했던 이들 등 역량 있는 다양한 인재들이 활동하기 시작했다. 여기에 학계에서는 기존 사회복지학 중심에서 경영학, 행정학, 공학 계열의 참여가 두드러졌다. 경영과 조직 컨설팅 기관의 참여도 많아졌다. 시간이 흐르면서 관련 사업을 경험한 활동가들이 해당 분야의 전문가로 성장하기도 했다. 이처럼 다양한 지식과 경험을 가진 새로운 인재들이 속속 사회적경제 분야에 참여하기 시작했다.

사회적경제 조직과 기업의 성장과 맞물려 자연스럽게 관련 전문가 및 활동가들이 꾸준히 증가했다. 사회적경제기업별로 협의체들이 속속 만들어지고 전국조직에 이어 17개 광역시도 단위의 조직도 꾸려졌다. 유형에 따라서는 기초지자체별로 협의회가 만들어지는 경우도 생겨났다. 조직단체가 많아지면 많아질수록 양적인 성장을 가져오지만, 수요를 뛰어넘는 공급체계가 된다. 적정한 공급이 이루어져야 하는데, 과도한 공급인력이 넘친다. 수요와 공급체계의 불균형이 일어나면 시장의 건전성에 빨간 불이 들어온다. 건강한 사회적경제 분야의 성장에 걸림돌로 작용할 수 있다.

시장의 규모는 한정되어 있는데, 적정의 이익과 권리를 누려야 하는 기업과 전문가와 활동가 사이에 충돌이 일어나기 시작한다. 영역보전에 대한 충돌은 기본이고 지역별, 사회적경제 유형별, 사업형태별로 칸막이가 생기기 시작한다. 여기에 도시 재생을 근간으로 하는 마을공동체 활동가와의 자리다툼이 확대된다. 사람 중심의 공동체를 이야기하고 신뢰와 협동을 토대로 사회적 가치를 실현하고자 하는 목소리가 공허하게 들린다. 뭉쳐야 자본주의 폐해를 막아내고 새로운 대안 경제로 갈 수 있다고 말하지만, 내부적으로는 실행하지 못하며, 공유하지도 않는다. 상부상조하는 행동이 많지 않고 각자의 우수성과 장점만을 이야기한다. 공유경제를 말하면서 공유하거나 협력하지 못하는 사회적경제기업 관련 전문가와 활동가들의 현 모습이다.

4. 사회적경제기업,
   독수리 5형제의 명확성

   사회적기업과 마을기업 등 사회적경제기업은 초기에 사회적경제
분야로 분류되어 불려졌다. 이후 사회적경제조직 또는 당사자조직이
란 단어로 사용되다가 사회적경제기업법(안) 제정시도 즈음하여 사
회적경제기업으로 불리기 시작했다. 자본경제와 다르다는 것을 말하
려다 보니 사회적경제분야라는 단어를 의도적으로 사용했던 것 같
다. 포괄하는 범위의 광범함과 규정의 선을 확실히 해야 한다는 지
적에 따라 두 번째로 사회적경제조직이란 단어가 사용되었다.

   그런데 사회적경제조직에는 기업형대도 있지만 중간지원조직, 후
원조직, 관련 단체 등까지 포함된다. 어디까지를 사회적경제조직으
로 할 것인지에 대한 논의가 있었다. 세를 과시하고 동질성을 의도
적으로 내포하고 표현하려는 입장에서는 조직이란 단어를 사용하려
고 한다. 정책의 분명함과 일관성을 유지하려는 입장에서는 수단의
정리가 필요하기 때문에 정확성을 규정해야 한다고 말한다. 필자의

경우 후자의 입장을 지지한다. 애매하고 불투명한 다양한 조직들을 묶어서 표현하면서 이를 위한 정책적 지원을 해달라고 하면, 공급자 입장에서는 당황스럽다. 정책집행에는 각 예산항목에 부합하는 사업만 가능하다. 이것도 포함되고 저것도 포함되는 정책자금은 그리 흔치 않기 때문이다. 투입되는 세금은 반드시 진행 과정 이후 산출을 따지게 되고 환경에 따라서는 그 성과도 요구한다. 필자는 처음부터 이들을 구분해서 사용해야 한다고 토론회와 세미나, 강의실에서 주장했다. 2015년 하반기에 들어서면서 사회적경제기업으로 구분하기 시작했던 것 같다.

필자가 이렇게 사회적경제기업을 규정해야 한다고 장황하게 이야기 하는 이유가 있다. 정책 대상의 명확성이다. 거시적 측면에서는 자활기업, 사회적기업, 마을기업, 농촌공동체회사, 협동조합을 사회적경제기업으로 규정하고 있다. 도심에서는 농촌공동체회사를 제외한 4개를 규정하고, 자활기업도 제외하기도 한다. 일반적으로 사회적경제기업의 3대 요소는 사회적기업, 마을기업, 협동조합을 일컫는다.

그러나 이런 분류로는 정책의 원활한 집행과 성과를 거두기가 쉽지 않다. 해당 사업과 프로그램에 대한 사업의 목적과 정책 의도가 무엇인지를 파악해야 한다. 추구하는 가치가 무엇인지, 정책제도와 활동대상과 관점이 있어야 한다. 운영방침, 정책방향의 목적, 지속가능성 수단까지도 알아야 한다. 세부적 내용파악이 되어 있어야 하고 목적에 충실하고 부합된 정책이 진행되어야 한다.

큰 틀에서는 마을공동체와 사회복지경제, 법인격 주체로 구분한다. 지역사회와 농촌의 발전을 도모하는 마을기업과 농촌공동체회사가 있다. 취약계층의 고용창출과 탈빈곤화를 추구하는 사회적기업과 자활기업이 있다. 협동조합기본법에서 말하는 협동조합은 법인설립 정책이다. 법인격을 부여하는 정책수단이면서 사업 프로그램명이라 할 수 있다. 본 책에서 논하고 있는 협동조합은 민법, 상법 체계가 아닌 협동조합기본법을 근거로 설립되는 법인격을 부여하는 정책수단이다.

2016년 8월 말경에 서울시 사회적경제 5주년 성과토론회가 서울시청 신청사 8층 다목적홀에서 개최되었다. 서울시사회적경제지원센터에서 주관하는 행사였다. 몇 명의 발제가 있었고 참여했던 방청객의 질문 또는 민원성 발언들이 이어졌다. 어느 여성이 사회적기업으로 힘들게 운영하고 있다는 이야기를 했다. 그런데 이야기의 첫 발언이 "우리는 협동조합이면서 마을기업이고요, (예비)사회적기업입니다."로 시작했다. 필자의 입장에서는 당황스러운 발언으로 들렸다. 분명 무엇인가 구분이 안 되어 있어서 저런 발언을 하나보다 생각했다. 앞자리에 앉아 있던 필자는 손을 들고 좀 전에 발언한 여성의 사회적경제기업의 구분형태를 바로 잡아주어야 하나 말아야 하나 고민했다. 학술적 행사라면 한마디 하고 지나쳐야 할 것이지만 행사장 분위기가 찬물을 끼얹을 상황이 아니었다. 필자는 이렇게 생각했다. 협동조합 법인격을 설립하였고, 사업비 방식이 아닌 건물임대방식으로 지원하는 서울시만의 마을기업 지원방식으로 선정되었으며, 최근에 지역형 (예비)사회적기업으로 진입한 기업일 것이다. 직접 참여하고 있는 대표가 이것은 이렇고 저것은 저런 시스템이라는 것을 정확히 알지 못하고 있는 것으로 이해했다. 토론회가 끝나고 확인해보니 필자 예상대로였다. 서울시는 무상임대보증금을 지원하는 방식의 서울형 마을기업 제도를 운영한바 있다. 원금을 매년 갚아나가야 하는 제도인데 사업매출이 높지 않고 순이익을 담보할 수 없다 보니 시행 2년 만에 자취를 감추었다. 이때 서울형 마을기업으로 선정된 기업들이 행정자치부의 사업비 지원방식인 마을기업으로 진입하는 경우가 많았다. 반면 서울형 마을기업으로 남는 경우도 적지 않았다.

이러한 사례는 그동안 무수히 보아왔던 터라 그리 놀랄 일도 아니었다. 2014년 봄 사회적경제기본법 제정논의는 중복지원 논란으로 시작되었다. 부처별로 시행되는 보조금을 중복으로 받고 있기 때문에 통합해서 정리하고 체계를 일원화해야 한다는 주장이 많았다. 자활공동체에서 활동하다 자활기업으로 독립해서 나온 주체가 (예비) 사회적기업의 혜택을 보았다. 열심히 해서 인증 사회적기업으로 가면 다행이었다. 아니면 마을기업으로 갈아타는 사례도 나타났다. 이런 경우 후에 협동조합이 등장하면서 일반 또는 사회적협동조합으로 법인격을 변경한다. 자활공동체에서 마을기업으로 들어왔다가 (예비)사회적기업으로 등록되어 활동하며 인증 받는 경우는 2·2·3 전략이라는 말까지 돌았다. 최대 7년까지 행정으로부터 사업비 또는 인건비를 보조받을 수 있었다. 이런 문제는 2013년까지 지속되었다. 사회적경제기업 간 중복지원을 받을 수 있는 구조가 문제였다. 국회를 중심으로 계속해서 이중지원 논란이 제기되었다.

이러한 지원시스템의 불합리를 제거하기 위해서는 사회적경제기업을 하나로 관리해야 한다는 주장이 제기되었다. 시스템을 통해 이중지원을 원천적으로 막아야 한다는 논리다. 해서 사회적경제기본법을 제정하여 효율화를 꾀해야 한다는 나름 설득력 있는 주장이 확대되었다.

2014년부터는 마을기업의 사회적기업 전환을 원천적으로 막아놓았고, (예비)사회적기업도 마을기업으로 변경이 될 수 없도록 지침으로 규정하기 시작했다. 일부 현장의 반발과 민원성 목소리가 많았지만 법 제정 이전에 행정지침으로 정리한 것이다.

<표 9> 사회적경제기업의 유형과 구분

구 분	사회적 경제기업				
가치 추구	협동정신 고취	지역공동체 회복		사회적가치 실현	
사업 유형	**협동조합**	**마을기업**	**농촌공동체회사**	**사회적기업**	**자활기업**
주관 부처	기획재정부	행정자치부	농림축산식품부	고용노동부	보건복지부
정책 제도	법인설립정책	지역발전정책	농어촌발전정책	취약층고용정책	탈빈곤화정책
사업 목적	경제사회문화 욕구충족시스템	지역사회 문제해결 지역공동체 회복	농촌경제 활성화 농어촌 활력 도모	사회적 문제해결 취약계층 고용창출	저소득계층 지원 취약계층 고용창출
활동 대상	국민(이익집단)	지역 거주민	농어촌 거주민	취약계층 인구	저소득계층 인구
활동 관점	사회성+경제성 (협동적 접근)	지역성+혁신성 (생산적 접근)	지역성+수익성 (생산적 접근)	공공성+수익성 (복지적 접근)	자립성+수익성 (복지적 접근)
운영 방침	공동소유와 공동운영	운영과 수익동일	운영과 수익분리	운영과 수익분리	운영과 수익동일
정책 시향	조합원 협동정신	주민의식 개혁	농어민 자립추구	의존성 탈피	자립심 고취
지속 방안	민주적 운영 조합원 공동이익	지역공동체 유지 공동수익 창출	기존사업 결합 공동수익 창출	공동지출 지속 사업성 담보	일자리 보장 자립심 육성지원

이러한 것들을 설명하기 위해서는 앞에서 말한 것처럼 법인격 구성과 정책 프로그램을 구분해야 한다. 사회적경제기업들이 기업으로서 운영을 위해서는 상법, 민법, 협동조합기본법 체계에서 하나를

선택해야 한다. 주식회사, 사단법인, 협동조합 또는 사회적협동조합의 법인격을 취득하는 것이다. 그 다음 자활기업, 사회적기업, 마을기업, 농촌공동체회사 등 사회적일자리 프로그램을 선택, 지원하는 것이다. 앞서 말한 4개의 사회적경제기업은 정부로부터 다양한 형태의 보조금이 지원되는 방식이다. 협동조합은 법인격을 부여하는 정책이다. 따라서 정부의 보조금이 지원되지 않는 법인설립정책이다. 법인을 원활하게 설립할 수 있도록 신고필증을 발부해주고 인가증을 내주는 것이 행정의 역할이다.

5. 마을사업의 결합과
사회적경제기업의 미래

사회적경제기업이 다소 주춤거리는 최근에는 마을에 대한 이야기가 봇물터지듯 쏟아지고 있다. 마을기업을 제외한 사회적경제기업들이 지역과의 연결고리를 강화하지 못하면서 더딘 성장세를 보인다는 지적도 나오고 있다. 마을기업의 경우는 5명까지는 지역주민이어야 되고 그 이후에는 구성원의 70% 이상을 요구하고 있다. 지역에서의 1차 검증이 기업으로서 성장을 할 수 있는 가늠이 되고 척도가 될 수 있기 때문이다. 또 하나의 원인은 지역사회 공동체 회복에 대한 논의가 강하게 확대되고 있다는 것이다. 지역에서의 다양한 고민과 문제들을 해결하기 위해서는 지역에 거주하는 주민이 우선적으로 나서야 한다는 주장이 퍼지고 있다. 실제적으로 공동육아, 건강한 밥상, 안전한 골목, 활기찬 지역상권을 만들기 위한 노력들이 나타나고 있다. 작은 단위의 마을이 꿈틀거리고 읍·면·동 수준의 움직임도 가시화되고 있다.

그러나 마을 단위의 활동이 어느 날부터 사업방식으로 전개되면서 역기능도 나타나고 있다. 조용한 마을이 사업비가 유입되면서 주민들 간의 크고 작은 갈등이 시작된다. 사업을 둘러싸고 원주민과 이주민이 충돌하고 세대 간의 불협화음도 들린다. 사업비가 뿌려질 때는 마을이 무엇인가 활기차게 움직이는 모습을 보인다. 이대로라면 우리 마을이 지역경제 활성화를 이끌게 될 것이라는 기대를 가져본다. 그런데 사업이 완료되고 사업비가 더 이상 집행되지 않는 구조가 되면 마을전체가 고민에 빠져든다.

일부 사업이 완료되었다 해서 해당 지역이 활성화 단계에 들어선 것은 아니다. 활력을 도모하기 위한 촉매제 정도의 수준에 머물러 있는 것이 대부분이다. 하드웨어 설치물은 그대로 방치되기 시작하고, 소프트웨어 방식은 더 이상 가동되지 않는다. 마을사업비 정산은 사회적경제기업같이 투입과 산출을 정확히 요구하지 않는다. 목표가 다르고 집행방식이 상이하기 때문이다.

상황이 이러다 보니 크고 작은 수많은 마을사업들이 이벤트처럼 반짝이다 서서히 사라지는 형국이다. 지속적으로 지원을 해주지 않기 때문이라고 행정에 대해 비판한다. 그 정도면 주민이 알아서 헤쳐나가야 하는 것 아니냐는 행정의 목소리도 나온다. 누구 잘못을 따지기도 어렵지만, 계산을 하기 시작하면 해답이 없다. 그러다 보니 사업비가 종료되면 더 이상의 진전은 보이지 않는다. 현재 상황을 지켜내기도 어렵게 되는 경우가 허다하다. 무엇인가 돌파구를 마련해야 하는 시점이다.

마을사업이 지역사회의 활력을 위한 마중물 역할을 했다면, 지속가능성을 마련해야 한다. 그리하려면 경제적 방식과 접목해야 한다.

지역사회의 선순환 경제를 유도할 수 있는 구조가 필요하다. 여기서 사회적경제기업들이 두각을 나타낸다. 사회적경제기업들이 주체가 되고 중심이 되어 지역사회의 활력을 도모하는 사례는 수도 없이 많다. 결국, 인간에게는 경제적 행위에 따른 실질적 보상이 있어야 한다. 계획하고 행하는 결과물로써 금전적 보답이 이루어지는 시스템이 지속가능성을 가능하게 한다. 이런 분위기와 환경이 자연스럽게 사회적경제기업의 등장을 가속화시킨다. 경제적 주체활동의 정책수단으로 부각되고 있는 것이다.

지역의 거점을 확보하고 있는 지역주민이 지역의 활성화를 위해 적극 나서고 있다. 사회, 경제, 문화, 복지 등에서 아이디어를 발굴하여 다양한 사람들이 활동하는 공동추진을 도모한다. 이러한 방법으로 미시적으로는 지역사회의 고민을, 거시적으로는 우리 사회의 다양한 문제를 해결하는 촉매 역할을 하기 시작한다. 이러한 논의를 바탕으로 마을만들기가 새롭게 조명되고 변형되어 발전해나간다. 제도적으로는 마을기본법 제정을 위한 민관 거버넌스가 작동하기 시작했다. 마을공동체 기본법 또는 지역공동체 기본법 내지는 활성화 육성법이든 마을 발전을 촉발하는 원동력이면 된다.

마을이란 단어와 공동체라는 주제를 가지고 기본법을 만드는 발상은 신선하다. 반면에 부처별, 이해당사자별 정의를 내리기가 쉽지 않다. 동일한 개념을 가지고 합의된 단어로 사용하기 어렵다. 바라보는 시각이 다르고 규정하는 생각도 차이가 크다. 중앙부처와 지방자치단체의 접근방식이 다르고, 이해와 간격이 차이가 난다. 행정의 생각과 시민의 생각이 일치될 수 없다. 이렇게 마을과 공동체를 기본으로 규정하려는 법과 제도 노력이 쉽지 않다. 그럼에도 불구하고 꾸준히 이야기를 한다. 활성화를 이루어내려면 법률적 근간을 갖고 있어야 하기 때문이다. 차기 정부에서 마을에 대한 관심이 떨어질 수도 있고 아예 의제로 다루지 않을 수도 있다. 새로운 술은 새 부대에 담는 조직의 특성상 그렇다는 말이다. 정책의 지속성은 법률이 제정되어야 하고 조직과 예산이 마련되어야 가능하다.

2016년 12월 초 충청북도 사회적경제 활성화 세미나에 '사회적경제의 현재와 미래'란 주제로 기조강연을 한 적이 있다. 경제통상국장이 인사말에서 충북에는 약 500여 개의 사회적경제기업이 있으며 3,400여 명이 활동하고 있다고 말하는 것을 들었다. 1기업당 평균 6명의 종사자가 근무하는 형태다. 핸드폰 계산기를 두드리기 시작했다. 충북의 인구수는 약 158만 명이었다. 이중 사회적경제기업 종사자가 약 3,400명이니 전체인구의 0.2%다. 2%를 잘못 계산했나 싶어서 다시 계산했지만 0.2%로 나온다.

준비해간 원고에서 "사회적경제기업을 일반 국민들이 너무 모른다. 인식 확산을 위한 홍보전략을 재수립해야 한다"는 이야기를 담고 있었다. 이런 논조에 앞서 말한 충북의 사회적경제기업 수와 종사자들의 수는 현실성 있게 말할 수 있는 근거가 되었다.

자활기업이 자활공동체사업으로 시작된 지 약 16년이 지나가고 있다. 2017년이면 고등학교 입학을 할 나이다. 2007년 시행된 사회적기업도 10년 차를 향해 달려간다. 마을기업과 농촌공동체회사는 초등학교에 입학할 나이가 되었다. 2012년 12월에 시작된 협동조합은 걸음마 단계를 벗어나 조금씩 뛰어다닐 시기가 되었다.

그럼에도 불구하고 주변에서 사회적경제기업에 대한 인식이 많지 않다. 확산의 속도가 느린 것인지 몰라도 너무 모른다. 충북의 사례

처럼 0.2%의 숫자가 그 현실을 대변해주고 있다. 일반 시민의 입장
에서는 사회적경제기업이 무슨 기업인지를 알아야 한다. 내용을 알
아야 물건을 구입하던지 서비스를 구매하는 행동을 하는 것이다.
내용을 모르고 실체에 대한 접근이 어려운데 무슨 구매가 일어나겠
는가?

"판로확보가 어렵다, 홍보수단이 부족하다. 재화와 서비스가 원활
히 이루어지지 않으니 행정이 책임져야 한다. 공공기관 우선구매가
선행되어야 한다. 구매상황을 공시해야 한다." 이런 이야기는 지난
수년간 현장에서 듣고 귀가 아프도록 들었던 목소리다. 누구의 잘못
이라고 지칭하기가 어렵다. 정책을 수립하고 집행하는 행정에서부터
사회적경제기업에 종사하는 구성원의 노력 등 모든 것이 부족한 상
태다. 현장의 움직임도 더디고 행정의 발 빠른 대응도 미흡하다.

가장 큰 문제는 홍보전략의 부재라 할 수 있다. 대부분 국민이 들
어본 적은 있지만, 정확히 무엇을 하는 기업인지는 모른다. 그저 사
회적으로 취약한 사람들 또는 단체가 참여하는 사업이라고 치부한
다. 재화나 서비스가 그리 고급화되어 있는 것 같지도 않다. 공급되
는 제품과 서비스에 대한 확신이 서지 않는다. 당연히 구매로 이어
지지 않는다. 비슷한 상품과 유사한 서비스는 기존 기업에도 있다.
더 저렴하고 서비스도 친절하다. 상품을 구입하기 위한 접근성도 용
이하다. 많은 홍보로 인해 소비자의 인식도 전문가 수준이다. 이것
저것 따져보고 고르는 소비자의 행태가 일상화되어 있다. 이러한 소
비자의 소비패턴에 대해 사회적경제기업들이 잘 대응하고 있는지
고민해야 한다. 행정과 지방의회 의원들의 인식마저 호의적이지 못
하면 분명 문제가 있는 것이다. 소비자들의 인식은 시간이 흐를수록

홍보를 하는 적극적 수단 행위의 다양성으로 넓어졌다. 반복적 광고 효과로 인한 구매는 확대될 수 있고 이에 따라 판로확보는 자연스럽게 해결될 수 있다.

하지만 사회적일자리 사업의 특성상 정부의 보조금이 종료되면 사업을 포기하는 현상이 두드러진다. 지속적으로 지원하는 시스템이 아니기에, 길어도 3년 안에 사업보조가 끝나기 때문이다. 평균 2년 정도의 지원 기간이 기업으로서 성장할 수 있는 기간이라 말하긴 궁색하다. 더구나 열악한 재정, 미흡한 기술력과 취약한 인적구성원으로 시작되는 사회적경제기업의 보편적 조직구조상, 빠른 시간 내의 성장은 한계가 있다. 일반기업과 단순 비교해서는 안 되는 것이다.

그럼에도 불구하고 사회적경제기업에 대한 목적과 수단의 불일치는 바로 잡아야 한다. 정책목표에 부합되는 정책수단을 활용해야 함은 기본이다. 때로는 정책실패에 대한 처절한 반성과 성찰의 시간도 필요하다. 시행된 지 오래되어 중간에 멈추지도 못하고 매년 반복되는 문제에 대해 방관만 할 것인가? 행정은 담당자가 다른 부서로 가기 전까지만 버티자는 주의라면 곤란하다. 사회적경제기업 구성원의 "시간이 흐르면 뭔가 해결해 주겠지."란 인식은 더욱 문제다. 이러한 태도와 행동이 일회성 사업방식이라는 비판을 면치 못하는 이유다.

결론적으로 사회적경제의 미래는 정책에 대해 어떤 접근방식을 고수할 것인가에 달려 있다. 필자의 주장은 간단하다. 복지적 접근방식을 고수할 것인가? 아니면 생산적 활동으로 지속 가능성을 보장할 것인가?

주요 활동그룹이 사회복지, 노동운동, 복지운동, 실업대책운동 등을 경험한 사람이 많다보니, 현재의 사회적경제기업도 동일 선상에서 이해하고 활동하려는 경향이 많다. 공식적으로 보조금을 지원하지 않는 협동조합을 제외하고 나머지 보조금 사업은 국민의 세금이며, 사용처에 대한 감사 및 검증을 받아야 한다. 국회 및 지방의회의 감사를 위해 행정은 자금의 투명성과 적합성 등을 평가해야 하며, 현장에서 지도 관리해야 할 의무가 있다. 투입대비 산출에 대한 평가는 기본이며, 투입대비 성과에 대한 실적도 요구하게 되며, 우리 사회에 어떠한 사회적 또는 경제적 기여를 했는지 보여주어야 한다. 특히, 보조금 중단 이후에도 지속가능한 기업으로서 성장 가능하며, 왕성한 활동을 할 수 있음을 보여주는 생산적 접근에 대한 노력이 필요하다. 이런 전제조건이 부합되어야만 사회적경제기업에 대한 미래가 보일 수 있다고 할 수 있다.

6. 협동조합으로 지역 일자리
창출을 견인

　우리 사회의 경제적인 측면의 문제라고 할 수 있는 것은 대기업 중심의 시스템이라는 것이다. 군사정부 시절 행정의 '규제지대' 혜택을 등에 업고 급성장한 소위 재벌의 사업영역 확장은 골목까지 영향을 미치고 있다. 재벌 1세대들과는 달리 2세대 3세대의 경우 중소기업이 가능한 사업에까지 손길을 미치고 있다. 재벌의 영향권에 속하지 않으면 성장하기가 어렵다. 독자적 생존이 쉽지 않은 환경이다. 대단히 정밀한 기술력이 없어도 가능한 먹을거리와 입고 마실 수 있는 의식주 분야에까지 스며들었다. 우리 사회에서 우수한 중소기업을 보기가 쉽지 않아졌다는 이야기다. 중소기업이 튼튼해야 소기업, 자영업의 구조가 자리를 잡아갈 수 있다. 중견기업조차 흔들리는 상황에서 중소기업 등은 언급하기도 민망하다.

　인간이 가장 필요로 하는 의식주만큼은 협동조합 방식으로 풀어 갔으면 좋겠다. 커피, 식품 등 모든 영역에서 대기업 참여가 심각하다. 해도 해도 너무하다는 생각이다. 일부 대기업은 시간이 흐를수록 사회 지도층으로서의 정체성과 윤리의식이 약해진다. 자기 자본을 가지고 사업확장을 한다는데 법적으로 막을 방법은 없다. 신규 진출하는 영역이 중소기업이 활동하는 사업군이라 할지라도 시스템상으로 규제할 방식이 취약하다. 예를 들어 대형할인마트를 막을 방법이 대형할인마트의 일요일 영업을 중지하는 정도인 수준이다. 시민적 입장에서 행정의 권고로 해결될 수 있는 것이 아니다. 자비를 베풀어 알아서 철수하기만 기다릴 수도 없다. 그런 달콤한 생각은 일어날 가능성이 전혀 없기 때문이다. 그들도 생존경쟁에서 살아남아야 하는 기업이기 때문이다. 그래서 협동조합이 필요하다. 일정 부분 규모의 경쟁을 할 필요가 있다. 당장 자금과 기술력으로는 경쟁이 되지 않는다. 그러나 사람과 사람 사이의 신뢰와 네트워크를 기반으로 한 협력체계가 구축이 된다면 가능하다.

대기업의 할 일과 중소기업의 할 일이 따로 있다. 협동조합이 아무리 많이 만들어지고, 중소기업 수백 개가 힘을 모은다 한들 당장 반도체, 비행기를 제작할 수 있겠는가? 수많은 인재들이 근무하고 개척하고 개발하면서 많은 노하우가 쌓이고 대규모 자금이 투입되면서 첨단기술이 완성되는 것이다. 이제 막 걸음마 단계에 있는 협동조합에게는 무리한 요구다. 이러한 협동조합에게 출구전략이 필요하다. 물론 기존의 소기업, 자영업, 중소기업들에게도 필요한 생태계 조성전략이다.

대기업 체제 시스템에서 만들 수 있는 것은 대기업 방식으로 생산하면 된다. 그들은 국제사회에서 다국적 기업과 경쟁하며 성장해야 한다. 그런 정도의 기술, 자금, 인재를 보유하고 있기 때문이다. 국내에서 조그마한 기업들과 비교해가면서 경쟁하는 모양새는 좋지 않다. 기업의 지속가능성과 미래를 위한다면 해외로 발을 돌려야 한다.

지난 정부에 이어 현 정부에서도 일자리 창출 문제는 최우선적 시급한 문제로 등장했다. 자동화, 현대화 시스템에 따른 일자리 상실보다는 국내외 경제의 정체 내지는 후퇴가 가져온 자연스러운 현상이다. 여기에 대기업 중심의 경제 흐름은 중소기업이 설 자리를 잃게 되는 결과를 가져오고 있다. 기업의 구조조정과 신규사원의 감소등은 전체적인 실업률을 끌어 올리고 있다. 4대강 사업 및 창조경제사업 등 대형 국책사업이 실질적인 일자리 창출에 크게 도움이 되지못했다. 여기 저기 일자리가 필요하다. 무엇인가 출구전략을 마련해야 할 상황이다. 설사 그것이 일회성 일자리라도 정부 입장은 물론이고 민간의 수요자 처지에서도 필요하다.

이러한 일자리를 둘러싼 환경적인 영향이 협동조합의 붐을 일으키고 양적 성장을 견인했던 것으로 보인다. 5명만 모이면 무엇인가해결될 것 같은 기대감이 있다. 나 혼자만이 아닌 같은 생각을 가진여러 명의 협력자와 동반자가 있다는 사실이 접근성을 용이하게 만들었다. 당장 큰돈을 투자하지 않더라도 법인을 설립할 수 있고, 사업에 나설 수 있다. 모여 있으면 무엇인가 될 것 같은 감성적 생각이이성을 잠시 마비시켰다. 행정의 도움도 있는 것 같고, 잘하면 정부의 지원금도 받아낼 수 있다는 정보도 접했다. 큰돈 들이지 않고 지인들 또는 같은 생각을 하는 사람들끼리 사업을 할 수 있다는 사실만 가지고도 성장세를 꺽지는 못했다.

그렇다면 협동조합을 만들면 이러한 문제가 해결되느냐를 고민하지 않을 수 없다. 일자리 창출이 실제적으로 일어나는지에 대한 냉정한 평가가 필요하다. 협동조합의 설립은 양적으로는 1만 개가 넘는 기업의 창업이라는 숫자를 기록했다. 내용적인 부분은 별도로 하더라도 외형적으로는 양적 성장을 받치고 있는 모양새다. 그것도 자발적으로 시민이 5명 이상이 모여 설립한 기업이니 최소 5만 명 이상이 창업에 동참했다는 이야기로 들린다. 어두운 암흑 같은 경제위기 상황에서 단비 같은 소식이 아닐 수 없다. 일자리 창출의 효자노릇을 하는 협동조합에 대한 칭찬을 아니 할 수 없다. 이렇게 외형적인 모습만 보고 서류상 만들어지는 협동조합에 대한 허상을 벗겨내는 일이 필요한 시점이다.

상법상 주식회사와 협동조합기본법상 협동조합의 차이는 다양하다. 현재 상태에서 실제적 행동에 나서는지에 대한 기준으로만 보면 주식회사가 훨씬 더 적극적인 운영에 나서고 있다. 주식회사 대다수는 사업자등록증이 나오면 바로 영업이 시작된다. 사업에 대한 의지도 강한 편이다. 페이퍼 컴퍼니(paper company)[24]가 종종 문제가 되기도 하지만 극히 일부분의 이야기다. 흥하고 망하는 경우의 수도 많은 편이다. 주식의 50% 이상을 누가 확보했느냐에 따라 기업 사냥꾼의 먹이가 되기도 한다. 적은 주식 수로도 순환출자를 이용하여 그룹을 장악하는 모순에 대해 국민적 정서는 그리 우호적이지 않다. 인간적인 배려보다는 물질적인 우위에 따른 결정이 이루어진다. 과히 냉혹하다고 할 수 있다. 그럼에도 불구하고 수백 년 동안 그 효용성을 입증하고 있는 시스템이다. 기업의 영리추구를 실현하는 가장 이상적인 제도라고 볼 수도 있다.

---

24) 물리적인 실체가 존재하지 않고 서류로만 존재하면서 회사 기능을 수행하는 회사를 말한다.

　반면 협동조합은 자주, 자립, 자치의 이념과 숭고한 가치실현이라
는 목표가 있음에도 불구하고 실현하기 쉽지 않은 형국이다. 분명
이론적으로는 미래지향적이며 가치지향적인 시스템인데, 실천이 만
만치 않다. 대한민국 협동조합 설립과 운영에 대한 현실이다. 협동
조합 신고필증을 받아놓고도 망설이는 (예비)협동조합이 상당수 있
다. 협동조합을 설립하기 위해 준비하고 서류 만들고 행정에 접수할
때까지만 해도 장밋빛 꿈을 그렸다. 신고필증을 받고, 법원에 법인
등기를 하게 되면서 본격적인 고민에 빠지게 된다. 등기비용부터 지
출되기 시작한다. 사무실도 알아봐야 하고 근무할 수 있는 환경도
구비해야 한다. 사업 아이템에 대한 검증이 시작되면서 망설이게 된
다. 사업 아이디어, 창업자금, 참여인력, 사무공간, 사무기기에서부
터 매달 지급되는 관리비에 이르기까지 지불할 금액이 차고도 넘친
다. 당장 일을 해야 할 사람이 없다. 대부분 서류상으로는 임원을 맡
고 있지만, 현재는 다른 업에 종사하고 있다. 당장 먹고 사는 문제가
우선이다. 협동조합이 잘 되면 좋겠지만, 나까지 참여해서 이익을
분배하기 어려운 상황이다. 그래서 관망하기 시작한다. 이사장과 이
사 한두 명이 알아서 꾸려갔으면 하는 바람이다. 적극적 참여를 하
는 순간 일정 부분 책임도 져야하는 조직의 구조를 알기에 서서히
뒤로 빠진다. 그렇게 시간이 흘러간다.

7. 협동조합 이해를 위한 국민적
공감대 조성

협동조합은 출발이 더디고 시스템이 미숙하지만, 꾸준히 관심을 받고 있다. 유럽사회의 협동조합 성공담에 목을 매고 환호성을 지르는 이면에는 나름 장밋빛 기대를 하고 있기 때문이다. 선진국 성공 사례처럼만 된다면 우리 사회의 경제구조를 일순간 바꿀 수도 있다고 판단하고 있다. 작은 단위의 힘이 모여 거대한 공룡기업과도 대등하게 경쟁할 수 있다. 협력과 신뢰를 가지고 시장의 상당 부분을 점하고 확장할 수 있다. 이익만 취하는 형태가 아닌 적정한 이익과 조합원의 권리를 보장할 수 있다. 아무리 어려운 환경에 처하더라도 해고하지 않고 고용을 보장한다. 열악하고 힘이 없는 사람들도 자주, 자립, 자치의 정신으로 헤쳐 나갈 수 있다. 꿈이 보이고 희망을 이야기할 수 있다. 이러한 매력이 협동조합의 성장을 견인하고 꾸준히 관심을 모으게 하고 지속적인 확대를 하고 있는 것이다.

반면, 협동조합이 양적 성장을 하면서도 질적 발전을 담보하지 못하는 이유가 있다. 국민적 공감대가 부족하다. 일차적으로는 협동조합이 던지는 메시지의 체감도가 높지 않다. 이차적으로는 자주적, 자립적, 자치적인 협동조합 활동이 가능한 환경이 아니라는 것이다. 협동조합은 조합원의 권리를 보호하고 동반 성장하는 것을 기본으로 하고 있다. 반면 무수한 양보와 신뢰와 협력을 할 수 있는 의지가 있어야 가능하다. 협동조합을 통해 우리 사회의 일자리 문제를 비롯하여 다양한 지역고민을 풀어내는 정책수단으로 활용하려 한다. 그러한 의도에는 적합한 경제시스템이라 할 수 있다. 개인 혼자만의 사업이 아니고 다수의 동질성 집단이 모여서 이루어내기 쉬운 구조를 가지고 있다. 이념적 가치와 구조적 시스템은 구비되어 있다.

문제는 이를 그대로 실행할 수 있는 사람들의 마음자세다. 지금까지 살아왔던 생활방식과는 다른 희생과 배려가 전제되어야만 한다. 태어나면서 현재에 이르기까지 치열한 경쟁 구도 하에서 성장해온 우리들의 입장에서는 쉽지 않은 방향전환이다. 생각하는 데 있어서 빠른 결정을 내리기도 어렵지만, 행동에 나서기는 더욱 쉽지 않다. 경험 부족과 실천 가능성을 감안할 때 판단하기 어렵다는 이야기다. 이러한 경쟁 문화에 익숙한 사람들에게 상대방을 위해 배려해야 하고, 양보하고 희생하며, 협력해야 한다고 말한다. 실천을 해야만 우리 경제시스템이 변하고 부익부 빈익빈(富益富 貧益貧)이 사라지고 공평한 경제구조로 나아갈 수 있다고 주장하고 있다. 그러나 받아들이는 입장에서 얼마나 공감할 수 있을지를 생각해야 한다. 한쪽의 주장이 설득력이 있으려면 상대방의 경험과 인식이 비슷해야 한다.

운동회 풍경을 예를 들어 설명해보려 한다. 필자도 유치원과 초등학교 저학년까지는 학부모로서 운동회에 참여했다. 초등학교 고학년이 되면서부터는 아이들이 부모보다는 친구들과 어울리는 것을 선호하기에 가보고 싶어도 기회를 얻지 못했다.

시끌벅적거리는 운동회에 참여해본 사람은 기억할 것이다. 다양한 게임과 구기종목이 펼쳐진다. 운동회가 무르익어갈 시간이 되면, 5명씩 한 조가 되어 50m 또는 100m 달리기를 한다. 이때가 되면 운동회에 같이 온 가족들의 관심이 집중된다. 우리 아이가 얼마나 잘 달리는지, 씩씩한지를 보고 싶은 마음이 있다. 내심 1등 했으면 좋겠다는 생각을 하기 시작한다. 부모님은 물론이고 같이 오신 조부모님들의 손에도 힘이 들어간다. 깃발 또는 호루라기 소리에 맞추어 달리기 시작한다. 처음부터 격차가 나는 그룹이 있는가 하면, 마지막까지 아슬아슬 비슷하게 들어오는 그룹도 있다. 결승선에 들어온 아이들에게는 선생님들이 손목에 확인도장을 찍어준다.

출발해서 달리는 과정과 결승점에 들어올 때까지 가족들은 한순간도 놓치지 않는다. 수십 초에 불과한 그 짧은 순간에 표정이 달라진다. 아이가 1등으로 들어오면 뛰어가서 안아주고 축하하느라 정신이 없다. 역시 기대를 저버리지 않는 아이에 대한 칭찬이 쏟아진다. 그 순간만큼은 대단히 자랑스럽고 기쁘다. "공부가 조금 부족하고 말썽을 좀 피우면 어때, 이렇게 달리기를 잘하는데"라는 표정이다. 어찌 되었던 한 분야에서 1등이라는 것을 했다는 사실이 흐뭇할 뿐이다. 가족 분위기가 살아난다. 휴가 내고 운동회 나온 보람을 느끼는 듯하다. 오늘은 왠지 외식을 해야만 할 것 같은 생각이다.

반면, 아이가 4등이나 5등, 꼴찌로 들어오는 가족의 분위기는 사뭇 다르다. 대부분 가족은 그래도 열심히 뛰었다고 칭찬을 해주고 아이를 안아준다. 마음속으로는 조금 섭섭할지 모른다. "운동을 시켜야 하나, 태권도 도장이라도 보내야 되는 것은 아닌가?" 등등 별의 별 상상을 하며 응원석으로 돌아와 앉는다. 아쉬움이 계속 남는다.

어떤 가족은 아이가 꼴찌로 결승전을 통과해 들어오는 순간 아이와 눈을 맞추려고 하지 않는다. 서로 민망할 것 같아 애써 외면하고 싶어진다. 아이의 시선을 피하는 것 말고도 같이 간 부부가 서로 얼굴을 보려하지 않는다. 스쳐 지나가듯 한번은 본다. 동시에 같은 생각을 한다. "당신 닮아서 그렇지 뭐, 운동을 그렇게 싫어하더니 아이까지. DNA가 어디 가겠어." 이런 생각을 할 수도 있다. 갑자기 화도 나려고 한다. 내가 월차까지 써가며 운동회에 왜 왔는지 후회스럽기까지 하다. "지금이라도 회사로 가서 일을 할까? 친구들 만나서 술 한 잔 할까?"라는 생각을 할는지 모른다. 아이에 대한 기대와 믿음이 한순간 사라졌다고 생각한다. 뭐 하나 잘하는 것이 없는 것 같아 답답하다. 한 숨을 길게 내쉰다. 가족의 분위기가 서먹해진다.

이런 현장의 분위기는 누가 시켜서 그런 것이 아니다. 자연스럽게 나타나는 현상이다. 1등을 한 가족 분위기와 꼴찌로 들어온 가족의 모습은 상대적으로 차이가 난다. 그러한 모습을 지켜보는 시선들은 당연한 듯 쳐다본다. 세상이 항상 그랬다는 듯이 더 이상 논하려 하지 않는다. 오늘이 지나가면 내일이 오고, 다음번 운동회에 더 열심히 하면 된다. 다음번에는 실망하게 하지 않도록 아이를 위해 무엇인가 독려 또는 훈련을 시켜야겠다는 생각을 한다.

현재 우리 사회의 현상을 단적으로 볼 수 있는 모습이다. 우리 모두는 이렇게 일등만 대접받는 일등 위주의 교육환경에서 살아왔다. 우리 스스로도 남을 위하기보다는 경쟁체제 하에서 지내온 것이다. 치열한 경쟁 구도 형성은 사회 시스템 내에서 다양한 형태로 모습을 드러낸다.

　필자의 주변에는 대학에서 근무하는 선후배가 많다. 필자도 행정학박사 학위를 취득하고 10년째 강의를 하고 있다. 가끔 술자리에서 듣는 이야기 하나를 꺼내본다. 대학교수라 해서 모두 똑같은 등급이 아니라는 말을 자주 듣는다. 학위를 어디서 받았느냐, 어느 학교에서 강의하고 있느냐에 따라서 대접이 달라진다. 시간강사는 대학교수가 되기 위해 교수들이 회피하는 수업을 맡는다. 2년제 대학교수는 4년제 대학교수를 부러워한다. 4년제 대학교수 사이에서는 서울 시내 소재 대학에서의 강의하느냐, 지방에서 강의하느냐를 구분한다. 서울 시내 대학에서 강의하는 교수 사이에는 소위 스카이(SKY)[25] 출신이냐 아니냐로 다시 나뉜다. 스카이 출신들 내에서는 박사학위를 미국에서 취득했는지, 유럽, 일본 등인지에 따라서 분류한다. 그 안에서 성골인지, 진골인지를 다시 따지고 있다. 즉, 출신 지역이 어디냐, 고등학교는 어디 나왔는지, 집안이 배경이 있는지, 없는지를 본다는 것이다. 심지어는 배우자의 집안까지 파악하여 등급을 나누는 사례가 있다고 한다. 극히 일부분의 이야기이고 별로 믿고 싶지도 않지만, 많은 사람들이 실체가 있다고 생각하는 모양이다.

　인간이 살아가는 사회구조는 기본적으로 자연스럽게 계층적 구조화되어 간다. 조그마한 모임에서부터 국가에 이르기까지 배역에 따라서 역할과 기능이 달라진다. 혼자만의 삶이 아닌 이상 단체가 꾸려지면 리더가 나오는 것은 당연하다. 그 숫자가 많아지면 많아질수록 중간계층 관리자의 역할도 늘어난다. 이러한 과정에서 서열화되

---

25) 서울대, 고려대, 연세대를 지칭하는 속어.

고 계층화되는 것은 당연한 수순이다. 의견조정이라는 것을 위해서도 필요하고, 결정하고 진행하는 수단을 위해서도 필수불가결하다. 다만 상위그룹과 중위그룹, 하위그룹 사이의 간격이 너무 벌어지다 보니, 자연스럽게 위를 향한 발걸음이 빨라지는 것이다. 정치권력은 기본이고 경제, 사회, 문화 등 모든 영역에서 권력이 형성된다. 그 권력의 힘이 상대적으로 권위적이고 강압적이며 모든 것을 좌우지하는 무소불위의 형태로 나타난다. 권력의 힘에 당하고 권력을 맛본 경우에는 1등이라는 목표달성에 더욱 집착한다.

이렇게 우리 사회는 힘을 갖기 위해, 무시당하지 않고 살아가기 위해, 출세와 성공을 위해 달려간다. 사회 구성원의 숫자는 의도적으로 줄일 수는 없지만, 조직운용을 위해서는 서열화를 해야 한다. 그 과정이 건강하지 못하고 치열하기 때문에 배타적이고 경쟁적으로 변해간다. 상대방을 밟고 올라서야 내가 위로 갈 수 있다는 경험과 교육이 의식을 지배한다. 그렇기 때문에 상대방을 배려할 여유가 없다. 마치 승리한 자와 패배한 자로 이분화되는 것 같은 느낌이다.

이러한 사회 분위기 속에 태어나 성장해온 대부분의 사람들이 배려와 양보를 허락할 수 있으려면 많은 시간과 인내가 필요하다. 내 것을 버리고 양보할 수 있는 마음자세는 어느 한순간 마련되지 않는다. 적어도 내가 손해를 보지 않으면서 할 수 있는 방안을 모색한다. 하지만 그러한 선택의 범위는 크지 않다. 양보하고 배려하다 보면 손해를 본다는 경험과 인식이 판단을 유보하게 하거나 결정을 내리지 못하게 한다.

8. 단체장 정치성향과
협동조합의 인과관계

협동조합이 폭발적으로 증가하면서 일부 정치권에서는 해당 지역의 단체장 성향에 따라서 설립이 많고 적다는 이야기들이 흘러다녔다. 그 이유로 서울과 광주, 전북지역에 상대적으로 협동조합이 많다는 주장이었다. 서울시도 구청장이 사회적경제 분야를 이해하고 적극적 관심을 보이는 지역에 협동조합이 많다는 것이다. (예비)사회적기업을 포함한 사회적기업, 자활기업, 마을기업 등 기존 사회적경제기업이 활발한 지역에 협동조합도 당연히 많다는 이야기다. 단체장의 적극적 관심과 지원, 시민사회의 왕성한 활동모습, 지역사회의 마을활동가 숫자, 사회복지 관련 구성원의 많고 적음에 따라 차이가 난다는 것이다. 실제로 (예비)사회적기업의 숫자가 많은 지역의 경우, 앞에서 언급한 환경과 대체로 일치하는 곳이 많았다. 일부 현장에서는 사회적경제기업에 관심 없는 지역을 벗어나, 활발하게 추진되고 있는 다른 지역으로 회사를 옮기는 모습도 보였다. 이러한 환경적 상황과 실제적 활동의 모습으로 인해 협동조합의 숫자를 예단하였던 것이다. 자치구의 환경에 따라서 차이가 크다고 보았던 것이다.

2014년에 필자는 서울시 25개 지역 전체를 대상으로 사회적기업, 마을기업, 자활기업, 협동조합 전수 조사의 책임을 맡아 연구한 적이 있다. 지역별로, 사회적경제 유형별로 어느 지역이 활성화되어 있는지에 대한 조사도 병행했다. 이전에 자치구 단체장의 성향과 현장의 상황에 따라서 단체수의 많고 적음이 정설로 되어 있었기에 큰 의심하지 않았다. 그러나 협동조합의 결과는 기존 예상했거나 단순 추정치를 완전 벗어나는 수치를 보여주었다. 사회적일자리 사업의 프로그램으로 정부보조금을 받는 사회적기업, 마을기업, 자활기업과는 상이한 데이터로 나타났다. 협동조합 설립 숫자는 해당 자치구의 환경과 상관관계가 없는 것으로 드러났다. 구청장의 성향과도 무관하며, 활동가의 숫자와 연결고리도 약하고, 시민사회 활동 정도와 일치하지 않으며, 사회복지 환경과도 관련성이 부족하였다.

강남구, 서초구, 송파구, 중구, 용산구, 종로구, 영등포구를 중심으로 협동조합 숫자가 많았다. 종로구를 제외하고는 기존 사회적경제 기업이 많지 않았던 지역이다. 일부 정치권에서 말하는 진보 성향의 지역에 많다는 가설을 뒤집은 결과다. 강남 3구 등 소위 보수 성향의 구청장이 있고, 시민사회 활동가도 많지 않으며, 마을활동가의 모습을 보기 어려운 지역이다. 2차 대면 인터뷰와 분석을 통해 얻은 결과는 이들이 사업하기 쉬운 공간과 환경을 제공하고 있는 지역이라는 것이다. 이들 지역은 일반기업의 숫자가 대부분 몰려 있는 지역이다. 즉 기업의 활동을 위해서 기업군이 몰려있는 지역을 선택했다는 것이다. 교통의 편리함, 접근성의 용이함은 물론이고 정보교류 기대감이 섞여 있는 결과로 드러났다.

협동조합기본법상의 협동조합을 설립한 조합원들은 협동조합을 일반 기업과 동일시하는 기업관점에서 시작했다는 것으로 해석할 수 있다. 법인설립정책으로 시행된 협동조합의 정책목표에 부합되는 결과로 나타났다. 협동조합 설립 분포는 진보성향의 정치권과 활동가와 시민이 참여하는 사업이 아니라는 것을 보여주는 자료였다. 협동조합이 기업의 한 종류로써 기업활동을 위해 최적의 장소를 선택하고 자리를 잡고 있다는 결과다. 일반 기업들이 많이 소재하고 있는 지역에 협동조합도 동일 선상에서 해당 지역에서 활동하고 있었던 것이다.

필자가 소속되어 있는 법인은 동대문구 회기역 근처에 있었다. 청량리역에서 한 정거장 거리다. 그럼에도 불구하고 방문하는 손님들은 상당히 먼 지역이라고, 외곽지역에 온 것 같다는 이야기를 한다. 지하철을 타면 시청까지 19분이면 도착하는데도 불구하고 도심이라는 느낌이 들지 않는다는 것이다. 이러한 영향 때문인지 동대문구에는 일반기업 수도 많지 않다. 사회적경제기업 수도 상대적으로 부족하다. 이 모든 사실은 기업으로써 활동하기 위한 접근성, 편리성을 제공하지 못하고 있기 때문으로 판단한다. 결론적으로 협동조합은 기업으로 최적의 장소를 찾아 활동하려는 경향이 있다. 정치적 성향, 시민사회 활동, 사회복지 환경과 유의미하지 않다는 사실이다.

행정학 관련 A 학회에서 협동조합 관련 논문을 심사해달라는 부탁이 있었다. 3명의 심사위원이 승인을 해줘야 학회지에 게재되는 것이다. 논문심사를 의뢰한 B 씨는 광주광역시에 협동조합이 많아진 것을 역사적 사실에 기인하여 서술하고 있었다. 5.18 광주 민주화운동을 비롯하여 역사적 사건 등을 열거하며, 시민사회 활동과 좌파적 성향이 많아서 협동조합이 많다는 주장을 하였다. 나름 인터뷰도 하고 설문조사 데이터를 가지고 주장하고 있었다. 어느 지역 학자인지 모르겠지만, 현장을 몰라도 너무 모른다는 생각을 했다. 책상에 앉아서 기획재정부가 제공하는 전국 지역별 협동조합 숫자와 지역별 인구수를 대비하여 상대적으로 많은지 적은지에만 관심을 가진 것이다. 인구수에 비해 상대적으로 협동조합이 많은 이유를 찾은 것이 진보 성향이 많은 지역이라서 그랬다는 것이다. 전형적인 책상머리 학자의 모습을 보여주는 것 같아 씁쓸했다. 그래서 심사의견에 논문게재 불가라고 적어 보내면서 간단히 기술했다. 서울시 강남 3구에 협동조합이 왜 많은지 확인해보라고 했다. 또한 광주광역시와 전라북도 지역의 GRDP(지역 내 총생산 경제지표)와 실업률을 전국상황과 비교해서 파악해보라는 말도 함께 보내줬다.

필자는 외부강의가 많은 편이다. 협동조합은 물론이고 마을기업, 사회적기업, 마을공동체 관련 교육을 한다. 공무원과 일반인의 비중이 각각 비슷하다. 최근에는 사회적경제기업의 단어가 많이 확산되고 공유되고 있는 상태라 강의 시작이 수월하다. 그럼에도 불구하고 여전히 공직사회 또는 일반인들에게 사회적경제기업이란 단어가 주는 메시지가 긍정적이지 않다. 특히 간부급 공무원의 경우는 더욱 그러하다. 지역에 따라서 조금씩 편차는 있지만, 행정의 분위기는 여전하다. 5급 사무관 이상 대상자와 공공기관 간부 및 퇴직예정자를 대상으로 하는 강의일수록 시작이 힘들다. 사회적경제의 역사를 이야기하고 사회적경제기업의 형태를 이야기하다 보면 전반전은 부정적 기류가 흐르고 있음을 감지할 수 있다. 그래서 직접적으로 물어본다. "사회적경제, 협동조합, 사회적기업이란 단어를 들으면 어떤 생각이 드십니까?" 처음에는 주저하다가 이내 답변이 쏟아진다. 사회주의, 강제배분, 실현 가능합니까, 이념적 기업 등이라는 표현이 나오다가 심지어는 '공산주의, 빨갱이'란 단어까지 나오는 경우도 있다. 이런 이야기를 들을 때는 당황하지 않고 편하게 응대한다. "현 정부의 공약사항과 국정과제에 협동조합, 사회적기업이 있습니다. 차기 어떤 정부가 들어서더라도 사회적경제 분야는 지속적 성장을 할 것입니다. 선진국의 사례를 봐도 그 흐름은 이어질 것입니다. 퇴직하시고 나서 선생님들의 전문성을 발휘할 수 있는 분야가 이쪽 사회적경제입니다. 행정의 경험과 기획력, 네트워크 등 기대 이상의 활동을 하시고 계시는 분들이 많으십니다. 지난 7년간 전국을 다니면서 직·간접 경험을 통해서 보면 행정출신의 역할이 해당 기업의 성장에 큰 기여를 하는 것을 자주 보고 있습니다. 집에서 배우자 눈치 볼 필요 없이 제2의 인생을 개척할 수 있습니다." 이런 논조로 이야기를 한다.

강의실 분위기가 일순간 달라진다. 엄숙한 표정에서 다소 편안해진 미소를 보여주기도 한다. 강의가 진행될수록 고개를 끄덕이기도 한다. 공감하는 표정이 많아진다. 강의 후반부에는 집중하는 열의가 보인다. 이렇게 조금씩 행정에도 사회적경제기업을 이해하는 분위기가 확산되어 가고 있다.

행정이 협동조합 등 사회적경제 분야를 깊게 이해할 수 있도록 필자가 노력하는 이유가 있다. 자활기업, 사회적기업, 마을기업, 농촌공동체회사, 협동조합 등 독수리 오형제는 행정과 밀접한 불가분의 관계에 있다. 협동조합은 신고필증과 인가증을 행정에서 책임지고 있으며, 나머지는 행정에서 보조금을 받고 있다. 따라서 행정 담당자와의 관계망이 우호적이냐 아니냐에 따라서 환경의 차이를 보인다. 정기적 순환보직과 수시로 바뀌는 인사이동으로 행정이 전문가 역할을 다 할 수 있는 분위기는 아니지만, 최소한의 이해는 하고 있어야 한다. 사회적경제기업에 대한 폭넓은 이해도와 공유하려는 분위기는 관련 교육을 통해서 가능하다. 일부 담당자들만 받는 교양 및 실무수업으로는 확산의 정도가 다르다. 현장의 목소리를 가장 근접하게 듣고 있는 행정 담당자의 관심은 협력체계에 상당한 차이를 보여준다. 적극적 관심과 일상적 행정업무로만 인식하는 태도는 해당 지역의 생태계 변화에도 큰 영향을 미친다. 이러한 사례는 전국에 수없이 많이 나타난다. 행정과 사회적경제기업 관계자들의 거버넌스 차이에 따라 성공과 실패사례가 나오는 것이다. 해서 협동조합 등 사회적경제 분야의 구성원 교육도 필수적이지만 행정의 관련 직무교육도 동반 수행되어야 한다.

9. 무속인협동조합에 관심을
    보이는 외국인

오래전부터 정부에서는 아시아, 아프리카 등 외국의 공무원 및 관계자들에게 IT 활용과 새마을운동 콘텐츠를 홍보하고 있다. 전자정부 서비스를 실현하는 한국지역정보개발원에서는 IT 정보화를 소개하고 있다. 한국국제협력단(KOICA)에서는 새마을운동 시범마을 건립사업 등을 진행하고 있다. 이러한 외국의 공무원들에게 대한민국의 IT와 새마을운동에 대한 교육시간에 마을기업과 협동조합을 함께 설명하는 시간이 있었다.

필자는 대한민국을 방문한 외국의 공무원들에게 협동조합을 활용한 마을기업 사례 등을 소개하는 강사로도 활동하고 있다. 마을기업은 필리핀 공무원들이 흥미를 보였고, 협동조합은 몽골 공무원들의 관심을 모았다. 몽골 공무원들에게 협동조합 소개할 때 가장 뜨거운 반응을 보였던 사례는 무속인 협동조합이었다. 몽골에는 무속신앙이 상당수 자리 잡고 있다고 한다. 협동조합에 대한 이야기보다는 무속인이 할 수 있는 사업이라는 것이 신기했었던 모양이다. 대한민국은 현재 무속인 관련 협동조합이 2개 설립되어 있다. 업종은 가구 내 고용활동 및 달리 분류되지 않은 자가소비 생산활동으로 되어 있다. 2곳 모두 서울 시내에 소재하고 있다.

무속인협동조합의 시스템 운영원리는 간단하다. 사람에 따라서는 1년에 한두 번 토정비결, 사주팔자, 궁합 등을 보러 가는 경우가 있다. 무속인 상담을 많이 필요로 하는 경우는 더 자주 방문을 한다. 이때 상담의 대가로 지불하는 금액이 크고 작음에 따라 희비가 엇갈리는 경우가 있다. 즉 1년에 몇 차례에 무속인을 찾아가는지에 따라 지불하는 비용에 차이가 날 수밖에 없다.

최근에는 1회 방문 시 수도권은 기본 5만 원, 비수도권은 3만 원이라고 한다. 이는 최소비용이며, 인원수에 따라서 또는 상담의 내용과 깊이에 따라서 그 가격은 천차만별이다. 한국무속신문사의 자료에 따르면 부산지역에서 1회 상담에 무려 1,700만 원이란 돈을 지불한 사례가 있다고 한다. 정치에 출마를 저울질 하는 정치후보생들의 경우도 수백만 원씩 내고 찾아가는 유명한 점집이 있다고 한다. 교회 숫자보다도 더 많다고 알려진 점집에, 관련 데이터를 가지고 상담을 해준다는 철학관 등 유사 형태까지 합하면 그 숫자는 파악하기 어려울 정도다. 하지만 많은 만큼 모두가 상당수 이익을 창출하는 구조는 아니다. 소문난 점집에는 손님이 몰려들 것이지만 그렇지 않은 곳은 생계유지도 곤란할 정도라 한다.

무속인에게는 불확실한 수요자 그룹에 대한 불안감이 있다. 무속 상담을 받으러 가는 사람들은 본인이 원하는 답을 얻지 못하거나 지인으로부터 더 용하다는 무속인의 정보를 들으면 바로 마음을 바꾼다. 신기가 있어 용하다는 유명한 집을 찾아가려는 속성이 반영된다. 그래서 이곳저곳 점집을 옮길 가능성이 많은 상황이다. 무속인 입장에서는 이러한 소비자의 행태에 불안해할 수밖에 없다. 고정손님이 아닌 지나가는 뜨내기 고객이기 때문이다. 들쑥날쑥한 고객 방문으로는 매달 수입을 예상하기 어렵다.

간혹 상담을 받으러 온 고객이 굿이라는 것을 하게 되면 목돈이 생기기도 하지만 이 또한 지속적이지 않은 수입형태다. 찾아온 손님을 지속적으로 방문할 수 있도록 하려면 무엇인가 특단의 조치가 필요한 시점이다. 대단히 유명해서 하루에 몇 명 이상은 상담을 해주지 않는 무속인도 존재한다. 하지만 이는 일부 무속인 이야기에 불과하다. 대부분은 고정적이지 않은 손님들을 대상으로 영업하고, 상담을 통해 때로는 굿 등을 하는 대가로 생활비를 벌고 있다.

이러한 열악한 환경을 개선하고 지속가능성을 담보하기 위해 일부 무속인이 협동조합을 찾게 되었다. 무속인이 고객들과 함께 협동조합을 설립하는 경우도 있고, 무속인들이 모여서 생산자협동조합 방식으로 운영하는 경우도 들 수 있다.

무속인들이 협동조합을 결성하여 운영하면 어떠한 형태로 진행될 수 있는지를 가정해보자. 점집을 찾아가는 사람은 본인 한사람의 상담을 받는 경우도 있지만 대부분 가족의 이야기까지 상담을 받고 싶어 한다. 그러면 1인당 5만 원 씩, 4인 가족을 기준으로 1회 방문에 20만 원이라는 돈이 소요된다. 1년에 2번 방문을 하게 되면 40만 원이 들고, 가족을 대상으로 4번 상담을 받게 되면 총 80만 원이라는 비용이 지출되는 구조다.

A 씨는 가족의 무사안일과 미래를 알고 싶어 1년에 2번 방문하여

40만 원의 비용을 사용한다. 그런데, 어느 해는 아이의 대학입시, 배우자의 사업문제, 가족의 건강문제 등 이러저러한 일로 방문빈도가 높아졌고, 그만큼 비례하여 지출하는 비용이 백만 원 단위가 넘어섰다. 서민의 입장에서는 쉽게 감당하기 어려운 비용이다. 비용부담으로 간단한 것만 물어보거나, 꼭 필요한 가족 이야기만 상담받고 싶지만, 현실은 그렇지 못하다. 상담을 받다보면 궁금한 것은 모두 물어보고 이야기를 들어야 마음이 편해짐을 느끼기 때문이다. 때로 상담받았던 이야기가 비용보다 훨씬 큰 가치로 생각되면 비용이 아깝다고 생각하지 않는다. 그럼에도 불구하고 1인당 15분 내외의 상담에 지불되는 비용은 적지 않다고 생각한다.

이렇게 A 씨처럼 생각하며 점집을 찾는 사람들이 많다. 그래서 조금 더 유명하고 소문난 점집을 찾아다니게 된다. 이왕 같은 값이면 듣고 싶은 이야기를 들어야겠다고 생각하기 때문이다. 거리상 장소는 문제가 될 게 아니다. 확실히 소문난 무속인이 있다면 섬이라도 찾아가는 사람도 있기 마련이다.

무속인 B 씨는 최근 신기가 부족했는지, 접근성이 용이하지 않아서인지 찾아오는 사람들이 점점 줄어드는 것을 피부로 느끼고 있다. 매년 그 숫자는 감소하고, 굿이라도 제안하면 대부분 간단한 상담만 하고 가는 경우가 대다수다. 수입은 감소하고 지출할 대상은 많아진다. 이러한 고민을 안고 있는 무속인 B 씨가 어느 날 협동조합을 알게 되었다. 소리없이 공부도 하고 무료 강연장에 찾아가 분위기도 살펴봤다. 직업을 속이고 협동조합 전문가라는 사람에게 상담이라는 것도 받아보았다. 점집을 찾아오는 사람들의 심리를 잘 파악하고 있었던 B 씨는 협동조합의 원리를 점집에 활용하기로 했다. 협동조합 운영을 통해 보다 안정적인 사업구조를 가져가기로 한 것이다. 평소 알고 지내던 무속인 D 씨에게 협동조합 운영방식을 설명하고 같이 해보자고 권유해봤다. D 씨도 최근 수입감소로 생활의 어려움을 해결해보려는 생각이 많았던 차에, B씨의 권유를 또 다른 찬스라 생각했다. 무속인 B 씨와 D 씨는 점집을 자주 방문하는 고객들을 대상으로 협동조합을 설명하기 시작했다. 전화로 대략 설명하고 날짜를 정해 간담회를 개최했다. 많은 고객들이 나타났다. 고객들로서도 이득이 있고 혜택이 있다는 무속인의 이야기는 그냥 지나칠 수 없는 호기심 그 이상이었다.

무속인협동조합의 설립과 함께 1만 원의 조합 출자금을 내면 조합원이 된다. 1인 1표의 의사결정까지 할 수 있다고 한다. 돈을 내고 상담받는 입장이지만, 때에 따라서는 무속인협동조합의 주인이 된다는 생각이 앞선다. 조합원은 같은 조합원인 무속인으로부터 상담을 받을 때마다 30% 상담할인을 해주는 조건을 내세웠다. 고객이 방문 시 1회마다 평균 20만 원을 지불했다면, 6만 원의 혜택을 받고 14만 원만 내면 되는 구조다. 상당한 이익을 본다고 생각하는 손님은 자연스럽게 조합원으로 가입한다. 2번 방문하면 12만 원을 절약한다는 계산이 나온다. 1만 원 출자금 내고 매년 12만 원씩 이익을 보면서 무속인으로부터 가족의 애환을 상담받는 시스템은 매력적이기까지 하다. 그렇게 무속인협동조합의 조합원이 되었다. 예전에는 왠지 거리감이 있었던 무속인이 같은 조합원이라는 측면에서 식구 같다는 생각마저 하게 되었다. 상담의 내용도 더 많아지고 깊이 있는 이야기까지 해주는 듯한 느낌이 든다. 여기저기 옮겨 다니느라 시간 소비할 필요도 없어졌다. 무속인이 B 씨 혼자가 아니라 또 다른 무속인 D 씨의 상담도 받을 수 있는 구조라 더욱 좋다. 이래저래 고객이자 조합원으로선 좋은 일이다. 모두가 행복한 협동조합 조합원이된 것 같다. 물론 연간 12만 원의 돈을 절약했다고 생각한 고객이기존 2회 방문에서 3회, 4회로 방문횟수를 늘려갈 수도 있다. 무속인 입장에서는 안정된 고객, 충성스런 고객을 확보했기 때문에 조합원 관리만 잘하면 된다.

10. 농업협동조합 운영에서
　　　배우는 성공방식

　　우리 사회의 모든 영역에서 1등을 향한 현상은 다양하게 표출된다. 인간들 사이의 서열은 물론 생산해내는 재화 및 서비스 등에 이르기까지 계층화를 만든다. 판매량과 매출액에 따라 자연스럽게 순서가 만들어진다. 언론매체 발표는 기본이며, 각종 보고서에도 계층적 구조는 당연해 보인다. 2등은 1등을 위해, 하위그룹은 중간그룹에 포함되기 위해, 중간그룹은 상위그룹을 위해 열심히 달린다. 1등을 위해 뛰는 다양한 노력에 대해서는 이견이 없다.

　　동물의 왕국에서도 먹고 먹히는 관계, 약육강식이 나타난다. 식물들조차도 침엽수림이나 활엽수림이냐에 따라 해당 지역의 생태계가 변하는 자연의 법칙이 드러난다. 예쁜 꽃들조차도 벌과 나비를 유혹하기 위해 더 아름다운 모습과 향내를 뿜어내고 있다. 이 모든 자연의 흐름은 생존을 위한 행위수단이라 할 수 있다.

　　다만, 인간이든 동식물이든 과도한 경쟁은 통제해야 한다. 외래종

식물이 우리나라에 들어와 토종식물을 밀어내고 자리 잡고 있다. 외래 어종이 국내 민물 어종을 초토화시키는 사례는 부지기수다. 인간의 과도한 경쟁의식과 행태는 어느 한계점을 지나면 인간성 상실 등 역기능적인 측면이 나타난다. 정해진 생산목표를 달성하기 위해 지나친 방법 등을 사용하게 된다. 조금이라도 단순하다고 생각되면 기계 자동화로 대체한다. 회사의 입장에서 비용을 절약하기 위해 나이든 관리자는 최소화시키고 명퇴를 유도한다. 거부하는 조직원은 지점 또는 지사로 발령하거나 실질적인 업무를 맡기지 않고 스스로 물러나게 자리를 배치한다. 버티지 못하고 스스로 물러날 수밖에 없을 정도의 가혹한 상상 이상의 행위를 가한다. 이러한 모습은 일상생활에서 주변에서 직·간접적으로 듣고 체험할 수 있는 것들이다. 이러한 비인간적 행위조차도 어느 순간부터는 우리 사회의 일그러진 단상의 하나로 받아들이고 있다.

국내 우유업계의 브랜드를 인간의 욕망과 대비하여 전해지는 이야기가 있다. 풍자적인 우유 이야기는 이렇게 시작된다. 교육열이 대단히 높은 대한민국의 현상이다. 자식을 둔 부모들은 아이가 태어나면 서울우유를 먹인다고 한다. 아이가 말을 하고 유치원에 들어갈 시기가 되면 부모는 아이의 현실을 조금씩 받아들이면서 연세우유로 바꾼다. 초등학교에 입학할 시점이면 건국우유로 바뀌어 있다. 여기까지가 서울소재 대학교 입학을 갈망하는 마음에서 이루어지는 행위다. 그러나 6년간의 초등학교를 마치고 중학교에 다니는 아이 성적을 감안하면, 서울 인근 소재 대학이라도 하는 마음에서 삼육우유로 바꾼다. 설마 우리 아이는 했던 생각이 고등학생이 되면서 어느 날부터 저지방우유를 먹기 시작했다는 어이없는 내용이다. 해당

업체의 입장에서는 대단히 불쾌하고 받아들일 수 없는 사례다. 판매량, 회사 규모 등 우유업계 순위도 맞지 않지만, 인간의 1등을 향한 욕심은 이렇게 제품의 이름까지도 개그 소재로 활용할 정도다.

서울에 살고 있는 부모의 입장에서 아이가 서울소재 대학에 들어가기가 쉽지 않은 현실을 빗대다 보니 이러한 어처구니없는 이야기까지 각색되고 생산되어 전해지는 모양이다. 이러한 웃지 못하는 이야기까지 나오는 배경에는 소위 일류대학을 졸업해야 그나마 사회에서 빠른 성장과 출세를 할 수 있을 것 같은 소망이 있을 것이다. 대학순위에 따라서 나타나는 절대적 현상은 아니지만, 지금까지 개략적으로 암묵적으로 공감하고 있는 사회현상이다. 대학 브랜드에 따라서 취직이 되고 출세가 되는 사회를 지켜보는 수많은 부모의 마음은 대동소이하다. 이왕이면 이라는 생각에 서울우유를, 연세우유를 먹이고 싶어 하고, 고려우유가 있다면 그것마저 주고 싶은 마음일 것이다. 소위 스카이대학 현상이 만들어낸 허상일지라도 그것에 대해 강한 부정을 하지 못하는 형국이다.

국내 우유업계에서 강자로 알려진 남양우유와 매일우유가 주춤하는 사이, 서울우유가 1위를 몇 년간 유지한 적이 있다. 지난해 다양한 사업진출로 성장하는 두 업체와 달리 우유 생산에만 집중해온 서울우유가 상대적으로 밀렸다는 언론의 평가다. 국내 협동조합을 말할 때 거의 빠지지 않고 등장하는 사례가 서울우유다. 서울우유는 협동조합기본법상의 협동조합은 아니다. 8개 개별법 중 하나인 농업협동조합법 제정으로 탄생한 협동조합이다. 협동조합기본법 시행초기는 물론 현재에도 협동조합의 사례로 소개되고 있다. 필자가 서울우유협동조합을 소개하는 이유는 기존 개별법에 근거한 협동조합과 기본법을 토대로 한 협동조합의 차이 등을 비교 설명하기 위해서다. 필자는 개별법에 의해 설립되어 운영되고 있는 8개 협동조합 유형을 단순하게 기본법상의 열악한 협동조합과 동일시 취급하지 않았으면 하는 입장이다. 동급 취급해서는 안 된다는 생각이다.

서울우유가 국내 우유 유통업계에 한때 강자로 등극하게 된 원인은 다음과 같다. 우유 소비자들의 눈길을 모은 이벤트가 있었다. 우유 제품뿐만 아니라 대부분 식품은 유통기한 표시를 하고 있다. 해당 제품이 어느 시점까지는 식품으로서 가능하다는 표식이다. 서울우유는 유통기한뿐만 아니라 우유를 생산한 제조 일자를 우유에 표시함으로써 소비자의 신뢰를 얻어냈다. 다른 우유업체가 하지 못했던 제조 일자 표시는 국내 식품업계에 대단한 파장을 불러왔다. 이후 매일 판매량 15% 신장이라는 놀라운 결과가 나타났다고 한다. 또한 서울우유가 다른 법인격이 아닌 농업협동조합이라는 사실이 알려졌다. 수도권 중심의 축산농가가 협동조합을 구성하여 이루어낸 협동조합이라는 내용이 언론매체를 통해서 퍼진 것이다. 협동조합 초기의 설립 수 열풍이 불 때 맞물려 서울우유도 급성장을 한 것으로 전해진다. 더구나 서울우유협동조합이 제품의 제조일자 표기를 위해 3년여 시간 동안 조합원들끼리 토론과 회의를 통해 얻어진 결론의 산출물이라는 사실이 더욱 감동적으로 전해졌을 것이다. 이러한 협동조합의 내부적 노력이 소비자들의 신뢰를 얻고 제품 구매 신장의 동력으로 작용했다고 해도 과언이 아니다.

국내 개별법에 의한 농업협동조합인 도드람양돈협동조합의 사례도 참고할 만하다. 양돈농가들이 주식회사로 출발해서 협동조합으로 전환한 사례다.

단일 품목농협의 인수합병을 거치면서 성장했고, 주식회사 형태의 투자회사, 직할 사업부, 신용사업까지 운영하는 기업모형 형태의 농업협동조합이다. 협동조합은 합리적인 사료 가격을 형성하고 유지하여 축산농가의 안정적인 성장을 도모하기 위함이었다. 사료 분야에서 시장경쟁을 촉진시킨 계기가 되었던 사료 원가 공개는 조합원들의 신뢰를 얻어내기 충분했다. 도드람양돈협동조합은 국내에서 유일하게 사료 원가와 품질기준을 조합원에게 완전히 공개하여 가격을 결정하고 있다. 이로 인해 국내 양돈농가의 가격을 결정하는 기준이 될 정도라 한다. 한편 도드람양돈협동조합은 다양한 자회사를 운영하고 있다. (주)도드람푸드, (주)도드람양돈서비스, 도드람LPC공사, (주)디에스피드 등이다. 도드람양돈협동조합의 자회사이면서 모기업의 성장을 지원하는 지원역할을 하는 회사들이다. 협동조합을 둘러싼 자회사들은 대부분 상법상 주식회사들이다. 도드람양돈협동조합은 주식회사로 출발해 농업협동조합으로 전환했지만, 자회사들은 여전히 주식회사 방식의 사업구조를 유지하며 협력적 방식으로 운영하고 있다.

4장

한 마리 토끼라도 확실히 쫓아라

1. 협동조합 1만 개 시대,
   성찰과 미래계획

2009년 가을, 지인을 통해 새로운 비즈니스 아이디어를 마련해달라는 부탁을 받았다. 일자리 창출을 위한 묘안이 없느냐는 청와대 관련 비서관실의 내용이었다. 커뮤니티비즈니스 관련 영국과 일본의 정책사례를 통해 새로운 사회적 일자리사업을 정부에 제안했다. 제안내용을 토대로 했는지, 다른 정책을 참고했는지는 모르겠지만 몇 개월 뒤 부처별로 사회적일자리사업이 시작되었다. 모 부처의 자료가 우리 연구진이 보내준 자료와 거의 유사하다는 것만 현장에서 확인했다.

2007년 7월부터 시작된 사회적기업이 완만한 곡선에서 급물살을 타고 성장하기 시작한 것도 2010년 하반기부터라고 보면 된다. 이때부터 (예비)사회적기업이란 단어도 등장하기 시작했다. 중앙부처뿐만 아니라 광역지방자치단체의 본격참여가 이뤄진 것도 2010년 말부터다. 2011년부터는 기초지방자치단체가 단독으로 (예비)사회적기업 제도를 활용하기도 했다.

2010년 하반기 시범사업으로 출발한 행정자치부의 마을기업과 인연을 맺은 필자로서는 협동조합에 대한 관심이 많았다. 2012년 12월부터 시행된 협동조합은 우리 사회에 새로운 법인격 부여라는 측면에서 의미가 있다. 2013년부터는 새롭게 설립되는 법인들이 가능한 협동조합으로 설립하려고 했다. 행정의 홍보에 따른 권유도 있었지만, 협동조합만 설립하면 무엇인가 도움을 받을 수 있을 것이라는 기대감도 있었기 때문이다.

그 당시 마을기업들은 대부분 영농조합법인 또는 주식회사 법인격을 가지고 있었다. 2013년부터 마을기업을 신청하고자 하는 단체들이 협동조합 법인격을 설립하는 경우가 많아졌다. 서울시는 협동조합으로 설립하여 마을기업을 신청하는 경우에는 가산점 제도를 부여하기도 했다. 이후 논란이 되면서 폐지되었다.

필자는 협동조합 제정이 된 2012년 1월부터 협동조합에 대한 공부에 집중했다. 다양한 정책토론회는 물론 작은 간담회까지 참여할 수 있으면 달려갔다. 현장에서 협동조합에 대한 강의를 듣거나 발제자 및 토론자들의 이야기를 들으면서 고민에 빠졌다.

2012년 12월부터 시행되는 협동조합기본법에 따른 협동조합에 대한 이야기에 집중하지 못했다. 외국의 선진사례를 통한 협동조합의 성공담 일색이었다. 특별법을 통해 제정된 8개의 협동조합에 대한 사례가 더 많았다. 농협의 권력화에 대한 비판을 본격적으로 다루었다. 그중에서도 신용협동조합과 소비자생활협동조합에 대한 이야기가 주를 이루었다. 우리나라에 언제 신용협동조합이 생성이 되었는지, 어떻게 자리를 잡았는지, 누가 희생을 하였는지 등이다. 또한 아이쿱생협, 두레생협, 한 살림 등에 대한 소비자생활협동조합의 활약상에 대한 이야기가 중심으로 다뤄졌다.

5명만 모이면 누구라도 협동조합기본법에 의해 출자금 제한 없이 협동조합 법인격을 만들어 사업할 수 있다. 아주 심플한 메시지 전달이다. 더구나 국가 예산을 쥐고 있는 기획재정부가 소관부처로 협동조합 정책을 견인하고 있다. 협동조합 만들면 뭔가 도움을 주겠지라는 소문이 돌았다. 당시 협동조합 관계자들은 물론이고 설립을 계획하고 있는 수많은 시민들은 그렇게 믿고 있는 듯 보였다.

향후 어떤 방식의 정책으로 가야 되는지 가늠할 수 없는 상태에서는 벤치마킹이란 것이 유효한 역할을 하는 법이다. 앞서 진행된 협동조합들이 어떠한 길을 걸어왔고 외국의 사례는 어떤 것이 있는지를 참고하면 기본은 따라갈 수 있다. 그러한 자료와 사례를 통해 새로운 정책이 어떻게 뿌리를 내려야 되는지를 계획할 수도 있다. 그래서인지 외국의 사례가 중심을 이루고 국내 개별법으로 제정된 농협 등 8개 협동조합에 대한 이야기가 많았다. 아주 작은 출자금으로 5명만 모여 협동조합 신고필증만 받아들고 관망 모드로 돌아선 예비 협동조합에 대한 이야기는 부족했다. 협동조합 신고필증을 받고도 법원에 등기를 하지 못하고 있는 단체들이 많아졌지만, 해결을 위한 대안은 부족했다. 법원 등기를 마치고 사업자등록증을 발급받았지만, 실제 사업을 원활히 진행하는 경우도 많지 않았다. 그럼에도 불구하고 협동조합 설립 건수는 지속적으로 늘어만 갔다. 양적 증가만 하는 협동조합의 표면을 다루는 보도방향이 바뀌어 갔다. 2013년 협동조합 시장은 숫자증가와 내적갈등이란 양면 사이에서 고민스럽게 성장하고 있었다. 이러한 고민은 2016년 한여름 복더위에서도 지속되었고, 2017년에도 계속되고 있다.

이러한 맥락에서 협동조합을 바라보는 필자의 시각은 냉정하다. 협동조합기본법 시행일로부터 만 4년을 넘어간 현시점에서 협동조합은 올바르게 진행되고 있을까? 초기의 정책목표와 의도대로 순항하고 있을까? 아직은 성과를 평가하기에는 시간이 부족하다고 할 수 있을까? 협동조합 설립신고 1만 개 시대에 냉정한 평가가 이뤄져야 한다고 생각한다. 협동조합 숫자 증가는 정책을 결정하고 집행하는 소관 부처 또는 일부 정치권의 입장에서는 두 손 들어 환영할 일이다. 외환위기 이후 급락하는 경제침체 상황에서 신설법인의 증가는 오랜 가뭄에 단비일 수 있다. 법인격을 부여받은 협동조합의 확장은 새로운 고용창출의 청신호일 수도 있다. 특히 중장년층의 새로운 사업진출과 고용 효과는 큰 것처럼 보인다. 이명박정부에 이어 박근혜정부에서도 가장 큰 고민은 일자리 창출이다. 때문에 협동조합의 양적증가에 가려진 질적 성장을 위한 고민은 깊게 하지 못한 것이다.

협동조합 설립을 원하는 시민에게 정부의 입장에서는 협동조합 신고필증을 발급해주고 숫자 체크만 하면 되었다. 신고필증을 교부받은 단체가 법인등기를 했는지, 사업자등록증을 내고 본격사업에 뛰어들었는지까지는 관심이 부족해 보였다. 사실 그것까지 행정이 관리할 의무는 없다. 협동조합 법인격을 취득했다 할지라도 개별 사기업의 내부 운영까지 간섭할 수는 없는 것이다. 그래서인지 협동조합 신고필증을 발급받아간 숫자에만 관심이 있는 듯했다. 그 숫자에 따라 5천 개가 넘어갔고 2016년 가을이 되기 전에 1만 개의 협동조합 설립을 홍보하였는지 모르겠다.

1만 개의 협동조합 중에 사업자등록증을 발급받아 현장에서 사업을 하고 있는 협동조합이 얼마나 될까? 사업을 관망하거나, 핵심사업에 참여를 못하고 있거나, 자본이 없어 망설이고 있는 협동조합은 몇 퍼센트나 될까? 유급 상근직원을 고용하여 본격적인 사업을 하고 수익을 내고 있는 협동조합이 많이 있을까? 우리 주변에 성공모델이라 알려진 협동조합들의 사례는 적절한가?

특히 조합원들끼리의 갈등과 반목으로 사업을 진행하지 못하고 있는 협동조합들의 실태는 파악하고 있는가? 그들의 이야기를 진지하고 솔직하게 경청은 했는가? 협동조합이라서 정부의 지원을 해줘야 올바른 것인가? 8개 개별법에 의해 제정된 협동조합과 협동조합 기본법에 의한 협동조합을 동일 선상에서 이해하는 것이 맞는 것인가? 협동조합이 지역사회에 크게는 국가를 위해 어떠한 공헌을 하고 있는가? 협동조합 구성원들이 그러한 생각으로 참여하고 있는가? 협동조합에 참여하는 조합원들이 진정으로 조합운영을 위해 적극적으로 나서고 있는가?

기획재정부가 협동조합 주관부처로서 역할을 계속해야 하는가? 소위 사회적경제라는 영역에 대한 규정은 정확히 하고 있는가? 정부와 지자체와의 공조와 연계 시스템은 잘 되어 있는가? 협동조합 지원기관이 정부와 지자체로 구분되어 운영하는 것이 맞는 것인가? 협동조합 중간지원기관의 구성원들의 전문성은 확보되어 있는가? 협동조합연합회 또는 협동조합협의회 등 협동조합들끼리의 연합체 성격의 모임 구성은 적절한가? 개별법과 기본법 구별 없이 협동조합이란 단어에 구색을 맞춰도 되는가?

필자는 앞에서 열거한 수많은 궁금증을 토대로 협동조합에 대한 이야기를 풀어나가고 있다. 협동조합의 성공적 발전을 위한 기본조건은 숨김없이 풀어내야 한다. 정책결정 과정의 숨겨진 이야기, 관계자들의 생각, 현장의 생생한 이야기, 행정과 협동조합의 관계, 협동조합 리더들의 고민, 협의회 등 단체를 결성하려는 정치적 의도, 조직구성과 사업운영의 괴리, 관망 모드의 페이퍼로 남겨지는 휴면기업, 정부 의존성 심화를 불러온 책임 여부 등 협동조합의 드러난 일상을 그대로 보여줘야 한다고 생각한다.

　상처가 오래되면 간단한 수술로 회복하기 어려워진다. 곪은 상처가 있다면 숨기지 말고 의사에게 보이고 처방을 받고 치료를 해야 한다. 협동조합법 시행 이후 지난 4년여 시간을 점검하고 향후 100년을 바라보는 시각으로 계획해야 한다. 그래야만 대기업 체제의 경제모순을 보완하는 건전한 경제구조로 성장할 수 있기 때문이다.

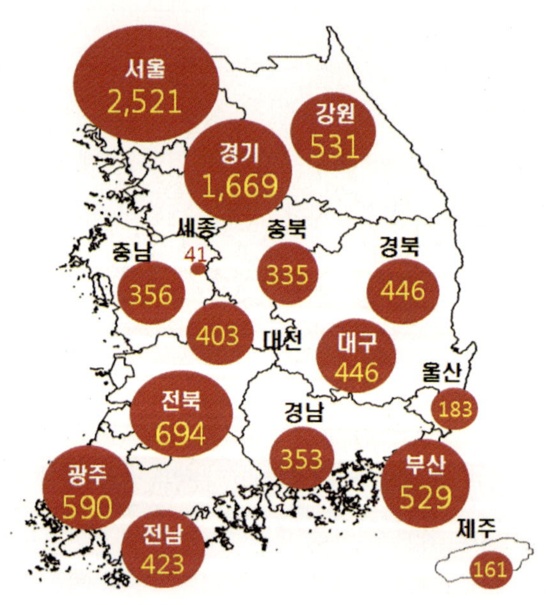

[그림 2] 일반협동조합 수리 건수 현황(2016년말 기준)

2. 외국의 유명한 협동조합 성공 동력

2012년 1월 26일 협동조합기본법은 법률 제11211호로 제정되었다. 이후 2012년 12월 1일 법 시행되기 전까지 관련 행사가 많았다. 외국의 전문가를 초청한 국제행사를 시작으로 다양한 이벤트가 있었다.

이때는 협동조합기본법에 대한 법적, 제도적 설명이 주를 이루었다. 동시에 스페인 몬드라곤을 중심으로 유럽 등 선진국의 성공적 협동조합에 대한 소개가 줄을 이었다.

근대적 소비자협동조합의 효시로 알려진 영국의 로치데일 공정개척자협동조합. 조합원 28명이 1년 동안 1파운드씩 모은 30파운드로 생필품 마련을 시작한 협동조합이다.

호세마리아 신부가 설립한 스페인의 몬드라곤협동조합. 1956년 창업초기부터 아무리 어려워도 고통 분담을 통한 해고 없는 경영원칙을 준수하고 있다고 한다.

협동조합의 도시라 불리는 이탈리아 에밀리아로마냐주의 볼로냐.

1991년 이탈리아에서 최초로 사회적협동조합이 제정되었다. 이는 우리나라의 사회적기업 육성법 제정에 큰 영향을 미쳤다.

스위스에 매장 600개를 소유한 소비자협동조합인 미그로협동조합. 스위스 국민의 약 30%에 가까운 인구가 조합원으로 참여하고 있다.

생산자협동조합연합회를 결성한 미국 캘리포니아 애리조나의 썬키스트. 6천여 명의 오렌지 생산 농민과 8개의 협동조합이 중간상인의 독과점 횡포에 대응하기 위해 출범했다.

2,700여 키위 생산농가가 참여한 뉴질랜드의 제스프리. 이사 8명 중 5명이 농민이며, 전 세계 키위 수출량의 40%를 점하는 키위 최대의 브랜드로 성장하고 있다.

1만2 천여 개의 포도농가 협동조합이 소유하고 있는 미국의 웰치스. 협동조합의 지배권을 유지하면서 주식회사 장점을 취하고 있다.

1899년 축구팬들이 출자한 세계 최고의 명문 축구 클럽, 스페인의 바르셀로나FC. 4년마다 단장 선출을 하며, 선수들이 행정 및 관리업무도 직접 수행하고 있다.

전 세계 121개국에 뉴스를 제공하는 미국 글로벌언론사 AP(Associated Press)통신. 발행 부수에 따라 경비를 분담하며, 이사회를 구성하여 소유분산으로 운영하고 있다.

그냥 듣기만 해도 경이로울 정도의 성공사례들이었다. 생각지도 못했던 각국의 성공사례들이 봇물 터지듯 쏟아졌다. 오렌지, 키위, 포도 주스 생산회사로만 인식되던 수입상품이 알고 보니 협동조합 제품이었다. 우리 주변에 협동조합 제품은 차고 넘치는 듯 보였다. 우리 생활과 밀접하고 오랜 기간 함께해온 협동조합이다. 금방이라도 친해지고 공동운영방식에 익숙해질 것 같았다. 외국의 성공사례를 바탕으로 협동조합이 널리 확대될 것으로 믿었다. 협동조합에 관심 있는 관련자는 그러한 믿음을 가지고 있었다.

협동조합기본법 제정에 이어 시행까지 약 1년여 동안은 물론, 그 이후에도 협동조합의 성공사례는 자주 접할 수 있었다. 이러한 흐름은 2013년과 2014년에 집중되었으며, 최근에도 가끔씩 들을 수 있다.

미국, 유럽, 일본 등 소위 선진국 협동조합의 성공사례가 많이 알려져 있다. 대부분 이사장의 헌신적인 노력과 조합원의 신뢰를 담보한 네트워크, 협동조합 정신을 강조하고 있다. 어느 정도 시간이 걸려서 그렇게 성공하게 되었는지에 대한 이야기는 말하지 않는다. 협동조합 자체의 조직만 가지고도 내수시장의 몇 퍼센트의 비중을 차지하고 있는지에 대한 부연설명이 없다. 대규모 공장을 유지하고 생산에서부터 유통, 판매하는 회사에 이르기까지 협동조합이 운영하는지 다른 법인격으로 하는지에 대한 정보가 부족하다. 우리에게 알려진 것은 스페인의 몬드라곤의 전설이 서울에서도 가능하다는 상상과 계획과 각오뿐이다. 협동조합 붐이 일기 시작한 최근 몇 년 동안은 협동조합의 활성화를 위해서 설명이 부족하고 정보제공이 미흡했다고 이해할 수도 있다. 하지만 협동조합기본법이 시행된 지 만 4년이 지나고 5년 차에 접어들었어도, 현장 어느 곳에서도 내부적 프로세스에 대한 설명이 없다. 지금도 여전히 협동조합에 대한 이상적 이야기가 주류를 이루고, 공공지원에 대한 아쉬움만 이야기한다. 2017년 1월 초에는 지금까지 금지했던 보험업과 은행업에 대한 검토를 시작했다는 언론보도까지 나왔다. 협동조합이 성장하지 못하고 활성화되지 못하는 원인은 개별법이 허용하고 있는 금융과 보험이 없기 때문이라는 핑계로 비쳐진다. 물론 막대한 자금을 이끌어내고 협동조합에 투자할 수 있는 금융업에 진출하게 되면 성장 속도에 가속이 붙는 것은 당연하다.

협동조합이 이처럼 양적 숫자만 늘려가고 질적 성장을 담보하지 못하는 근본적인 원인은 어디에 있는가를 분석해야 한다. 다양한 원인이 있겠지만 여기서는 구조적 시스템에 대해서만 논한다. 협동조합이 소규모 성장을 넘어 기업 확대를 위한 단계에 진입하면, 가장 큰 고민은 외부 대규모 자금의 유입이다. 기존 조합원들이 낸 출자금으로는 대규모 기계 구입이나 플랜트 건설에 한계가 있다. 수많은 조합원들이 재출자를 통해 해당 규모의 자금을 마련하면 가장 좋다. 하지만 현실적으로 그러기에는 자금의 규모가 다르고, 조합원들의 자금동원이 쉽지 않다.

문제는 대규모 자금이 필요한 시기에 은행 및 투자기업 등의 투자를 이끌어내기가 어렵다는 것이다. 협동조합의 메커니즘이 그렇다. 1인 1표 의사결정 방식은 그렇다 치더라도, 투자된 자금의 회수가 어렵다. 확실한 책임자가 존재하기보다는 출자한 만큼의 유한책임 방식이 책임성 부여 측면에서 망설이게 만든다. 투자했는데 이익이 나더라도 법정적립금, 임의적립금과 활용빈도에 비례한 배분방식이 먼저 이루어지고 가장 마지막에 출자한 자금비중에 따라 배분하는 방식이다. 투자자 입장에서는 망설일 필요도 없이 단번에 거절할 수 있는 구조적 결함을 가지고 있다. 이런 방식으로는 은행의 대출도 주춤거리고 엔젤기업의 투자가 이루어지기 어렵다. 투자를 해도 자금회수가 어려운 협동조합은 매력적이지 못하다. 냉정한 현실이다.

그렇기에 협동조합이 오랜 세월 동안 수많은 착오를 거치면서 현실에 적응한 시스템이 주식회사 법인격을 가진 자회사를 통해 투자를 유치해 운영하는 방법이다. 자회사의 경영권은 모법인격인 협동조합이 가지고 있기 때문에 간접적으로 투자금을 유치하는 전략이다. 상법상 주식회사는 투자자의 이익을 최대한 보호한다. 책임에 대한 소재도 명확하고, 의사결정도 빠르며, 이익 발생 시 투자자 비중에 따라 배분하고 주식을 보호해준다. 투자회사에서는 자금회수가 손쉽다는 장점이 있기 때문에 투자 결정이 수월하다. 선진국 수많은 협동조합의 운영방식이 그렇고, 국내 개별법에 의해 운영되는 협동조합의 자금유치 및 시스템도 병합적 방식을 채택하고 있다.

협동조합만 고집하다가는 지속적인 확대를 도모하기 어렵다는 것을 현실적으로 보여주고 있다. 협동조합의 장점과 단점을 명확하게 분석하고 정보를 제공해야 한다. 구조적으로 안고 있는 약점에 대해서 알려주고 보완할 수 있는 방안을 제시해주고 유도하는 것이 정책 공급자들의 역할이다.

3. 중간지원조직의 전문성과
차별화 업무

사회적기업과 협동조합은 고용노동부와 기획재정부가 한국사회적기업진흥원에 위탁하여 진행하고 있다. 따라서 한국사회적기업진흥원이 전국 17개 시도에 사회적기업과 협동조합 중간지원기관을 지정하여 운영하고 있다. 행정자치부의 마을기업은 17개 광역시도별 중간지원기관을 별도로 운영하고 있다. 사회적기업과 협동조합은 중앙단위의 중간지원기관이 활동하고 있지만 광역지자체별로 자체적으로 중간지원기관 역할을 하는 곳도 있다. 컨설팅은 중앙 차원에서, 교육은 지자체에서 맡아 분리 운영하는 곳도 있다. 2013년부터는 중앙, 광역지자체에 이어 기초지자체별로 자체 중간지원기관을 운영하는 곳도 나타났다.

상황이 그렇다 보니 사회적기업, 마을기업, 협동조합에 대한 중복 업무 문제가 발생했다. 유사한 기업군들이고 기업적인 측면에서만 보면 마케팅, 홍보, 판매 등의 교육을 같이 진행해도 큰 문제가 되지 않을 것이라는 문제 제기가 있었다. 통합적으로 운영하자는 주장과 주관부처의 다름과 집행방식의 차이, 사업목적의 상이함으로 분리 운영하는 주장이 충돌했다. 2012년까지는 통합적 운영이 효율적이라는 주장이 우세했다. 청와대 노동관련 비서관실의 권고로 인하여 통합적 운영이 잠시 시행되었지만 광역지자체별로 입장이 다르고 환경이 달라 전체적으로 적용되지는 못했다. 2012년 운영결과 득보다는 실이 많다는 사실도 드러났고, 각종 민원 발생 등으로 2013년부터는 다시 개별적 지원시스템이 작동되었다. 마을기업은 자체적으로 중간지원조직을 운영하게 되었다. 협동조합은 정부 보조금 사업이 아니어서 지원업무의 협소함이 있었다. 별도 중간지원조직 체제를 가동하기에는 업무지원의 한계가 있었다. 그래서 사회적기업 중간지원조직에 협동조합을 위탁 의뢰하는 방식으로 시행되었다. 현재까지도 그 흐름은 이어지고 있다. 마을기업은 자체 중간지원조직이 운영하고 있고, 자활기업은 지역자활센터에서 관리하며, 농촌공동체회사는 한국농어촌공사에서 별도 운영하고 있다.

협동조합이 보조금 지원업무가 아닌 교육지원, 설립지원 등에 국한되어 가동되는 것을 감안한다면 사회적경제기업은 별도의 중간지원조직 시스템으로 운영되고 있다고 해도 과언이 아니다.

행정의 입장에서는 사회적경제 관련 사업들의 통합적 운영이 행정의 효율성 측면에서 효과적인 것은 분명하다. 이른바 원스톱 행정지원체계다. 하지만 협동조합을 운영하는 당사자 입장에서는 보다 전문성 있는 중간지원조직의 구성원이 컨설팅을 해주기를 원하고 있다. 이러한 현실적 문제를 고려해야 할 것이다. 거시적 측면에서는 사회적일자리창출이라는 한 방향이지만 각 사업마다 추구하는 목적과 방법이 다르다. 참여자의 주체와 이해관계가 다른 상황에서 현장에서의 적극 대응 노력은 중요하다 할 것이다.

협동조합 중간지원조직의 역할은 어디까지일까? 그 기능과 역할에 대해 협동조합 당사자들은 얼마나 만족하고 있을까? 보조금 지원 업무가 없으니, 일반 기업 또는 소상공인 형태의 기업들에 필요한 일상적인 기업운영의 필수적 업무지원을 중간지원조직이라는 곳에 위탁할 필요가 있을까? 협동조합에 대한 사전적 이해를 교육하고 전파하는 역할을 사회적기업이나 마을기업 중간지원조직이 수행할 수는 없을까? 협동조합이 설립되고 기업으로써 활동하기 시작하면 소상공인협회 또는 이업종협의회, 지역소재 기업단체 군에 포함시켜 활동할 수 있지는 않을까? 소상공인협회가 주관하는 세무회계 교육 및 마케팅 교육과 협동조합 중간지원조직이 시행하는 교육과는 차별성이 있을까?

이러한 질문을 던지다 보면 협동조합의 운영방식과 일반기업의 운영방식의 차이가 무엇인지에 대해 의구심이 들기 시작한다. 단순히 5명 이상이 모이고, 1인 1표를 할 수 있는 의사결정 구조이고, 이익이 나면 법정적립금부터 쌓아놓아야 한다는 것이 차별성인가? 일반기업과 참여자의 다름이 있는 것이기 때문에 정부가 관 주도로 육성하려는 것인가? 큰 차이도 보이지 않지만 선명성도 부각되지 못한다. 그럼에도 불구하고 협동조합은 사회적경제기업의 한 축으로 활동하고 있다. 법인설립 정책의 일환으로 시행되는 협동조합은 법인격이면서 사회적일자리 사업의 한 프로그램으로 인식되어 있다. 협동조합을 통해 지역경제를 살리려는 시도는 양적 증가를 기대하는 행정과 정부 보조를 기대하는 참여자의 이해가 맞아떨어지고 있을 지도 모른다. 이 둘 사이에서 중간지원조직은 전문성을 가지고 기대 이상의 역할을 하는지에 대한 평가도 필요하다. 협동조합을 설립하는 방법 등을 설명하는 상담역 역할은 전문가로 지칭하기 어렵다.

협동조합 중간지원조직의 역할은 협동조합이 원활한 기업경영을 통해서 지역에서 우리 사회에서 지속가능한 성장을 할 수 있도록 도와줘야 한다. 인력 부족과 예산 부족을 항상 안고 있는 현 체제에서는 할 일도 많지 않다. 전문가를 모셔와 운영할 자금도 부족하다. 전문성을 육성할 인재 참여도 희박하다. 매년 사업성과에 따라서 사업 지속성이 결정되는 시스템에서는 안정적인 고용보장도 어렵다. 이러한 환경으로 협동조합에 미치는 서비스의 정도 차이가 발생함은 당연하다. 협동조합을 지원하는 시스템이 부실하면 최종적으로 서비스 받는 수혜집단의 서비스 만족은 높지 않을 것이다. 기업을 방문하여 경영 관련 이야기보다는 유럽의 협동조합 성공사례와 개별법 협동조합의 신화를 말하고, 자주, 자립, 자치의 정신만을 이야기하는 컨설턴트의 재방문은 원하지 않는다.

협동조합 중간지원조직은 공식적인 지원기관이 있고, 비공식적으로 협동조합 관련 협회, 협의회 등의 단체가 역할을 맡고 있는 경우도 많다. 이러한 현상은 사회적기업, 마을기업, 자활기업 등에서도 나타나는 현상이다. 관련 경험자가 모여 있어 현실적으로 협동조합을 이해하고 저변을 확대할 수 있고 무엇보다도 동질성과 교감이 강하다는 장점을 내세운다. 형식적이고 사무적인 중간지원조직보다는 더 효율적이라는 주장으로 사업비를 받는다. 그렇게 만들어낸 사업비를 가지고 실질적으로 협동조합에 도움이 되는 업무를 하려고 계획하고 실천하려 한다. 하지만 협동조합 현장의 반응은 별로 달가운

표정이 아니다. 실질적인 도움을 주기보다는 필요할 때 이용하려는 태도, 집단화를 통한 일부 사람들의 정치 의도에 이용당하고 있다는 느낌을 받을 때가 많다. 무엇을 도와주고 있는지, 무슨 역할을 하는지, 그러한 협의회 또는 협회가 있는지에 대한 정보가 현장 구석구석 미치지 못하는 반증이다.

협동조합 관련 단체의 경우는 개별법에서 활동하는 활동가가 기본법상의 협동조합 단체에서 핵심적인 자리를 맡고 활동하는 경우가 많다. 협동조합 경험자로서, 선배 협동조합 활동가로서 도움이 될 것이라는 주장도 많다. 반면 대형 협동조합에서 활동했던 경험으로 이제 막 초보자들이 모여 있는 협동조합을 이해할 수 있겠느냐는 부정적 의견도 많다. 같은 조건에서 동일한 생각으로 자세를 낮추어도 호흡이 가능할지 모르는데, 너무 간격이 크다는 견해다. 신생협동조합의 입장에서는 당장 목구멍이 포도청인데, 협동조합 간의 협동, 협동조합 정신만을 강조하는 이상적 견해만을 밝히는 선배 활동가의 목소리가 깊숙이 들릴 리가 없다.

몇 번의 모임이 이루어지고 나면 자연스럽게 개별법과 기본법상의 협동조합 활동주체별로 구분된다. 몇 개 협동조합이 모여서 연합회가 등록되어 활동한다. 사업 아이템별로 활동하는 지역별로 다양한 단체가 구성된다. 협동조합 관련 단체의 수가 지속적으로 증가하는 원인이다. 이러한 무수한 대표역할을 자임하는 협동조합 또는 활동가들이 협동조합 전체의 발전을 위해 한목소리를 내는 것은 쉽지 않다. 협동조합 초기 단계 현상일 수도 있지만 추구하고자 하는 목적이 제각각이기 때문이다. 협동조합 중간지원조직 역할을 하거나 유사한 역할을 스스로 맡아서 하는 단체들의 선별이 필요하다.

4. 수요자 눈높이 용어사용과
정치행위 금지

    일반 국민들이 사회적경제기업을 이해하지 못하는 원인은 다양하게 분석할 수 있다. 그중에 하나는 자주 사용하는 단어의 문제라 할 수 있다. 일반인이 쉽게 이해할 수 있는 용어 사용보다는 다소 어렵거나 평소에 이용 빈도가 낮은 단어 사용이 많다. 제품과 서비스에 대한 정확한 사실 전파에 치중하기보다는 영위하는 기업의 가치를 먼저 이야기하려고 든다. 소비자의 입장에서는 당장 품질 자체를 평가하려고 한다. 이런 상황에서 서로 어긋나는 시선이 있기 마련이다. 소비자는 비용을 지불하고 구입하는 재화와 서비스에 대한 품질평가가 우선이다. 저렴하고 품질이 좋은 소위 가성비가 탁월한 것을 선택하기 때문이다.

    반면 사회적경제기업들의 입장에서는 생산하는 행위자들의 환경과 가치를 추구하는 기업이념, 공동체를 기반으로 하는 제품들을 알아주지 않는다고 불평을 늘어놓는다. 과정이 중요하기 때문에 결과

물이 다소 투박하고 품질상 격이 부족하다 할지라도 사줘야 하는 것 아니냐는 시각이 있다.

그래서 사회적경제기업에 대한 설명이 많아지고 그들만의 단어사용이 많아진다. 시장경제 대안정책, 사회적가치 실현, 공동체 회복, 공유경제, 협력과 협동이란 단어를 즐겨 사용한다. 연대의식을 느끼면서 위안을 삼으려 한다. 협동적 네트워크를 중시하자고 한다. 하지만 현장에서는 그리 협력적이지 않고 연대의식도 부족한 편이다. 필요할 때는 헤쳐 모이는 식의 흐름이 있다. 모임을 주선하고 단체가 결성되지만 이익이 보장되지 않으면 활동이 약해진다. 임원 몇 명만을 위한 단체로 전락한다. 또 다른 유사한 단체가 만들어진다. 그곳에서도 또다시 임원과 단순 참여하는 사람과의 간격은 넓어진다. 단체는 많아졌는데, 참여하는 회원 수나 적극적인 기업과 사람은 많지 않다. 어느 시기부터 회원이 부족한 시민단체를 보는 것 같은 느낌이다.

또 다른 원인은 정치적 일탈 행위에 있다. 사회적경제기업의 대표자 또는 핵심 구성원이 지역 내 정치적 환경에 깊숙이 개입하여 행동한다는 것이다. 이러한 정치적 개입에 따른 지역주민의 시각은 사회적경제기업을 바라보는 주요한 편견의 하나로 작용하고 있다. 사회적경제기업 또는 조직은 인적결사체로 대변할 수 있다. 인적자원의 끈끈함과 강인한 네트워크가 장점이지만, 그로 인한 정치적 일탈은 오히려 부작용이 된다. 지방선거를 중심으로 직·간접적인 선거 활동을 하거나 지지행태를 보이는 기업의 구성원을 지역사회가 어떤 시각으로 볼지에 대해서는 크게 신경 쓰지 않은 것 같다.

드러내놓고 정당 활동하는 지역주민이 마을기업, 사회적기업, 협동조합 하면서 제품과 서비스 구매해달라고 하면 정치성향이 다른 수요자(소비자)가 어떻게 받아들일까? 이러한 행동은 부정적 기류확산은 물론 적대적 관계망을 형성할 수 있는 위협요인이다. 지역 내 안면장사에서 기본수익 구조를 가져가야 하는 사회적경제기업이 성장하지 못하고 사업 중단, 폐업에 이르는 것은 당연한 이치일지도 모른다.

이를 해결할 방법이 없는 것인가? 그렇지 않다. 사회적경제기업의 가치를 적극 알리고 홍보하면 된다. 저소득층에게는 교육기회를 부여하고, 경력단절여성에게는 인적자원 회복을 독려한다. 청년실업자에게는 기업 생산성을 확보할 수 있는 기회를 제공하고 장애인에게는 사회생활에 적응하고 성장할 수 있는 길을 만들어 준다. 결혼이주민에게는 사회통합 기회일 수 있고, 북한이탈주민에게는 대한민국 사회의 빠른 적응력을 제공해준다. 지역주민들은 마을공동체 회복수단으로 활용하고, 협력과 협동으로 지역 문제를 해결할 수 있다.

사회적경제기업의 폐쇄적 구조를 지양하고, 일반인에게 개방하고 함께 하려는 자세와 행동이 필요하다. 사회적경제기업의 흐름은 빈민운동→자활공동체→자활기업→사회적기업→마을기업→협동조합→사회적협동조합→공유경제→마을공동체로 이어지는 흐름이다.

이 중에서 마을기업, 일반협동조합, 농촌공동체회사는 소극적 대응에 멈추고 있다.

사회적경제기업 중간지원조직 대부분은 자활과 사회적기업, 협동조합 운동했던 사람들이 주축을 이루고 있는 형국이다. 문제는 현재 사회적경제기업을 운영하고 있으면서 여러 형태의 조직을 만들고 그 단체조직을 통해서 중간지원조직을 운영하려고 하는 것이다. 전국적으로 상당 부분 이러한 현상이 있고 실질적으로 운영하고 있는 사례도 상당수 나타나고 있다. 이런 현상에 대해 무조건 반대하는 것은 아니다. 필자는 그라운드에서 현장을 뛰는 선수가 동시에 코치를 하고 심판을 보려는 행태에 대한 이야기를 하고 싶은 것이다. 해당 기업이 대표가 없어도 잘 운영되고 있고, 다중의 역할을 할 정도의 역량이 있다면 조금 생각해 볼 일이다. 하지만 해당 기업이 뭔가 잘 운영되지 못하고 있는 상태라면 이야기는 달라진다. 본인 기업도 원활하지 않은 상태에서 중간지원조직의 활동가로 나서려고 한다. 본인들 기업의 미래를 위해 노력하기보다는 영향력 있는 단체의 구성원으로 활동하기를 원하는 경향도 나타난다. 이런 현상은 각종 협회 또는 협의회, 네트워크 단체 등에서도 나타난다.

더구나 지원조직의 다양성을 확보하지 못하고 있다. 협소하고 폐쇄적인 구조에서 동일한 생각과 단어를 사용한다. 일치된 행동에 따른 편협성 문제를 해결하지 못하고 있다. 사회적경제기업에서 파생된 단체 및 조직들은 그들만의 리그로 이해하려는 경향이 강하다. 독점적으로 소유하려는 태도를 보임으로써 다양한 인적 자원과 물적 자원의 유입과 확산을 스스로 막고 있다. 특히, 사회적경제기업의 중간지원조직 형태를 갖춘 단체에서 활동하는 활동가일수록 그러한 성향은 두드러진다. 이러한 흐름이 사회적경제를 이끌어나가는 흐름의 맥을 끊어 놓기도 한다. 사회적경제를 활성화해야 된다고 주장하는 관련자들이 스스로 침체를 유도할 수 있는 행동방식을 보여준다. 우리들만의 사회적경제가 아닌 대한민국 전체의 사회적경제라는 인식전환이 필요한 시기가 도래했다.

5. 경쟁이 익숙한 삶,
협동자세 교육 필요

우리 사회의 단면을 들여다보면 무수한 경쟁과 치열한 삶의 흔적이 드러난다. 이러한 구조에 익숙한 사람들에게 타인에게 양보하고 협동하라 권한다고 해서 쉽게 동의하지는 못할 것이다. 오랜 시간과 경험이 만들어낸 피해의식이 쉽게 치유되지 못하는 법이다. 이러한 사람들에게 "왜 협력을 하지 못하는가. 협동 정신으로 협동조합을 설립하면 현재의 경제위기를 해결할 수 있는 방법이 있다."는 주장에 쉽게 동의할 수 있는 환경은 아니다. 그럼에도 불구하고 협동조합을 설립하면 가능하다는 주장만 되풀이한다. 5명이 모여서 협동하면 현재의 고민을 해결할 수 있다는 막연한 메시지를 던진다. 그렇게 해서 신고필증을 받은 조합들이 수없이 많다. 사업자등록증을 발부받고도 실제 사업을 진행하지 못하고 멈춰버린 협동조합도 부지기수다. 사업을 진행하면서도 조합원들 간의 갈등과 반목으로 해체되는 협동조합도 나타났다. 오랜 친목을 다져온 지인들이 협동조합 설립과 운영과정을 통해 관계가 급속히 나빠지는 경우도 허다하다. 처음에 순수한 의도로 시작한 협동조합이 기존 공동체의 질서마저도 붕괴시키는 역기능의 한 단면으로 나타나기 시작했다. 단순히 의견 차이에 따른 의사결정 과정의 뒤틀림이 아니다. 비용이 적든 많든 출자금을 모았고, 조합원들의 소중한 출자금과 사업비용 소진에 따른 이해관계가 있기 때문이다. 현대 사회인은 경제적 이해관계에 대해서는 상당히 민감한 반응을 보이게 되어 있다. 눈으로 확인되지 않은 지출과 투명하지 못하는 비용처리 등은 참여자들의 불신을 가져오게 되어 있다. 매일 확인하려는 조합원과 1년에 한 번 정기총회에서 보여주려는 집행부와의 생각 차이가 갈등의 시작이다.

　비용만의 문제가 아니다. 협동조합의 설립 초기와는 달리 사업 진행 속도가 느리다. 생각하는 만큼 기대하고 있었던 만큼 미래가 보이지 않는다. 시간이 흐를수록 가능성이 낮아지고, 후회라는 것이 밀려오기 시작한다. 내가 적극적으로 나서기도 어려운 현실이지만 그렇다고 해서 방치하고 무관심하게 지나갈 상황은 아니다. 적극적 관심자와 소극적 관망자로 나누어 진다. 이는 조합출자금을 얼마나 몇 계좌나 구입했느냐에 따라서 달라진다. 개인 자금이 많이 투입되면 될수록 그 관심도는 커진다. 그저 체면과 부탁으로 1계좌 1만 원의 출자금 납입으로 조합원이 된 사람은 무관심해져 간다. 1만 원의 돈이 소중하지만, 시간이 흐를수록 협동조합에 기부했다고 생각하는 사람이 늘어만 간다. 이러한 조합원이 많아지면 많아질수록 그 협동조합의 미래는 불투명해진다. 이사장 등 집행부 입장에서는 힘이 빠지는 상황이다. 협동조합이란 사람과 사람 사이의 신뢰를 가지고 자주, 자립, 자치의 정신으로 난국을 헤쳐 나가야 되는데, 조합원이 빠져나간다. 서류상 조합원이 수십 명이지만 실제로 회의에 참여하고 의견을 내는 사람은 서너 명에 불과하다. 갈수록 정보는 제한적이고 서로 원망하기 시작한다. 운영이 잘되는 협동조합과 멈춰 있는 협동조합의 차이는 극명하다. 또한 사업이 아주 잘 되어 순이익이 많아지는 협동조합도 침체기에 빠진 협동조합의 갈등과 비슷한 양상을 보이기도 한다. 잘 되어도 문제, 안 되어도 문제, 이래저래 고민이다. 근본적인 처방이 필요하고 정책 방향의 개선이 필요해 보인다.

협동조합 신고필증을 받아간 협동조합이 시행 4년도 안 되어 1만 개를 훌쩍 넘어간 시점에서 정책적 방향전환이 필요하다. 최근에는 행정이 앞장서 협동조합 설립을 독려하거나 재촉하지는 않지만, 협동조합 설립 숫자는 지속적으로 증가하고 있다. 초기보다 속도는 더디지만 꾸준한 양적 성장을 하고 있는 것은 맞다.

하지만 양적 성장이라는 이면에는 질적 운용을 담보하지 못하고 활성화되지 못하는 협동조합이 절반을 넘어간다. 구체적으로 하나씩 따져보면 80%를 넘어간다는 의견도 많다. 누구의 책임으로 돌리기에는 한계가 있다. 공식적으로 정부가 보조금 등을 지원해주는 것이 아닌 법인설립 정책임에도 불구하고, 설립되는 협동조합에 대한 책임을 지라고 하기에는 설득력이 부족하다. 협동조합을 통해 개인의 경제적 문제를 지역의 사회적 고민을 풀어나가고자 하는 조합원들이 알아서 하라고 방치하기에도 난감하다. 행정의 입장에서는 강제적으로 협동조합을 하라고 시킨 것이 아니라고 말할 수 있다. 기존의 법인격보다 설립방법이 쉬운 협동조합이라는 시스템을 소개한 것이니 참여자들의 몫이라 주장할 수도 있다. 대놓고 말을 하지는 않지만 그렇게 하는 것이 정답이라고 생각하는 행정이 많다.

협동조합들은 일정 부분 행정이 책임을 져야 한다고 말한다. 협동조합의 장점만을 소개하고 유도한 측면이 많기 때문이다. 협동조합을 사회적기업과 마을기업, 자활기업을 묶어서 사회적경제기업으로 취급했다. 협동조합을 사회적경제 분야의 핵심 정책수단으로 만들어 놓고 이제 와서 나 몰라라 하는 것은 안 된다고 말한다. 협동조합이 이렇게 많아진 것도 행정의 책임이 분명 있다고 주장한다. 관련 없으면 왜 협동조합 신고필증을 교부해주었느냐고 항변한다. 신고서류에 사업계획서를 제출하게 했다. 향후 3개년의 수입과 지출 예상치까지 적어내게 하였다. 행정이 검토하고 필증이라는 것을 내주었기 때문에 행정의 역할이 크다고 인식하게 만들었다는 것이다.

그래서 행정이 다른 사회적경제기업처럼 협동조합도 재정적 도움을 줘야 한다고 주장하는 것이다. 이렇게 서로 상대방의 탓만 할 수 있는 상황은 아니다. 잘못된 출발이 있었다면 지금이라도 수정하거나 되돌려놔야 할 것이다. 정책집행과정에 오류는 없었는지, 개선할 내용은 무엇인지에 대한 검토가 이루어져야 한다. 협동조합이라는 뿌리가 왜곡된 형태로 자리를 잡게 되면 바로 세우기가 어려워지기 때문이다. 수십 년이 흘러 다시 올곧게 세우려면 고착되어 버린 나무기둥의 변형이 어렵다. 잘라 내거나 뿌리까지 뽑아내고 다시 심지 않고서는 가능하지 않다는 이야기다. 4살이 지나 걸음마 단계에 접어든 협동조합이 본격적으로 뛰기 시작하기 전에 그 자세를 바로잡아줘야 할 시기다.

필자가 생각하는 협동조합의 자세교정은 협동할 수 있는 마음자세 생태계 조성과 조합원 간의 갈등관리 정책의 실현이다. 우리 사회가 신뢰를 바탕으로 협동할 수 있는 교육과 환경을 제공하기보다는 경쟁을 통한 목표달성에만 치우친 점이 많다. 상대방을 배려하기 보다는, 상대방을 경쟁에서 이겨야하는 존재로 만들었다. 무조건 이겨야 하고 눌러야 하고, 제거해야 할 대상으로까지 만들었다. 놀부와 흥부의 이야기는 욕심 많은 놀부는 망하고 착한 흥부는 부자가 되는 동화다. 이러한 동화 속 이야기는 전설 속 이야기에 지나지 않는다. 욕심을 내야 부자가 되고 착하면 바보가 되는 세상이다.

전래동화 중에 '의좋은 형제'라는 것이 있다. 부모님이 돌아가시고 논을 똑같이 물려받은 형제는 열심히 벼농사를 지었다. 나중에 수확을 했는데 신기하게도 두 형제가 거둬들인 볏섬의 양이 똑같았다. 형은 동생이 신혼생활을 시작해서 쌀이 더 필요할 것으로 생각하고, 동생은 형의 식구가 많고 제사까지 지내는 점을 생각했다. 그래서 본인의 볏섬을 형님의 곳간에 동생의 곳간에 갖다 놓은 것이다. 다음 날 아침에 확인해보니 줄어들어야 할 볏섬이 그대로였다. 다음 날도 둘은 그렇게 몰래 볏섬을 상대방에게 갖다 주었다. 어김없이 다음 날 볏섬은 줄어들지 않았다. 그러던 어느 날 저녁, 형제는 서로의 볏섬을 몰래 갖다 놓으려다 마주쳤다. '형님 먼저, 아우 먼저'가 생각나는 아름다운 전래동화다. 이를 배경으로 충남 예산군 대흥면에는 슬로우시티가 형성이 되었다. 의좋은 형제마을이 들어섰고, 의좋은 형제 이야기를 스토리텔링화해서 관광지로 만들었다.

'사촌이 땅을 사면 배가 아프다'라는 고약한 속담이 있다. 국어사전에는 남이 잘되는 것을 기뻐해 주지는 않고 오히려 질투하고 시기하는 경우를 비유적으로 이르는 말이라고 되어 있다. 사촌이 재산을 불려가는 부러움과 질투 같은 감정을 '배가 아프다'는 신체적인 감각으로 표현한 것이라 생각한다. 사실 모르는 사이도 아니고 친척이 땅을 사게 되면 축하해줘야 되는 것이 아닌가? 학교동창이 회사에서 진급만 해도 축하 인사와 꽃다발까지 보내는 세상인데, 유독 사촌에게는 적대적이다. 가까우면 가까울수록 내면적으로는 경쟁의 대상, 시기의 대상으로 작용하는 모양이다. 잘 모르는 관계는 상대방이 땅을 사든 망하든 큰 관심이 없다. 하지만 인척 관계에서는 나와 비교를 하게 된다. 친한 친구 및 동창생일수록 그러한 비교현상은 자주 드러난다. 그로 인해 뒷담화가 길어지고 말이 옮겨 가면서 갈등도 일어나는 법이다.

반면, '사촌이 땅을 사면 배가 아프다'는 속담에는 긍정적인 해석도 있다. 사촌이 토지를 매입한 기념으로 친척들에게 한턱 크게 냈다고 한다. 기쁜 마음에 함께 축하해주며 먹고 마시다 보니 너무 과식해서 배가 아프기 시작했다는 설이다. 또 하나는 농사를 짓는 사촌이 밭을 구매했는데, 인분이 필요했다는 것이다. 예전에는 사람의 인분이 거름역할을 했던 시절이 있었다. 땅을 기름지게 하기 위해서는 그 땅에 인분을 넉넉히 뿌려줘야 한다. 지금도 일부에서는 인분을 이용한 거름을 최고로 쳐주기도 한다. 인분을 만들기 위해 배가 아파야 한다는 의미의 설도 존재한다. 후자의 경우는 일제 강점기에 우리 민족들이 단합을 하지 못하도록 일본인이 부정적으로 돌려놓았다고 주장하시는 분들도 상당수 존재한다.

긍정적인 해석을 뒤로하고, '사촌이 땅을 사면 배가 아프다'는 현재 부정적인 의미로 대부분 사용되고 있다. 가까운 사람이 평소 친한 친구가, 집안 친척이 잘되기를 바라지만 내심 본인보다 더 잘되는 것에 대해서는 침착하지 못한 편이다. 서로 돕고 도와주는 환경도 형성되어 있지 못하다. 지인끼리도 경쟁하듯이 살아가는 세상이다.

이러한 각박한 세상에 가까운 사람들끼리 5명 이상이 모여서 협동조합을 설립하라고 한다. 페이퍼로 만들어내기는 쉽다. 특별히 출자금 제한을 두지 않으니, 아주 적은 자금으로도 법인을 만들어낼 수 있다. 문제는 그 다음이다. 무엇을 어떻게 왜 하려고 하는지에 대한 고민이 부족하다. 법인 설립 전에 해야 하는 수많은 고민을 사업자등록증을 발급받고 생각하는 상황이다. 지인들끼리 협력과 협조를 토대로, 협동정신으로 진행해야 되는 협동조합이다. 협동할 준비가 되어 있는 경우는 극히 소수다. 대부분은 그러한 경험이 부족하고 상호협력하여 진행하는 방법도 모른다. 교육은 받았지만 실천이 없었기 때문에 무지하기까지 하다.

6. 두 마리 토끼를 쫓는 형국,
기업생존이 우선

협동조합기본법의 협동조합은 기업의 활동을 협동으로 운영하면서 조합원의 권익을 향상하고, 지역사회에 공헌하는 사업조직이라고 되어 있다. 최우선 목적은 조합원의 권리와 이익을 보장하는 것이다. 두 번째가 지역사회에 다양한 형태로 공헌하는 사업조직이 되는 것이다. 주주의 이익을 보호하는 주식회사와 조합원의 권익을 보호하는 협동조합은 구성원이 중심이라는 측면에서는 동일하다고 볼 수 있다. 하지만 주식회사에는 지역사회에 공헌을 강제하거나 유도하는 키워드가 없는 반면, 협동조합은 지역사회에 공헌을 정의하고 있다. 생산적인 활동을 통해 조합원의 우선 이익을 중시하고 지역공헌이라는 명제에 부합하라는 것이다. 지역사회 공헌이라는 전제가 참여자들에게 다양한 오해를 줄 수도 있다. 주식회사는 하지 않는 지역사회 취약계층 등을 위한 봉사 등을 하는 조직으로 이해하는 사람도 상당수 있다. 지역을 위한 활동을 우선시하는 협동조합이기 때문에 차별성이 있다고 강조하는 사람도 많다. 그렇기 때문에 지원해줘야 한다는 논리비약을 하는 사람도 있다. 주식회사는 지역사회 공헌을 하지 않는 조직인가? 그렇지 않다. 어느 기업이든 단체든 이익이 발생하면 지역사회뿐만 아니라 국가 전체를 위한 목적에 부합하는 기부행위 등을 하게 된다. 이익발생이 되었느냐, 그럴 형편이 되지 못하느냐 차이만 있을 뿐이다. 하나 덧붙인다면 최고경영자의 신념과 의지의 표현에 따라 차이가 있다. 협동조합도 마찬가지다. 영업활동을 통해 조합원의 권리를 우선 보호하고, 내부적립금을 쌓고, 출자자 배분을 마치고도 이익이 있다면 자연스럽게 지역사회 공헌을 하게 될 것이다. 협동조합에 대한 가치와 목적을 잘 알고 있는 사람들일수록 그러한 기부행위는 적극적으로 표현될 것이다. 지역사회 공헌은 강요할 사항이 아니다. 강요한다고 해서 될 일도 아니다. 생각과 실천하는 마음이 앞서야 한다. 동시에 조합원 전체의 공유를 통한 공감대 형성이 전제되어야 한다. 그래야 시너지가 나고 효과적으로 극대화될 수 있다.

<표 10> 협동조합의 정의

구분	협동조합 정의
협동조합기본법 제2조제1호	재화 또는 용역의 구매·생산·판매·제공 등을 협동으로 영위함으로써 조합원의 권익을 향상하고 지역사회에 공헌하는 사업조직
국제협동조합연맹(ICA)	공동으로 소유되고 민주적으로 운영되는 사업체를 통하여 경제적, 사회적, 문화적 필요와 욕구를 충족시키고자 하는 사람들이 자발적으로 결성한 자율적인 조직
미국 농무성(USDA)	이용자가 소유하고 이용자가 통제하며, 이용규모를 기준으로 이익을 배분하는 사업체

협동조합기본법에서 자주, 자립, 자치의 정신을 이야기한다. 3가지 이념 모두 자율성을 강조하고 있다. 이러한 측면에서 외부요인에 의존하거나 지나친 기대심은 오히려 독이 될 수도 있다.

협동조합에 대한 국제협동조합연맹이나 미국 농무성이 내리는 정의는 지역사회 공헌을 규정하고 있지 않다. 자발적으로 결성한 조직 또는 자율적인 이익배분을 중심하는 기업체 방식이다. 필자는 이용자가 통제하고 사용하고 이익을 배분하는 방식인 미국 농무성의 정의가 우리 현실에 가장 적합한 모델이라 생각한다. 자주, 자립, 자치의 정신과 일맥상통하는 개념이라 본다.

조합원이 자발적으로 조합에 출자금을 내고 참여하는 방식, 조합이 생산하는 재화 및 서비스를 적극적으로 이용하는 참여자세, 조합의 투명운영과 공개방식으로 조합원의 협동을 이끌어내는 경영방식, 지속가능성을 담보하기 위한 우선적립을 위주로 하는 내부적 환경, 칸막이를 방지하기 위한 수평적 의사결정 구조유지, 그리고 철저한 기업운영 방식을 지향한다.

1997년 외환위기, 2008년 금융위기를 경험한 국내경제는 쉽게 회복될 조짐을 보이지 않는다. 환경적으로 어려운 상황이다. 구성원 모두가 집중하고 몰입해도 이익을 내기가 쉽지 않다고 한다. 해를 거듭할수록 예전보다 못하다는 이야기만 들린다. 경제 전반에 걸쳐서 어려운 환경은 개인들의 삶 자체를 뒤흔들어 놓고 있다. 이러한 시기의 회사설립과 경영은 두 마리 토끼를 쫓는 일처럼 어렵다.

공동이익과 지역사회 공헌을 추구하는 협동조합의 의지는 존중하지만 엄중한 현실에 적응해야 한다. 일단은 기업의 형태를 갖추고 지속가능성을 보장할 수 있는 방법이 우선되어야 한다. 생산성을 높이고 기업채산성을 향상시키는데 전략과 선택적 집중이 필요하다. 한마디로 '일단 살아남아야 된다.' 협동조합이라는 새로운 법인격을 가진 기업으로서 정착해야 한다. 그리고 나서 조합원의 권리를 지켜주고 지역사회 공헌도 하는 협동조합이었으면 한다. 기업적 이윤보다 봉사와 기부, 헌신과 나눔만을 강조해서는 안 된다. 두 마리 토끼 모두 중요하지만 한 마리라도 확실히 잡아놓아야 할 것이다. 힘을 배분하여 질주하다 보면 두 마리 다 놓치고 험한 산길을 내려와야 한다.

ICA(국제협동조합연맹)이 제시하고 있는 협동조합의 7가지 원칙이라는 것이 있다. 자발적이며 개방적인 조합원 구성, 민주적 관리방식, 조합원의 경제적 참여자세, 자율성과 독립성 강조, 교육훈련과 정보제공의 투명성, 협동조합 내부적 협동체계, 지역사회 기여의지다. 전 세계 협동조합에 보내는 권고사항이다. 강제적 규정은 아니지만 수백 년 동안 경험치를 가지고 만들어낸 협동조합 원칙이라 볼 수 있다. 이러한 내부적 규칙을 잘 지켜서 협동조합을 운영했으면 하는 바람이다.

〈표 11〉 국제협동조합연맹의 협동조합 7대 원칙

구분	ICA 협동조합 7대 원칙 내용
자발적이고 개방적인 조합원 제도	협동조합은 자발적이며, 모든 사람들에게 성(性)적 · 사회적 · 인종적 · 정치적 · 종교적 차별 없이 열려있는 조직
조합원에 의한 민주적 관리	조합원들은 정책수립과 의사결정에 활발하게 참여하고, 선출된 임원들은 조합원에게 책임을 갖고 조합원마다 동등한 투표권(1인1표)을 가지며, 협동조합연합회도 민주적인 방식으로 조직 · 운영
조합원의 경제저 참여	협동조합의 자본은 공정하게 조성되고 민주적으로 통제, 자본금의 일부는 조합의 공동재산이며, 출자배당이 있는 경우에 조합원은 출자액에 따라 제한된 배당금을 받음 잉여금은 ①협동조합의 발전을 위해 일부는 배당하지 않고 유보금으로 적립 ②사업이용 실적에 비례한 편익제공 ③여타 협동조합 활동지원 등에 배분
자율과 독립	협동조합이 다른 조직과 약정을 맺거나 외부에서 자본을 조달할때 조합원에 의한 민주적 관리가 보장되고, 협동조합의 자율성이 유지되어야 함
교육, 훈련, 및 정보제공	조합원, 선출된 임원, 경영자, 직원들에게 교육과 훈련을 제공 젊은 세대와 여론 지도층에게 협동의 본질과 장점에 대한 정보를 제공
협동조합 간의 협동	국내외에서 공동으로 협력사업을 전개함으로써 협동조합 운동의 힘을 강화시키고, 조합원에게 효과적으로 봉사
지역사회에 대한 기여	조합원의 동의를 토대로 조합이 속한 지역사회의 지속가능한 발전을 위해 노력

ICA가 권고하는 7가지 원칙 중 가장 중요한 원칙으로 삼고 있는 조항은 무엇일까? 협동조합기본법 시행규칙 별지 제4호 서식에 의거하여 협동조합 사업계획서를 작성하게 된다. 세부사업계획서를 작성하여 제출해야 행정으로부터 신고필증을 받거나 인가서를 받게 된다. 협동조합 사업계획서 중 세부사업계획서를 작성하는 양식에 1번부터 3번까지를 의무적으로 기록할 수 있게 하였다. 첫 번째가 조합원과 직원에 대한 상담, 교육, 훈련 및 정보제공, 두 번째가 협동조합 간 협력을 위한 사업, 세 번째가 협동조합의 홍보 및 지역사회를 위한 사업이다. 네 번째부터가 협동조합 내부적 사업내용을 입력하는 방식이다. 주식회사 방식의 경우는 첫 번째부터가 해당 회사가 가장 주력하고자 하는 사업에 대한 목적을 기입하게 된다. 반면 협동조합은 자체 사업을 4번째부터 기록하는 차별성을 두고 있다.

필자의 경우는 내부적 교육과 정보제공이 그 정도로 중요할까 라는 의구심이 있었다. 해당 협동조합이 가장 추구해야 하는 것을 첫 번째 사업목적으로 정해야 한다고 생각했기 때문이다. 하지만 지난 4년 넘게 수많은 협동조합의 실패 사례를 지켜보면서 생각의 변화가 있었다. 선행적 경험이 가져온 적극적 권고사항이 결코 헛된 내용이 아니라는 것을 현장에서 체험했다. 필자가 경험하지 못한 수많은 이야기는 관련 전문가 또는 활동가, 참여자들의 입을 통해서도 들었다.

협동조합을 구성하는 조합원들끼리의 정보공유 정신과 협동조합 관련 교육의 중요성이 부각된다. 같은 지향점을 가지고 동일한 생각과 행동을 해야 협동조합의 근간을 이룰 수 있다. 5명 이상이 참여하는 다수의 집합체다. 그 안에는 주도적으로 이끌어나가는 집행부가 있고 간접적으로 참여하는 소극적 조합원이 뒤섞여 있다. 적극적 행위자 그룹과 소극적 관망자 그룹으로 나누어질 수 있다. 이 두 그룹 간에 혹은 3~4개 그룹으로 세분화된 조합원들 간의 간격이 형성될 수밖에 없다. 조합원이지만 바쁘다는 핑계로 공동교육장에 나오지 않는다면 자연스럽게 정보접근성이 떨어질 수밖에 없다. 물론 SNS 등 온라인 통신방법을 통해서 정보공유를 하는 방법도 있지만, 그 한계는 존재한다. 정보를 공급하는 집행자 입장에서 간결성을 중시하다 보면 수요자 입장에서는 이해하기 어려운 정보만 받게 될 수 있다. 또한 왜곡되거나 한정적인 정보만을 수용하는 결과를 보일 수도 있다. 이렇게 알게 모르게 정보가 공유되지 못하고 교육을 통한 동질감을 담보하지 못하는 시간이 흘러갈수록 조합원 간의 간격의 틈은 계속 벌어질 것이다. 그러한 간격의 차이가 어느 날 작은 사건으로 인해 촉발되고 폭발하는 계기가 된다. 한 사무공간에서 오랜 시간 동안 같이 하는 협동조합이라면 그러한 사례는 감소할 것이다. 하지만 현재 협동조합을 설립하고 현실적인 문제로 많은 조합원이 함께하지 못하는 경우는 다양한 갈등이 나타날 수 있다. 법적 자격을 취득하고 법인으로서 모양새는 갖추었지만, 실질적인 사업을 통한 이익을 내기가 쉽지 않은 상황이다. 이익이 부족하거나 인건비를 지불할 수 없는 환경에서는 모든 조합원이 적극적인 행동에 나서지 않는다. 호구지책이 필요한 상황에서는 신규 설립된 협동조합에 적극 참여하기보다는 현재 하는 일에 집중하는 모습을 보일 수밖에 없다. 자연스럽게 소극적 관망자가 되는 구조다. 이러한 환경적, 구조적 모습으로 자연스럽게 정보독점이 일어나고 주도권을 가진 세력과 그렇지 못한 세력 간의 불신과 반목이 형성된다. 사업도 잘 진행

되지 못하는 상황에서 배려하고 이해하고 인내하고 공유하려는 모
습보다는 상대방에 대한 탓을 하기가 쉽다. 갈등의 시작은 정보를
공유하지 않는 폐쇄적 구조에서부터 시작된다.

7. 충성스런 고객확보가
성공의 열쇠

협동조합은 사업자, 소비자, 직원, 다중이해관계자 유형이 있다. 이 중에서 81% 이상이 사업자협동조합 방식으로 운영하고 있다. 동일한 제품을 통합하여 사업을 하려는 성향이 그대로 현장에 묻어 나타나고 있다. 소규모 단위의 한계를 극복하고자 연합하고 규모화를 꾀하려는 것이다. 소비자협동조합은 공동구매 형태를 연상하면 된다. 직원협동조합은 협동조합에 근무하는 구성원이 주축이 된다. 다중이해관계자협동조합은 생산자와 소비자, 직원 등 다수의 이해관계자들이 섞여 있는 방식이다.

협동조합기본법 시행 초기에는 사업 개시 6개월 이후부터는 조합원에 한해서 사업수혜를 받을 수 있도록 되어 있었다. 조합설립 이후 6개월까지는 비조합원의 제품 구매가 가능했다. 조합원의 권리향상 추구가 주요 목적이었기 때문이다. 그러나 유럽 등 선진국의 협동조합 내지는 개별법에 의한 협동조합처럼 조합원 수가 많지 않다.

대부분 기본적인 5명을 채우는데 급급한 현실이 투영된 결과다. 조합원이 많지 않은 상황에서 조합원들만을 위한 판매는 한계를 보이기 마련이다. 해서 몇 차례의 법 개정을 통해서 비조합원에게도 개방을 한 것이다.

협동조합의 가장 큰 고민은 생산된 재화와 서비스를 원활하게 공급할 수 있는 수요처를 확보하는 것이다. 소위 판로확보가 되어 있느냐다. 협동조합 방식의 판로확보 방법은 조합원 또는 회원을 얼마나 확보하느냐에 따라서 명암이 갈린다. 고객을 일정 수준 이상으로 확보해야 한다. 즉 수요자의 확보는 공급하는 협동조합의 입장에서 안정적인 사업운영을 할 수 있는 가장 핵심적인 기반이다.

혼자만의 네트워크 능력을 보완하고 한계를 극복하기 위해 5명 이상의 시민이 모여 협동조합을 결성했다. 이렇게 모인 5명 이상의 조합원은 5배의 네트워크 확대에 머물지 않고 상호 교차되면서 수십 배의 힘으로 발휘될 수 있는 가능성이 농후하다. 따라서 협동조합은 참여하는 조합원의 수가 많아지면 많아질수록 성공의 가능성이 높아진다. 지속가능함을 담보할 수 있는 핵심동력은 회원확보라 해도 과언이 아니다.

조합원이 많으면 무엇이 달라지는가? 조합원만 많다고 성공할 수 있는가? 어느 수준까지 조합원이 구성되어야만 안정성을 말할 수 있는가?

대형 할인마트의 경우를 보자. 하나로마트, 이마트, 홈플러스 등 국내 굴지의 할인마트뿐만 아니라 백화점 등 유통업체의 영업전략을 살펴보면, 협동조합의 미래를 예측하고 대비하는 유용한 수단이 된다. 이들 유통업체를 방문하여 제품을 구매하게 되는 경우 대부분 회원카드라는 것을 만든다. 일반 고객이 아닌 회원고객에는 더 많은 할인 혜택을 주고 정기적으로 세일 안내 등 정보도 제공해준다. 카드를 만들고 1년 가입비를 받는 경우도 있지만 대부분 무료로 가입하는 경우가 많다. 고객은 자연스럽게 그 유통업체의 회원이 된다. 매번 구매할 때마다 회원 번호를 입력한다. 회원에게는 구입한 금액에 맞게 포인트가 쌓여간다.

모 할인마트를 이용하는 필자는 배우자의 이름으로 회원등록이 되어 있다. 결제할 때는 배우자의 회원 번호를 입력하고 포인트를 몰아주고 있다. 이렇게 누적된 포인트는 일정 시간이 흐르면 할인권이라는 것으로 우편으로 배달되어 온다. 1천 원 상품구입권부터 2천 원, 3천 원, 5천 원이라고 표시된 티켓이 동반되어 온다. 위 상품권은 현장에서 현금처럼 결제하는 데 이용하는 유용한 수단이 된다. 현금처럼 거래할 수 있다. 갑자기 공돈이 생긴 느낌이 든다. 따라서 모아두거나 지갑에 넣어놓고 시간 되면 소비할 생각을 한다. 혹시라도 분실되면 손해라는 생각이 앞선다. 그러다 보면 계획일보다 빠른 소비를 하러 해당 유통업체를 방문한 필자를 발견하게 된다. 상품권을 사용하기 위해 때로는 당장 시급하지 않은 제품도 구입하는 오류를 범하기도 한다. 어느 날은 이런 생각이 들었다. 이렇게 제품을 구입할 때마다 포인트를 적립하지 않고 포인트 적립금만큼 사전에 할인을 해서 팔았으면 좋겠다는 생각을 한다. 순진한 생각을 한 것 같다. 고객을 다시 재방문하게끔 견인하는 역할을 하는 포인트 적립과 상품권 배송은 마케팅 전략의 한 방법이다. 이러한 재방문을 유도하고 소비를 유혹하는 마케팅은 대형 할인유통업체만 사용하는 방법은 아니다. 주유소에서도 이용하고 있고 프랜차이즈 업체 대부분이 사용하고 있는 전략이다.

자동차를 자주 이용하는 소비자는 주유비의 편차에 신경을 쓴다. 어느 주유소가 저렴한지를 파악하고 가능하면 그쪽을 이용하려 한다. 동시에 해당 주유소 할인카드를 소지하고 적립하고 그만큼 할인 혜택을 보려고 노력한다. 그래서 가까이 있는 주유소를 지나쳐 회원카드를 사용할 수 있는 주유소까지 가는 경우도 허다하다. 이런 경험은 대부분 갖고 있을 것이다.

젊은 층이 주로 애용하는 커피, 빵, 아이스크림, 패밀리레스토랑에서도 이러한 풍경은 쉽게 볼 수 있다. 필자의 경우는 주로 동네빵집을 이용하려 하지만, 아이들의 생각은 다른 것 같다. 스타일이 다양하고 화려하고 브랜드가 있는 제품을 선호한다. 프랜차이즈 빵집에서 제품을 구입하고 결제를 하려고 하면 항상 듣는 이야기가 있다. 회원번호 있으시면 적립하든지, 적립금을 사용하겠냐고 물어본다. 예전에는 카드도 많이 만들고 일부 사용하기도 했는데, 소지하기가 불편해서 거의 사용하지 않는다. 또한 회원 번호를 입력하고 어쩌고 하는 시간도 아깝게 느낄 때가 있다. 젊은 사람도 아니고 머리 하얀 중년 아저씨가 회원카드 어쩌고 하는 모습도 불편하다. 그래서 회원카드 없으니, 그냥 빨리 결제하라고 카드만 넘겨준다. 이러한 현상은 커피숍에 가서도 비슷한 형태로 나타난다. 일부 지인들은 악착같이 종이에 도장도 찍고 포인트 적립하는 수고를 마다치 않는다. 적극적으로 활용하는 아저씨들도 많다.

이렇게 해당 브랜드에 해당 점포의 회원카드를 소지하고 있는 사람들은 해당 점포의 재방문 횟수뿐만 아니라 고정고객으로서 분류된다. 공급자의 입장에서는 충실한 고정고객을 확보한 셈이 된다.

프랜차이즈 상점은 안정적인 고객을 확보함으로써 지속적인 매출을 유지할 수 있다. 해당 상점을 방문하는 고객은 회원카드 없는 일반 고객에 비해 조금 저렴한 비용으로 제품을 구입하는 이익을 챙긴다. 상대방보다 저렴한 비용으로 제품을 구입한다고 생각하는 순간의 기쁨을 이용한 마케팅이다.

협동조합이 지속적인 성장을 도모하려면 충성스러운 조합원 확보가 관건이다. 공동구매를 하는 경우 많은 회원을 확보한 협동조합에 더 저렴하게 최저가 판매를 할 수 있다. 결국은 사람의 확보가 기업의 운명을 결정한다. 일부 사람이 큰 욕심 내지 않고 협동조합을 운영하는 경우를 제외하고, 경제적 행위를 통한 출구전략을 도모하려는 협동조합은 충성스런 고객 확보가 필연적이다. 조합원과 조합원 간의 신뢰, 협동조합과 협동조합 간의 협동을 강조하는 이유다.

이미 이러한 전략은 대기업이 수십 년 전부터 사용해온 방법이다. 대한민국 성인이라면 대규모 유통업체 카드, 주유소 카드, 프랜차이즈 카드 하나씩은 소유하고 있거나 소유했던 경험이 있다. 제품의 품질과 저가격을 형성할 수 있는 이유도 일정 부분 소비할 수 있는 수요자가 존재하기 때문이다. 공급자 입장에서 소비자들의 누적된 데이터를 활용하여 소비성향 등을 파악하고 일정 기간 방문하지 않으면 상품권을 보내주는 등 이벤트를 개최한다. 계절이 바뀔 때마다 회원의 생일을 맞은 달을 이용하여 할인쿠폰을 보내준다. 재방문할 수 있도록 다양한 방법과 수단을 활용한다.

대리운전 업계에서도 비슷한 마케팅을 사용하는 업체가 있다. 대리운전 10번을 이용하면 11번째는 공짜로 이용할 수 있도록 한다. 가정에서 사무실에서 짜장면을 주문하여 먹을 때도 할인쿠폰 종이에 스티커를 서너 개씩 붙일 수 있도록 갖다 준다. 50개가 모이면 탕수육 하나 공짜로 먹을 수 있다는 기대심리로 계속해서 그 짜장면 집에만 주문을 하게 된다. 이렇게 대기업 유통마케팅이 아니더라도 우리 일상생활에는 기본적으로 활용되고 있다.

협동조합은 바로 이러한 짜장면집, 대리운전, 프랜차이즈 전문점, 주유소, 대형 할인마트, 백화점하고도 경쟁을 해야 하는 상황이다. 협동조합을 위해서 기다려주는 소비자는 없다. 협동조합의 강점을 이용해 기존 다른 거래처를 이용했던 소비자들을 유도하여 회원을 확보해야 한다. 소비자들은 기존에 받았던 서비스보다 더 저렴하거나, 품질이 좋거나, 서비스가 뛰어나야 마음을 돌린다. 소비자의 관심을 이끌어낼 수 있는 뭔가가 필요하다. 협동조합이 해결해야 할 근원적인 숙제이고 풀어나가야 할 과제다.

협동조합이 실패한 시장경제 체제를 대체하는 대안적 경제시스템이고, 협동조합의 숭고한 뜻을 알아야 하고, 협동조합끼리 협동해야 함을 강조한다. 지역사회에 공헌하는 협동조합의 가치가 숭고하므로 협동조합에서 생산되는 재화와 서비스를 이용해야 한단다. 소수상품이고, 제품이 그렇게 뛰어난 품질을 보유하지는 않았고, 가격도 저렴하지 않지만, 정성껏 마음을 담아 만든 협동조합 제품이니 알아달라고 호소한다. 이런 방법이 고객들의 마음을 움직일 수가 있을까?

협동조합에 대한 국민적 인식은 낮은 편이다. 공유하고 있는 가치와 비전도 적다. 우리 사회에 협동조합 방식을 도입하고 육성함으로써 무엇이 바뀌는지에 대한 메시지가 약하다. 사회적경제기업인 협동조합을 육성해야만 우리 사회가 변할 것이라는 이야기만 가지고는 성장이 어렵다. 복지적 생각과 이념적 접근으로는 한계가 있다.

대다수 소비자는 제품에 대한 경쟁력과 고품격의 서비스를 원한다. 최소한 감동을 받아야만 해당 제품을 구매하려는 마음이 생긴다. 가끔 애국심에 호소해서 하는 제품 마케팅이 나오는 경우와 비슷하다. 현재 상태에서는 협동조합의 제품과 서비스가 기존 시장에서 쏟아져 나와 있는 것들보다 우수하다고 말하기 어렵다. 그렇다면 소비자에게 감동을 줄 수 있는 마케팅이 필요하다. 이를 위해서는 국민적 공감대를 형성할 수 있는 지속적인 홍보와 메시지 전달이 우선적이다. 두 번째는 협동조합 정신과 가치를 공유하는 소비자들을 충성고객으로 조합원으로 유인하여 고정 고객으로 잡아두어야 한다. 세 번째는 우후죽순처럼 설립된 협동조합의 재정비를 하고, 연합회를 통해 통일된 레시피를 활용한 대규모 생산체제에 대응하는 방식을 구축해야 한다.

8. 협동조합 설립 전,
   점검해야 할 내용

　국가 경제가 어려워지고 내수경기가 침체하면 고용의 감소로 이어진다. 취업도 어려워지고 직장에서는 구조조정이 시작된다. 대한민국 국민이라면 누구나 안정적인 직장에서 정년을 채우면서 다니고 싶어 하지만 현실은 모두 만족할 수 없다. 자연스럽게 창업에 눈을 돌리게 된다. 자금이 여유로운 상황이면 프랜차이즈를 생각하게 되고, 그렇지 못하는 경우 소규모 점포형태를 찾게 된다. 특별한 기술을 습득한 경우에는 나름 경쟁력 있게 시작할 수 있지만 그러한 경우도 많지 않다. 대부분 마땅한 노하우를 갖추지 못한 상황에서 창업 시장에 내몰리고 있는 것이다. 과거와 달리 개인 혼자서 창업을 준비하기가 쉽지 않다. 더구나 개인적인 자금의 부족, 기술력 부재, 네트워크 한계, 행정 및 세무업무 등 모든 것이 낯설고 두렵다. 부부가 함께 사업을 하거나 가족 중심의 가게형태로 이어지는 경우는 그나마 행복하다. 함께 할 수 있는 사람이 없거나 환경이 마련되지 못하는 경우는 더욱 외롭고 힘들다. 가장 힘든 것은 사업준비 과정에서 상의할 사람이 없다는 것이다. 창업 관련 교육을 받고 관계 기관에 발품을 팔며 찾아다니지만, 획일적인 답변과 응대에 지쳐간다. 내가 원하는 구체적인 상담을 받으려 하지만 이것 또한 쉽지 않다. 그래서 개인적 결정으로 시작하는 창업 아이템이 음식점 등 서비스업이 많다. 평소 음식 만들기에 자신이 있다고 생각하는 대부분의 사람들이 찾는 아이템이다. 얼마나 포화상태에 있는지는 나하고는 상관없다고 생각한다. 당장 점포가 확보되면 가장 쉽게 할 수 있는 사업이라 생각하고 뛰어든다. 아무것도 안 하고 기다릴 수만은 없기 때문이다.

협동조합이 시행되면서 혼자만의 창업을 생각했던 사람들의 관심이 몰렸다. 정보의 불확실성, 개인역량의 한계, 자금조달의 구체성, 사업 품목의 검증, 주변상권 분석결과의 신뢰성, 의사결정의 불안정성 등을 해결할 수 있을 것 같았다. 혼자가 아니고 비슷한 생각을 가진 사람들이 많다는 사실에 희망을 가진다. 설사 실질적으로 혼자 하는 사업일지라도 서류상으로는 다수의 사람이 참여한다. 협동조합을 설립하기 위해 최소한 서너 번 이상 만남과 대화를 통해 어느 정도 자신감도 가지게 되었다. 형식적 조합원 참여이지만 든든한 후원자들과 함께 한다는 마음까지 들었다. 협동조합을 이용하면 정부 등 공공기관에서 다양한 형태의 지원을 얻어낼 수 있는 길이 보이는 것 같다. 어떤 협동조합은 얼마를 받아서 성공했거나 지원금을 얻어내는 방법은 무엇이 있다는 등 관련 정보 및 이야기를 듣는 것도 확신을 가지게 만든다. 어느 정도 창업자금만 마련되면 사업 시작은 아무것도 아닐 것 같다는 생각이 앞선다. 많은 사람이 이러한 수준에서 창업 전선에 나서게 되는 상황이다.

매년 평균 100만 명 이상의 예비창업자가 사업자등록증을 내고 80만 개 이상이 폐업신고를 하는 환경에서도 창업 열풍은 지속되고 있다. "창업 1년 만에 문을 닫고 3년 안에 폐업하지 않는 업종은 전체의 몇 퍼센트"라는 소리는 귀에 들어오지 않는다. 과잉공급 상태에서도 꾸준히 시장진입이 일어나고 있다. 철저히 준비하지 않으면 실패할 수 있다. 수많은 언론보도와 관련 전문가들이 경고성 멘트를 보내지만 나하고는 상관없는 이야기로 치부한다. 애써 외면하는지도 모른다.

하지만 사업의 결정은 냉정한 경쟁체제에 진입하는 첫걸음이다. 친구들과 고스톱 몇 번 치고 용돈 벌고 비자금 잃어버리는 수준이 아니다. 실패하면 정신적 충격은 고사하고 경제적 파탄은 가족붕괴로까지 이어질 수 있다. 사업에 실패하여 평생을 신용불량자로 살아가거나 노숙자가 되어 신원이 확인 안 되는 사람도 부지기수다. 최악의 상황을 고려해야 한다. 그러한 예측은 상상으로만 끝나지 않고 언제라도 나에게 적용될 수도 있다. 따라서 사업은 많은 준비를 해야 한다. 더구나 협동조합의 경우는 여러 명이 함께 진행하는 시스템이라 실패했을 때 파장이 몇 배로 커질 수 있다. 돈도 잃고 사람도 잃어버릴 수 있다. 지인들의 신뢰마저 잃어버리면 회복하기도 쉽지 않다. 다시 일어서는 것 자체가 벽이 생길 수 있다. 철저한 준비와 연습만이 사업실패 감소에 도움이 된다. 이러한 차원에서 협동조합 설립을 고려하고 있거나, 이제 막 시작하려는 협동조합이 있다면 다음과 같은 내용 등을 고려했으면 한다.

여기서는 편의상 커피전문점 창업을 가상하고 풀어나간다. 국내 협동조합 중에서도 2016년 말 기준 45개의 커피 관련 협동조합이 설립되어 있다. 건물 하나 건너 운영될 정도로 많은 커피 가게는 여전히 새로운 브랜드로 개점하고 있는 상태다.

첫째, 커피 관련 꾸준한 학습과 개발 노력이 필요하다. 바리스타 교육을 받는 사람들의 대부분은 창업을 쉽게 꿈꾼다. 원두 갈아서 첨가제 섞어서 다양한 커피를 만드는 것에 익숙해지면 바로 커피 전문가가 된 것 같은 착각에 빠져들기 쉽다. 최근에는 고급 커피 전쟁이 국내에서도 시작되었다는 언론보도가 나왔다. 국민 대다수가 좋아하는 커피라 수요자도 많지만, 공급과잉이란 사실도 잊지 않았으면 한다. 따라서 판매하는 커피의 차별성을 연구하고 개발해야 한다. 원료수입에서부터 커피를 볶아내는 기술, 다양한 첨가제와 혼합하는 방법, 어떤 잔에 담아내야 운치 있게 보이는지 등에 이르기까지 연구해야 한다. 점포의 위치가 좋아서, 운영하는 브랜드의 가치가 높아서 장사가 되는 것은 아니다. 같은 프랜차이즈 제품이라도 누가 얼마나 열정적으로 운영하느냐에 따라 매출이 달라지는 것은 기본 상식이다.

둘째, 자금이 얼마나 소요되는지 구체적으로 준비해야 한다. 커피숍을 운영하려면 어느 정도의 자금을 준비해야 하는지 막연할 것이다. 프랜차이즈 관련 전문가 및 경험자의 말만 듣고, 공간 규모와 기자재, 월세 등 우선 눈에 띄는 비용만 계산하려고 한다. 보증금은 기본이고 고정적으로 지출되는 임대료와 인건비, 각종 세금에 권리금까지 감안해야 한다. 인테리어, 가구, 인터넷 전용선, 의자 하나에 이르기까지, 용도와 수량까지 포함해야 한다. 협동조합의 출자금만 가지고 창업하기 어렵다면 중소기업청, 소상공인 창업지원 정책, 지방자치단체의 지원정책, 은행 대출상품 등 자금마련을 위한 다양한 방법을 모색하고 준비해야 한다. 사업은 창업 초기에 생각지도 못한 다양한 외생변수 발생이 많다. 자금이 필요할 때 원활히 수혈되지 못하면 그대로 멈춰버린다.

셋째, 개업하고자 하는 곳의 상권분석은 필수다. 커피전문점은 입지가 어디냐에 따라서 매출액이 달라진다. 큰 길가인지 이면도로인지, 1층인지, 2층인지에 끝날 문제가 아니다. 주변에 동일한 커피전문점이 몇 개나 있는지, 그 점포들의 영업 상태는 어떠한지도 파악해야 한다. 주변을 통과하는 유동인구 수나, 상권의 밀집도, 고객 연령대 등 체크하고 확인해야 할 내용은 차고도 넘친다. 최근에는 빅데이터(Big Data)를 활용한 상권분석 컨설팅 영업도 많아졌다. 해당 지역을 오가는 사람들의 소비성향을 가늠할 수 있는 데이터를 기반으로 향후 사업방향을 계획할 수 있게 되었다. 인근 부동산 중개업자 또는 창업컨설팅업체 관련 전문가의 말도 중요하지만, 1주일 이상 현장 주변을 탐색하는 것도 좋은 방법이다. 24시간 동안 해당 지역이 어떤 모습으로 변해가는지를 메모하고 사진을 찍어 비교하는 세밀한 정성이 실패를 줄이는 방법이다. 협동조합의 경우 조합원들에게 현장조사부터 동참을 유도하는 것도 좋다. 출자금의 규모와 참여도의 기회마련, 의사결정의 권리제공 등에 따라 조합원 응집력이 달라진다.

넷째는 조합원을 적극적 지지자로 만들어라. 협동조합은 5명 이상의 조합원이 참여하지만 초기 단계에서는 실질적 참여자와 소극적 관망자로 분류된다. 소극적 관망자는 물론 향후 협조가 가능한 사람들에게까지 해당 사업에 대해 질문하고 조언을 받는 모습을 취한다.

사람은 자기에게 물어보는 것을 좋아하고 뭐라도 조언을 해주는 것을 좋아하기 때문이다. 이러한 과정을 통해서 주변 사람들과 조합원들의 관심을 이끌어내고 적극적 참여자로 유도할 수 있다. 그 다음 단계로 해당 제품의 관련 전문가 또는 창업컨설턴트 등의 의견을 받아 구체적 실행계획을 수립한다.

커피전문점의 경우 유명해진 프랜차이즈 가맹점을 오픈하면 쉽게 사업을 펼칠 수 있는 장점이 있다. 하지만 협동조합 방식이라면 자체 브랜드와 품질, 서비스 등을 통한 사업전개에 집중할 필요가 있다. 프랜차이즈 방식은 일정의 수익 예상치를 웃돌면 정기적인 지출이 이루어진다. 즉 본사에서 새로운 디자인과 제품 변경 등의 비용으로 동반지출을 유도하고, 실질적으로는 가맹점이 대부분 비용을 부담하는 경우가 많다. 프랜차이즈는 일정 규모 이상의 수익을 내기 어려운 구조라는 것이다. 협동조합 조합원들의 다양한 의견을 통해 권리와 의무를 동시에 할 수 있도록 장을 마련해줘라.

마지막으로는 조합원의 책임과 의무를 정확히 하라. 사업을 준비하는 사람과 단체는 시작만을 생각하지 끝을 고려하지 않는다. 사업이 본격화되면 성장하는 모습만 상상하게 된다. 실패를 생각한다면 아예 사업을 하지 않는 것이 좋다고 거침없이 말한다. 지나치게 낙관적인 생각으로 창업을 준비하는 사람이 많다. 객관적인 데이터에 관심을 두고 주의 깊게 파악하기보다는 주관적 경험과 판단에 의존하는 경향이 많다. 동종업계의 경험이 있는 경우 그러한 현상은 더욱 심하다. 협동조합에서도 동일한 경험을 가진 조합원이 있다면 그 조합원의 목소리가 커지고 다른 조합원은 의견을 내는 것이 민망해진다. 조합원 중에 인테리어 경험, 커피판매 경험, 유통경험, 홍보경험을 가진 조합원들이 모여 있다면 사업구상은 더욱 낙관적이 된다. 이러면 배가 산으로 갈 확률이 더욱 높다. 조합원 간의 토론문화 환경은 마련되었지만, 실천적 행동은 주춤거린다. 본인들도 발언은 하고 있지만 기존 실패 경험을 생각하면 확신이 서질 않기 때문이다.

사업구상을 하는 초기 단계에서부터 함께 하고자 하는 조합원들의 적극적 참여를 유도해야 한다. 저녁 늦게 막걸리 한잔하면서 내뱉은 말들은 다음 날 맑은 정신일 때는 기억을 하지 못한다. 큰 금액을 출자해야 되는 상황이 되면 기억을 하지 않으려 한다. 전날 술자리에서 이야기했던 것을 기억하는 사람과 그렇지 못하는 사람들이 섞이면 갈등의 시작이 된다. 상대방에 대한 신뢰성이 떨어진다. 사업을 시작도 하기 전에 불신을 갖고 참여하는 구조에서 성장을 도모하는 것은 한계가 있다. 따라서 조합원의 책임소재를 명확히 하고 권리도 당당하게 누릴 수 있도록 제도적 장치를 마련해야 한다. 친한 지인끼리 시작하는 사업일수록 더욱 객관적이고 철저한 방식으로 진행해야 한다.

필자는 협동조합, 마을기업 등 사회적경제기업의 강의시간에 사업계획서 수립을 위한 방법을 제시한다. 마을기업이나 법인격을 부여하는 협동조합 설립하는 인원수는 최소 5명 이상이기 때문이다. 즉 협력적 관계에서 출발하는 협동조합과 마을기업의 환경적 요소를 고려해 제안하고 있다. 사업을 논의할 때에는 조용한 공간에서 종이 전지를 수십 장 준비한다. 장소에 따라서 바닥에 놓을 수도 있고 벽에 스카치테이프(Sellotape)로 순서대로 붙여놓을 수도 있다. 여러 색상이 들어 있는 유성매직을 준비한다. 이 두 가지만 있으면 준비 끝이다. 협동조합의 이사장 또는 주도적으로 이끌어나갈 사람이 사회를 본다. 이 논의를 할 때에는 조합원이 모두 다 참여하는 구조가 가장 바람직하다. 참여자 전체의 동의를 얻어 녹음을 한다. 후에 다른 소리를 하지 않기 때문이다. 전지 첫 장부터 채워나간다. 무슨 사업을 하려고 하는가? 출자금은 얼마씩 내는 것이 좋은가? 희망하는 사업과 관련하여 나는 무슨 역할을 할 수 있는가? 본업으로 참여 가능한가? 단순 참여자로 남아 있을 것인가? 누구에게 판매하는 것이 좋은가? 고정적 고객 마련이 가능한가? 등등 질문에 따라서 한 사람씩 하얀 용지를 채워나가는 방식이다. 이때 반드시 발언하고 본인이 자필로 기입하도록 한다. 짧은 문구라도 좋다. 그렇게 한 장에 하나의 화두를 던지고 채워나가는 방법을 이용한다. 다음 장으로 넘어가기 전에 해야 할 일이 있다. 간사 역할을 하는 사람은 가득 채워진 전지를 스마트폰을 이용해 촬영한다. 그 사진은 조합원들이 공동으로 이용하는 밴드, 카페 등에 차례대로 올려놓는다. 일종의 사실 증거이며 후에 다른 소리를 하지 못하도록 하는 방법이다. 의견을 말하고 종이에 적고 사진을 찍는 절차가 이루어지면 발언 하나에 신중해진다. 발언한 만큼 책임을 져야 한다는 것을 느꼈기 때문이다. 처음에는 분위기가 어색하고 상호 불편할 수도 있지만 한 장씩 넘어가며 의견이 채워지기 시작하면 열정적인 모습으로 변해간다. 이렇게 10장 또는 20장, 더 많은 수의 전지가 채워지면 질수록 사업계획서는 구체적이고 실행함에 있어 빈틈이 없어진다. 이런 방식을 통해 참여하는 조합원의 책임을 공고히 하고 자연스럽게 권리도 누릴 수 있게 만들어야 할 것이다.

9. 종합검진을 통한
리모델링 정책수립

협동조합을 설립하여 사업적으로 활용하려면 학문적 근원을 파악
하는 기본적 노력이 필요하다. 사업을 하는 입장에서 이론적 내용이
필수적이지 않겠지만, 행정 및 관리자의 입장에서는 참고해볼 만하
다. 유럽 등 선진국의 사회적경제의 선행적 학습도 중요하지만, 대
한민국 사회적경제를 둘러싼 현장의 제도적 환경의 이해가 더 활용
할 가치가 있다. 사회적경제기업의 정책적 목표가 무엇이고 정책 방
향에 부합하는 사업을 진행하기 위해서라도 시스템을 이해해야 한
다. 대한민국의 사회적경제기업 흐름을 파악하려면 Community
Business(지역공동체 비즈니스)와 Social Business(사회적 비즈니스)에
대한 구조의 이해가 선행되어야 한다. 정부가 시행하는 사회적경제
기업이 추구하는 목적은 주민의 주체성을 함양하거나, 마을단위의
지역성을 강조하거나, 사업의 공익을 추구하는 사회성을 확대하거나
수익기반이 되는 사업성이 근간이 되어야 한다. 이에 Community

Business는 지역성(마을단위), 주체성(자립심 배양)이 중심인 반면,
Social Business는 사회성(공익추구), 사업성(수익구조)이 핵심적 배경이다. 다만, 현장에서 두 가지 사업이 '유사'하다고 인식되거나 심지어는 '같다'라고 인식하는 부분은 상호간의 교집합(공통요소)이 존재하기 때문이다. 자활기업, 사회적기업, 마을기업, 농촌공동체회사, 협동조합 등 사회적경제기업은 상대적 약자의 복지적 지원과 생산적 시스템을 활용하고 있다. 이를 통해 참여자의 주체적 역량을 육성하여 지속가능한 프레임을 구축하고 지역과 사회에 순기능을 부여하는 목적을 추구하는 것이다.

외환위기, 금융위기 등을 겪으면서 '부익부 빈익빈' 현상이 심화되고 있다. 이에 인간의 존엄성을 찾고 지역의 공동체회복을 추구하려는 움직임이 활발해졌다. 이러한 자발적인 노력에 동력을 불어 넣어준 것이 정부의 사회적일자리사업의 일환으로 촉발된 이른바 '사회적경제기업'이다. 사회적 취약계층을 중심으로 복지적 측면의 정책과 지속가능성을 위한 생산적 접근방식의 접목을 추구하고 있다. 사회적일자리사업은 지역을 기반으로 주민의 주체성과 자립심을 배양하고 공공성과 수익성을 도모해야 한다. 2012년 말 사회적기업과 마을기업의 성장을 지원하는 법인격 부여시스템으로 시작된 협동조합 출발로 사회적경제 분야는 대한민국 경제논란의 중심에 서 있다. 2015년과 2016년에 이어 2017년에도 사회적경제 기본법 제정을 둘러싼 이념의 문제, 추진주체의 문제, 공공기관 우선구매 혜택의 문제 등으로 진행 중에 있다. 한쪽에서는 사회적경제기업의 대부분이 각자 개별적 법률을 갖고 보완하는 방법이 더 수월할 것이라고 주장한다. 그럼에도 불구하고 사회적경제 관련자들은 사회적경제를 통합

하고 종합적 지원할 수 있는 환경적 생태계 마련이 필요하다고 한다.

협동조합, 사회적기업, 마을기업 등 소위 3대 사회적경제기업을 바라보는 시각은 양분되어 있다. 실체적 경험이 부족해서 일수도 있고, 정보의 왜곡 전달로 인한 오해에서 비롯된 것일 수도 있고, 참여주체자의 편향적 활동 등을 문제 삼아 시비를 거는 것일 수도 있다. 사회적경제의 양적 확대 등 표면적 성장이 성공했다고 보기에는 다소 무리한 판단이다. 내면적 질적 성장을 담보하지 못한다고 비판받는 현 상황에서는 사회적경제기업이 어떠한 자세를 유지해야 하는지 고민해야 한다. 민간주도의 사업 시작이 아닌 관 주도의 사회적 일자리 사업의 일환으로 시작된 프로그램이기 때문에 행정의 고민은 더욱 깊어질 수밖에 없다. 특히 참여자의 편중된 성향, 지역에서의 기득권 세력, 정보취합이 용이한 집단, 운동과 사업의 혼란, 행정의 비전문성 등이 두드러지게 나타나고 있다. 홍보 부족과 국민적 관심을 이끌어내지 못하는 환경적 어려움을 극복해가야 하는 상황이다. 현장의 목소리를 직접 접하고 실행해야 하는 지방자치단체의 고민은 더욱 깊어가는 형국이다.

현 정부에서는 2013년 봄을 기점으로, 협동조합이 대세일 정도로 사회적일자리사업의 핵심으로 부각시켜 성장을 도모했다. 다른 일자리사업처럼 정부의 지원금(보조금)이 없는 법인설립 정책이지만 현장에서의 혼란은 가중되고 있다. 참여자들은 타 사업처럼 정부가 보조금을 지원할 것이란 믿음이 강한 상황이다. 실제로 일부 지자체에서 선착순 설립자들에게 일부 보조금을 지원함으로써 협동조합기본법의 취지를 무색하게 만들었다.

2017년 기획재정부 업무보고에서는 "협동조합의 영세성을 보완하기 위해 규모의 경제를 실현하고 프랜차이즈 형태로 할 수 있도록 도와주겠다.”고 밝혔다. “협동조합형 프랜차이즈 활성화를 위해 중소기업청의 관련 예산 224억원을 활용한다. 교육 및 복지 분야에 몰려 있는 사회적협동조합 600개가 청소 용역 등에 쉽게 참여할 수 있도록 한다. 청년 협동조합 창업지원사업 대상을 12개에서 24개로 확대하고 창업 시 예비창업교육, 컨설팅 제공 및 정책자금 지원한도를 7천만 원에서 1억 원으로 조정한다. 협동조합 경영진단제도를 도입하여 맞춤형 컨설팅을 제공할 방침이다. 공제사업을 향후 금융, 보험 업종으로 확대하는 방안을 검토하겠다.”고 밝혔다. 이런 언론보도를 접하게 되면 정부가 협동조합 성장을 위해 무엇인가 열심히 하는 모습처럼 보인다. 다른 부처의 관련 예산까지 끌어와 지원해준다고 밝힌다. 청년창업을 위해 구체적으로 지원금 한도를 높인다고 말한다.

맞춤형 컨설팅이란 이야기는 2013년부터 나온 이야기다. 구체적으로 실행하지 못하고 성과도 나타나지 않는 내용이다. 현장에서는 협동조합 내부의 사정을 외부인 컨설턴트가 간섭하는 것도 싫어하지만, 형식적인 보고서 작성을 위한 컨설팅도 거부하는 추세다. 말보다는 실질적인 도움이 필요하다고 목소리를 높인다. 즉 자금지원은 없느냐는 것이다. 협동조합이 법인설립 정책 단계를 넘어서 협동조합 근본이념마저 무너뜨리는, 정부지원금에 목을 매는 현실이 되었다. 1만 1천 개를 향해 달려가는 협동조합 중 사업자등록증을 발급받아 열심히 사업을 진행하고 있는 협동조합은 몇 개에 달하는지, 실질적 운영을 통해 이익을 내고 있는 협동조합은 몇 개인지, 타 법인격에서 활동하다 협동조합으로 법인격만 변경해서 진행하는 협동조합이 아닌 협동조합으로 출발한 기업의 성공률은 어느 정도인지에 대한 구체적인 검증이 필요하다. 유사한 자료는 행정이 가지고 있다. 현장의 생생한 모습을 모르고 있을 리도 없다. 알고는 있지만 적극적이며 순발력 있게 대응하지 못하고 있다. 성공사례로 알려진 협동조합은 현장방문을 통해 상황을 보았지만, 실패사례는 간접적으로 들은 이야기만 기억하고 있을 뿐이다. 담당자의 입장에서는 새로운 아이디어를 내어 정책에 반영해야 한다. 그래야 인사고과 점수도 받고 출세도 할 수 있는 기반이 되는 것이다. 2017년 기획재정부 업무보고에서 프랜차이즈 방식의 협동조합 육성을 하겠다고 발표했다. 국내 프랜차이즈의 구조적 문제에 대해 어느 정도 파악하고 있는지 궁금하다. 프랜차이즈로 퇴직금 날리고 거리로 밀려난 수많은 사례 등을 검토하여 나온 정책인지 의구심이 간다. 기존에 사용하지 않았던 키워드가 중요한 것이 아니다.

협동조합이란 허울만 걸친 채 숨만 쉬고 있는 대다수 협동조합을 어떻게 견인할지를 고민하고 대안 마련 정책을 내야 한다. 협동조합 설립 수에 목을 매고 지역경제 활성화를 외치고 있는 정부라면 당연히 해야 할 도리다. 협동조합 법인격을 부여하는 정책목표를 넘어선 행위에 대한 책임 자세라 할 수 있다. 정부의 입장에서는 협동조합 정신을 존중하여 법인격을 부여하는 협동조합 신고필증과 사회적협동조합 설립인가증 발급까지의 역할에 멈추었어야 했다. 자생적이고 자발적으로 성장하는 협동조합을 간접적으로 도와주는 기능에 머물렀어야 했다. 일자리 부족현상을 협동조합 설립으로 보완하려는 행정 실적주의가 가져온 난맥상이라 할 수 있다. 최저임금으로 버티며 1인 고용을 하는 협동조합이나, 인건비 한 푼 받지 못하는 이사진과 조합원의 희생으로 버티어내는 협동조합이 많다. 이러한 협동조합도 신규법인 설립과 고용창출의 범위에 포함되어 보고서에 담고, 일자리 창출과 몇만 명 고용창출을 했다고 해도 되는 것인지 답답한 심정이다.

협동조합의 성공적인 연착륙을 위한 지원방법은 기존 보조금 지원 등 직접방식이 아닌 생태계를 조성해주는 간접 지원방식으로 전환해야 한다. 사회적기업, 마을기업 등 사회적경제 영역의 사업에 대해 정부의 다양한 형태(인건비, 사업개발비 등)의 지원이 이뤄졌음에도 불구하고 자립적인 안정성을 보이는 경우가 많지 않다. 협동조합의 경우는 정부 보조금이 없는 상태에서 운영되어야 하는 현실에서 안정적인 정착과 성공을 담보하기 어려운 상황이다. 이들 협동조합 등 사회적경제기업의 지속가능성에 대한 고민은 정부보다 현장 지자체에서 더 큰 상황이다. 협동조합의 양적 성장이 가져올 파급효과를 감안해 중장기적 정책집행 계획이 필요하다. '그 나물의 그 밥'이란 말을 듣지 않으려면 보고서를 위한 시장조사와 실적자료를 만들기 위한 어설픈 정책을 내놓지 말아야 한다. 협동조합 시행 5년 차에 들어선 현재, 어린이가 본격적으로 달리기 전에 머리와 심장과 두 다리가 멀쩡한지 종합검진을 해야 할 시기다. 환자 부모의 설명만 듣고 원격진료하는 수준으로는 정책성공이 어렵다. 성공 단계를 말하기 전에 현장의 생태계를 파괴할 수도 있다. 직접 환자를 만나고, 1차 진료에만 멈추지 말고 2차, 3차 진료기관의 수많은 의사가 합동으로 수술할 수 있는 시스템을 구축해야 한다.

10. 협동조합 정착과 상생을 위한 행정의 대응전략

    협동조합, 사회적기업, 마을기업 등이 성공사례를 쉽게 찾아보기 어려운 원인 중의 하나는 민관 거버넌스를 구체적으로 실현하지 못하고 있기 때문이다. 대부분 정책목표가 공공성과 수익성을 추구하며 '두 마리 토끼를 잡아야'하는 어려운 과제다. 주민 스스로 내지는 행정과의 형식적인 결합으로는 성장 발전에 한계가 있다. 참여자는 지원금을 받기 전에는 열심히 협력하는 모습을 취한다. 보조금이 종료되고 더 이상 행정으로부터 나올 것이 없다고 판단되면 슬그머니 자리를 비운다. 가끔 연락 오는 메시지가 이익이 있는지, 아니면 자리를 메꾸는 동원인지를 판단하면서 협조할지를 결정한다. 관련 협회에서의 도움도 신통치 않다고 판단되면 참석을 피하게 된다. 협회는 몇 사람의 모임으로 전락하는 경우가 많아진다. 어느 시점부터는 다수 회원의 의견이 아닌 일부 회원의 의견이 전체의 의사결정인 것처럼 포장되어 행정에 전달된다. 왜곡된 정보를 받을 수밖에 없는 행정 담당자는 검증하려고도 하지 않는다. 그 일까지는 업무의 정도를 넘어서고 시간적으로 물리적으로 한계를 느끼기 때문이다.

기초지자체 담당 부서의 입장에서는 정부와 광역지자체에서 내려오는 수많은 실적보고 및 향후 계획, 현재 상황보고 등 보고서 만들기도 바쁘다. 예산도 함께 내려주면서 부탁을 해도 할까 말까 고민하는데 여전히 Top-down(상명하달식) 업무 진행이다. 사회적기업은 고용노동부의 지원을 받고, 마을기업은 행정자치부가 50%, 광역지자체가 25%, 기초지자체가 25% 지원하는 방식으로 설계되어 있다. 협동조합은 예산지원 없이 교육, 컨설팅, 홍보 등 묶어서 지원하라는 공문만 내려온다. 가끔 중소기업청 등 관련 예산을 소개하면서, 사업을 받기 위한 공모사업에 참여하라는 내용도 있다. 서울시와 경기도는 타 시도와 달리 협동조합 신고필증을 기초지자체가 발급한다. 업무 과다와 원격지 민원인의 불편을 해소하기 위한 방안으로 2013년 시행되었다. 기초지자체 입장에서는 반가울 리 없다.

사회적기업과 마을기업은 중간지원기관의 컨설팅 지원 등도 활발히 이루어진다. 행정의 입장에서는 현장대응력 차원에서 상호 교류에 만족한다. 그러나 협동조합은 중간지원기관의 역할이 한계가 있다. 협동조합 당사자들 입장에선 금전적 지원은 없이 정부, 지자체, 연구기관 등에서 조사하는 설문지만 작성해주는 시간이 슬슬 짜증나기 시작한다. 사회적기업과 마을기업처럼 무엇인가 지원을 해달라고 기초지자체를 압박하기 시작한다. 양적 성장으로 인하여 지역에서는 협동조합 관련 협회 및 협의회, 네트워크의 수가 가장 많다. 협동조합이 사회적기업, 마을기업 등을 제치고 수적 우위를 점하면서 리드하고 있는 형국이다. 목소리가 가장 큰 단체로 등극했다. 협동조합기본법상의 협동조합뿐만 아니라 개별법에 의한 협동조합의 참여도 한몫을 하고 있다. 행정의 협조가 느슨하다고 판단되면 바로 실력 행세하는 사례도 나타난다. 선출직 공무원인 단체장을 만나 민원을 제기한다. 때로는 지방의회 의원들을 설득하여 압박하는 단계로 발전한다. 이러한 이유로 인하여 국회는 물론 지방의회 속기록을 읽어보면 현장의 내용을 이해하지 못한 일부 지방의원의 빗나간 의사 발언을 많이 접할 수 있다. 협동조합 등 사회적경제기업에 대한 이해도가 높지 않다 보니 당사자들이 하는 이야기를 그대로 전달하는 수준에 그친다. 지원을 위한 예산편성, 활동가 양성, 판로확보, 홍보전략 구체화, 제품 구매 의무화 등 행정에 대해 구체적 실천계획을 내놓으라고 압박한다.

행정의 입장에서는 직접적 지원예산은 없고, 간접예산으로는 민원성 요구를 다 해결해주지 못한다. 지방의회의 협동조합 지원요구에 대해 궁색한 변명만 늘어놓을 수밖에 없는 상황이다. 협동조합 관련 단체의 회장단을 만나는 것이 두렵다. 회의를 하더라도 말 한마디 꺼내놓는 것이 두렵다. 실질적으로 해줄 수 있는 것이 많지 않기 때문에 유구무언하고 있다. 윗선에서는 실질적인 대책을 강구하라고 오더가 내려온다. 협동조합이 활성화되어야만 골목 경제도 살고 해당 지자체의 고용창출도 가능하다고 믿고 있기 때문이다. 한두 개의 기업이 아닌 수십 개의 기업 이사장들이 이야기를 한다. 한개의 기업이라도 수십 명 때로는 수백 명의 조합원이 등록되어 있는 협동조합의 민원을 모르쇠로 일관하기에는 한계가 있다. 지역에 따라서는 그들이 유권자이고 선거 때 엄청난 힘을 발휘할지도 모른다는 막연한 불안감이 엄습한다. 협동조합을 기업적 측면으로 보는 것이 아니고 사람 중심의 조직적 관리적 측면으로 보면 그렇다. 몇 개 협동조합이 움직이면 선거에 영향을 미칠 수 있다는 생각이 앞선다. 비슷한 경험을 가진 단체장일수록, 지방의회 의원일수록 그러한 현상은 두드러진다. 이러한 속성을 잘 알고 있는 협동조합 단체들이 있다. 일부 협동조합은 조합원 수를 가지고 흥정하려고 한다는 이야기까지 전해지는 것을 봐서는 허상이 아닌 현실인 모양이다. 단체장의 업무지시와 지방의원의 의견제시가 행정 담당자의 입장에서는 무겁게 느껴질 수도 있다. 여기에 간혹 강압적 언어 구사와 물리적 행동을 보이려는 일부 협동조합 관계자를 지켜보는 것은 괴로울 뿐이다. 그래서 담당자는 할 수만 있다면 다른 부서로 자리 이동하는 데 신경을 쓴다. 이런 현상은 비단 협동조합만이 아니다. 사회적기업, 마을기업에서도 자주 볼 수 있는 현상이다. 공무원 세계에서는 기피부서로 낙인 찍혀 있다. 현장의 민원인들과 협력하고 상생할 수 있는 구조와 환경을 가진 지자체는 오히려 진급하는 데 득이 된다. 하지만 대다수의 지자체 환경은 말이 많은 단체와 침묵으로 버티는 행정의 보이지 않는 싸움이 많다. 때로는 적대적 관계로까지 확대되면서 파국을 맞이하는 경우도 발생한다.

이런 상황에서 협동조합이 발전하기를 기대하는 것은 오만이고 자만이다. 정부 지원금이 없는 소위 보조금 사업이 아님에도 불구하고 협동조합은 행정과 밀접한 관계를 형성하고 있다. 초기 정책설계가 그렇게 만들었다. 신고필증과 인가필증만 교부하는 역할에 그쳐야 했는데, 그 이상의 욕심을 낸 결과다. 당시 정책결정자의 판단은 협동조합의 숫자 확대를 통해 정부의 고민거리인 일자리 창출의 동력으로 이용하려 했다는 것이다. 이론적으로는 틀린 이야기가 아니다. 다수의 사람이 모여서 만든 사람 중심의 협동조합이 많아지면 많아질수록 경제 활성화로 이어질 가능성은 농후하다. 법인이 많아지면 자연스럽게 고용되는 인력이 형성되는 것이고 고용창출로 이어지는 것이다. 필증을 교부해준 행정의 입장에서는 잘되면 생색내기 "참 좋은 협동조합"이다. 지역사회의 다양한 문제를 나서서 해결해주려 하고, 이익이 생기면 지역사회 공헌도 의무적으로 하려는 정관을 가진 협동조합 설립을 막을 이유가 없기 때문이다. 행정은 협동조합의 설립 결과 실적만 가지고 싶을 것이다. 과정에 참여하고 싶은 생각은 없었을 것이다. 협동조합에 참여하는 사람들이 알아서 사업하는 것이지, 행정이 관여할 일이 아니라고 생각한다. 그러한 생각이라면 처음부터 선을 그었어야 했다. 지금도 근원적인 해결책을 마련하지 못하고 여전히 몇 개 협동조합을 얼마 지원해서 육성한다는 보도자료에만 관심을 보인다.

행정이 협동조합에 대한 양적 성장과 조합원 숫자에 목말라 하는 정치인의 욕구에 계속적으로 부응하려면 전체 그림을 다시 그려야 한다. 법상으로는 지원할 수 없는 구조이면서 현장에서는 유형에 따라 조금 지원하는 것으로 생색내지 말아야 한다. 협동조합을 설립했다고 해서 무조건 지원하는 것이 아니다. 협동조합 법인격을 가지고 사회적기업 또는 마을기업 등 정책프로그램과의 연계를 강화하는 정책을 마련해야 한다. 협동조합이란 명으로 행정의 지원이 이루어지는 것은 시장 질서를 교란시킨다는 오해를 받을 수 있다. 여러 명이 모인 협동조합은 되고, 다수가 모인 주식회사, 합자회사, 유한회사는 안 된다는 논리는 설득력이 약하다. 지역사회 공헌으로 구분하는 것도 한계가 있다. 기업경영 활동을 하지 못하고 있는 협동조합과 이익금으로 지역사회 공헌을 하는 주식회사를 분리하기란 어렵다. 협동조합에 지원을 해야 할 명분과 내용이 구체적이어야 하고 차별성이 확실해야 한다. 그래야 협동조합에 대한 정부의 정책이 지지를 받을 수 있다. 현재처럼 법과 제도적 차이 속에서 교묘히 줄타기하는 정책으로는 지속가능한 협동조합을 보장하기 어렵다.

11. 지자체의 사회적경제
지원시스템 구축

지방자치가 시행된 지 20년이 지났다. 행정수요의 다양화는 정책 집행의 기능과 현장대응력 강화라는 차원에서 지자체 발전을 도모해왔다. 많은 업무가 정부에서 지자체로 이관되었고, 더욱 확대될 것이다. 이러한 시점에서 정부 중심의 지역발전 정책은 시스템, 운용방법, 마인드 관점에서 한계가 있다.

시스템적으로는 정책의 연관성과 지속성이 담보되지 못하고 있다. 정권교체는 물론 각 부서의 정책결정권자가 교체될 때에도 같은 현상을 보인다. 새로 부임되는 부서장은 이전 부서장 시절에 진행했던 정책사업을 포기하거나 변형하는 형태로 진행하는 것이다. 부족한 점이 있다면 보완해서 진행할 생각을 하지 못하는 구조적 결함이 있다. 이렇게 태어난 신규 사업이 일회성 정책으로 집행되고 산발적으로 시행됨으로써 행정력이 낭비되는 현상이 나타난다.

지역발전정책이라 함은 지역주민의 삶의 질을 향상시킬 수 있는 방법을 우선 고려해야 한다. 외형적 발전은 이루어졌는데, 내면적 체감은 전혀 느끼지 못하고 있다면 지역발전이 이루어졌다고 말하기 어렵다. 개발도상국 시절에 대규모, 하드웨어적 방식의 발전이 주를 이루었다면, 이제는 소프트웨어적 접근방식이 필요하다. 그러나 여전히 시각적으로 발전하는 지역의 모습을 보기를 원하고 있다. 예를 들어 마을공동체 회복을 위한 마을사업조차 벽화 그리기, 주택 수리 등에 집중하는 양상을 보인다. 벽에 색칠을 해야만 지역발전이 시작이 되는 것인가. 전세와 월세 주택을 수리해놓고 임대 기간 만료로 다른 곳으로 이사를 가게 되는 경우는 누구를 위한 사업인지 등에 대한 논란이 많다. 행정의 입장에서는 눈에 보이는 사업에 대한 평가가 우선일 수 있겠지만, 지역주민이 원하는 것은 다를 수 있다. 취업 등 일자리 찾기일 수 있고, 마음의 병을 고치고 힐링할 수 있는 환경이 필요할 수도 있다. 지자체의 행정조직과 인력의 효율성을 도모하기 위해서는 단순 반복적인 업무의 민간위탁이 필요하다.

지자체의 재정자립도 차이는 심각하다. 정부로부터 재정지원이 없어도 운용할 수 있는 재정 불교부 지자체는 10개 미만이다. 세수입의 대부분이 국세로 중앙에 집중되어 있기 때문이다. 종합토지세, 담뱃세 등 지방세 수입으로는 증가하는 공공서비스 민원수요를 감당하기 어렵다. 그래서 여전히 지자체는 정부에 손을 내민다. 주민이 단체장의 능력을 정부로부터 얼마나 많은 예산을 끌어왔는지에 따라서 평가하는 세상이다. 서울시 25개 자치구는 민선시대가 시작된 해부터 종합토지세와 담뱃세 맞교환을 통해 강남과 강북의 재정수입의 균형을 조정하려고 충돌할 정도다.

2010년 지자체형 (예비)사회적기업이 붐처럼 일어날 때도, 중앙과 매칭사업을 하는 마을기업을 신청할 때도, 자체적으로 협동조합 교육과 지원시스템을 마련하는 경우에도 재정자립도에 따라서 차이가 크다. 단체장의 의지와 열정에 따라 사회적경제 분야를 육성하는 지자체와 명목상 유지하는 지자체도 있다.

형식상 사회적경제를 유지하는 지자체의 경우는 관심이 없다기보다는 다른 사업에 비해 중요도 차원에서 밀려났기 때문이라 풀이된다. 공약사항에 들어 있지 않은 경우에는 단체장의 무관심이 행정일선에서 소극적인 자세로 나타난다. 해당 지자체는 관련 조직에서도 독립적인 부서를 설치하고 육성시키기보다는 타 부서의 보조적 업무로 치부해버리는 경우가 많다. 이러한 경우 자체 예산을 편성하는 것이 사실상 거의 불가능하다. 오로지 광역지자체 또는 중앙에서 내려오는 보조금에만 의지하려는 의존성 심화가 나타난다. 재정 부족에 따른 예산편성이 어려우니 위에서 알아서 해달라는 입장을 고수하고 있다. 재정자립도가 더 열악한 지자체에서도 사회적경제 관련 예산을 편성하고 지역경제를 활성화하려 노력하는 것과 비교되는 경우다.

협동조합을 대하는 지자체와 지방의회는 예산을 편성하고 지원한다고 해서 할 일을 다 하는 것이 아니다. 소폭의 예산지원으로 생색을 내기보다는 협동조합이 성장할 수 있는 제도적 장치를 마련해주려는 노력이 더 필요하다. 지역주민이 스스로 자주, 자립, 자치적으로 협동조합을 설립하고 운영할 수 있는 시스템 기반조성이 우선적으로 이루어져야 한다.

집행부는 현장에서 주민들이 혼선을 빚지 않고 협동조합 육성정책에 부응할 수 있도록 행정지원체계를 일원화해야 한다. 일자리 관련 부서에서 마지못해 업무를 위탁 처리하는 방식은 지양해야 한다. 한 사람이 협동조합, 사회적기업, 마을기업을 통합적으로 보는 경우도 나타난다. 과 단위는 고사하고 팀 단위 편제라도 되어 있으면 다행일 정도다. 지역경제 업무와 섞여 있거나 팀원 한두 명이 전담하는 지자체도 있다. 이런 상황에서 사회적경제기업을 육성하고 지역의 생태계를 구축할 수 있어야 한다는 목소리는 허공에 날아갈 뿐이다. 담당자는 담당자대로 힘들고 지치니 다른 부서로 이동하려는 노력이 강하다. 잠시 스쳐 지나가는 정도의 업무로 인식하다 보니 순환보직의 기간을 다 채우지 못하는 경우도 허다하다. 무엇인가 인센티브 등 제도적 장치를 마련하지 않으면 악순환만 반복된다.

지방의회는 주민대표로서 협동조합이 갖고 있는 정체성을 인식하고 주민참여를 독려하기 위해 사전교육, 갈등해소방안 등의 대안을 모색해야 할 것이다. 지방의원들도 선출직 공무원이자 지역주민이다. 지역 활성화에 대한 고민은 같은 시각에서 바라보고 있을 것이다. 지방의원별로 사회적경제기업을 바라보는 차이는 극명하게 다르다. 직·간접 경험을 가진 의원은 적극적인 반면, 접해보지 못하거나 왜곡된 정보를 갖고 있는 의원은 적대적이다. 직·간접 경험을 가진 의원일지라도 과정상 상처를 입었거나, 정치적 견해가 다른 집단이라고 판단하면 적대적으로 변한다. 특히 협동조합처럼 사람 수가 많은 기업일 경우에 그러한 현상은 두드러진다. 더구나 조합원 대다수가 본인 지역구 주민일 경우에는 민감한 반응을 보이기도 한다. 지방의원들이 유권자에 민감한 반응을 보이는 것은 당연하다. 그렇다면 협동조합은 지자체의 단체장이나 지방의원들에게 어떠한 모습으로 비치는 것이 좋을까? 순수하게 기업 활동을 하면서 지역사회에 공헌하는 협동조합이라면 좋은 관계를 맺으려 할 것이다. 반면 일부 사람이라도 정치적 발언을 수시로 하거나 정당 활동을 드러내 놓고 하거나, 사업보다는 정치를 하려고 하는 모습에 대해서는 당연히 경계하고 적대시할 것이다. 지역사회가 협동조합에 대해 우호적인 환경이 되어도 일반기업과 경쟁에서 쉽지 않은데, 정치적 행위 등으로 배타적이라면 심각히 고려해봐야 한다.

지자체에서 사회적경제를 담당하는 부서의 구성원은 다양한 이해관계자와 주민들의 민원성 요구에 적극 대응하기 어려운 현실적 한계에 처해 있다. 각 사업의 이해관계와 실적달성, 순환보직, 다양한 변수로 인한 관련 업무 내재화 어려움, 현장 대응능력 등 기피부서로 전락되고 있는 상황이다. 이러한 문제에 대한 지자체의 대응방안으로는 조직을 사안별로 매트릭스 조직으로 설치 운영하는 방법이 있다. 또한 사회적경제 관련 담당 업무를 통합하여, 전담부서 신설하여 운영하는 방법 등을 고려할 수 있다.

[그림 3] 민관 거버넌스 구축과 협동조합

사회적경제 관련 기업에 참여하거나 관심을 가지고 있는 지역주
민에게 적합한 행정서비스를 구현하기 위해서는 기피업무로 인식되
고 있는 공급자(담당 공무원) 측에 인센티브를 부여하여 관리하는
방법이 있다. 또한, 학계, 전문가, 컨설턴트, 시민활동가 등 최근 3~
4년 동안 사회적 경제 영역에서 전문지식과 현장경험을 축적한 민
간 전문가를 채용하여 활용하는 방법이 수월하다. 전문성을 바탕으
로 안정적인 업무를 수행하도록 하는 방안도 생각할 수 있다.

지역 소재 기업의 CSR(기업의 사회적책임)을 독려하는 방안으로
실질적 거버넌스(협치)를 실현하는 방안도 고려할 수 있다. 지역사
회에서 지역을 토대로 성장하는 일반기업들의 협조와 후원은 협동
조합 등 사회적경제기업의 성장을 촉진하는 원동력이 된다.

12. 사업 평가시스템 구축과
차세대 인력양성

사회적기업, 마을기업 등 사회적일자리사업의 일환으로 시행되고 있는 사회적경제기업에 대한 평가는 다양하다. 각 영역의 사업들은 해당 사업마다 획일적인 집행과 평가방법을 시행함으로써 다양한 성공전략을 담보하지 못했다. 규모와 환경과 사업 아이템과 인적구성, 자본력, 네트워크, 지리적 여건 등 다양성을 담아내지 못했다는 비판이 있다. 정부 보조금 사업으로 틀에 맞춰진 사업 진행이 현장의 안이함과 사업의 경직화를 촉진했다.

이렇게 중앙 및 지자체의 매칭사업을 통한 보조금 지원으로도 성공하기 어려운 현실에서 보조금 없는 협동조합의 현실은 더욱 냉혹하다. 관 주도의 육성정책으로 협동조합의 양적 성장은 가능할지 모르나, 질적 발전을 담보하진 못한다.

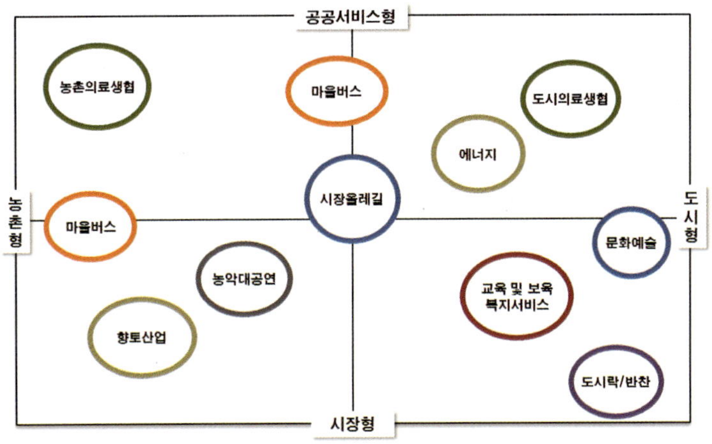

[그림 4] 사업 유형별 평가체계 시스템 개선

협동조합을 중심으로 기존 각 사업에 대한 사업평가 시스템을 전면 개편할 필요가 있다. 시장의 환경변화는 빠르다. 따라서 고정적이 아닌 변화된 평가체계에 의해 사회적, 경제적 성과를 논해야 할 것이다. 인건비 보조, 사업개발비 지원 등에 따른 공공성 실현과 수익구조를 판단하는 획일적인 방법만으로는 한계가 있다. 사업 자체가 공공서비스를 지향하고 있는지, 시장형, 도시형, 농촌형 등 거점을 근간으로 하는지에 대한 세분화해야 한다. 또는 제조업(1차, 2차산업), 서비스업(3차산업)에 따라 유형별 지원 및 평가를 하는 아이템 평가 차등화[26]를 구현해야 한다.

사회적경제 관련 차세대 기업가 육성을 통하여 지속가능한 생태

---

26) ① 어떠한 행태로 평가할 것인가? 도시형 vs. 농촌형. 공공서비스형 vs. 시장형(일자리창출형), 제조업(1차, 2차산업), 서비스업(3차산업)
② 평가방식 (시도 추천 vs. 중간지원조직 추천, 경기도 추천 vs. 31개 시군 추천, 공모전)
③ 우수 사회적기업/마을기업/협동조합 등에 대한 직·간접 인센티브 강화

계를 조성하고 육성할 수 있는 환경을 마련해야 한다. 사회적기업, 마을기업, 협동조합 등 각 분야의 지역인재를 발굴하고 육성하기 위해서는 전문적인 이론 및 실무교육이 전제되어야 한다. 17개 광역시도 단위의 산하기관을 선정하여 집중 육성하는 방법과 지역 소재 대학과 연계하여 위탁교육을 통하여 육성하는 방안이 있다. 장기적으로는 지역대학과 협력하여 사회적경제 관련학과 및 프로그램을 신설, 운영하는 것이 바람직하다. 차세대 기업가를 육성해 지역 출신이 지역대학에서 공부하고 지역을 중심으로 활동할 수 있는 토대를 마련하는 것이 지역발전의 첫걸음이라 할 수 있다.

또한, 관련 기업에 대한 인증제도 필요하다. 사람이 중심인 사회적경제 영역의 사업에서는 인재양성이 가장 중요하다. 관련 학과 및 프로그램을 이수한 사람에게는 자격증 제도를 도입하는 방안도 고려해 볼 수 있다. 현재 일부 대학에서 학부 및 특수대학원 과정으로 병행하여 진행하고 있다. 하지만 그 수가 미약하고 대학 전체의 분위기에는 편승하지 못하고 있다. 또한 해당 대학교의 이미지와 중복되면서 시각적인 오해와 불편한 시선이 발전을 저해하는 요인으로 작용하고 있다. 이제는 광역 단위에서 하나의 대학을 시범적으로 선정하여 그 효과성을 검증하고, 지역사회 전역으로 확대해 나갈 수 있도록 구체적인 실행 로드맵을 구상해야 할 시기다.

협동조합의 등장이 자본주의 경제의 새로운 대안처럼 인식되는 것은 성급한 판단이다. 지역경제의 보완재 역할과 기능에 충실할 수 있도록 점진적 발전을 도모해야 할 것이다. 협동조합의 설립을 통한 양적 확대가 중요한 것이 아니다. 질적인 성장을 도모할 수 있도록 시장수요조사, 매뉴얼 제작, 아이템 개발, 주민갈등 방지 연구, 행정의 일원화, 차별화된 평가시스템 구축 등 실제적 접근이 급선무다.

협동조합이 성공하기 위해서는 지역주민 모두가 자주, 자립, 자치의 원칙을 이해할 수 있도록 사전교육이 필요하다. 동시에 공감대를 형성할 수 있는 홍보전략 구현과 차세대 기업가 등 현장 전문가 육성이 전제되어야 할 것이다.

정부의 사회적경제 관련 사업들을 통합하려는 노력이 있었지만, 현실적으로 불가능한 상황이다. 따라서 광역 또는 기초 지자체 단위별로 부서별로 분산된 업무를 단계적으로 통합하여 운영하려는 노력이 필요하다. 정책수립과 집행기능으로 구분하여 효율적으로 운영 지원할 수 있는 직제를 개편하는 방안도 필요하다. 새로운 사업단(전담부서)을 구성하여 총괄적으로 수행하는 원스톱서비스 체제를 구현해야 할 것이다.

맺음말

2010년 사회적일자리 사업이 봇물 터지듯 터지기 전까지 2007년 시행된 사회적기업은 조용했다. 자활기업과 협동조합 운동이 있었지만 사회적으로 큰 이슈를 만들어 내지 못했다. 외환위기는 새로운 일자리를 통해 고용을 창출해야 하는 고민의 서막에 불과했다.

경제적 목마름과 성장을 위한 갈증은 경제뿐만 아니라, 사회, 문화, 복지 등 모든 분야에서 계층구조를 형성, 강화하고 소득불균형을 만들어냈다. 정부의 실패, 시장의 실패는 제3의 대안 모색을 탐구하기에 이르렀다. 기존 방식으로는 일자리 창출의 한계가 있었다. 정부 주도의 사업이지만 시민이 자발적으로 참여할 수 있는 구조가 필요했다. 정부예산뿐만 아니라 지자체의 예산도 매칭이 되고, 사업에 따라서는 참여자의 자부담도 강제적으로 할당했다.

지난 정부에 이어 현 정부에서의 일자리 창출은 정부의 영원한 숙제로 이어지고 있다. 차기 정부에서도 골목경제를 시작으로 지역발전 정책의 흐름은 지속될 전망이다. 지역경제 살리기 정책은 보수정부 또는 진보정부라는 인과관계가 성립되지 않는다. 눈앞에서 펼쳐지는 경제 악순환과 실업률 상승은 정권의 위기와도 맞물릴 정도다. 기존 시장경제 복원을 통한 노력에는 한계가 있다. 세계적인 금융위기의 영향, 국제정서에도 민감하게 반응하고 있다. 내수시장의 활성화를 위해서는 대기업 중심의 정책변화가 있어야 한다. 수많은 경영

이익금을 쌓아놓고도 신규사업과 플랜트 가동은 인건비가 저렴한 개발도상국으로 눈길을 돌리고 있다. 더 이상 어떤 규제를 완화해야만 투자의 폭을 확대할 것인지 불투명하고 신뢰하기 어렵다.

사회적일자리 사업의 일환으로 시행되고 있는 이른바 사회적경제 분야의 정책들이 쏟아지고 있다. 재벌 중심의 정책은 더 이상 국민에게 감동을 주지 못한다. 정부 주도적이긴 하지만 행정과 시민이 함께 하는 민관 거버넌스 실현 정책들이 꿈틀거린다. 특히 사회적 약자계층의 참여를 통한 지역경제 활성화는 나름 매력이 있어 보인다. 자활공동체 사업의 시작이 자활기업으로 사회적기업, 마을기업, 농촌공동체회사에 이어 협동조합에 까지 다양한 형태로 발전하고 있다. 부처별 경쟁도 한몫을 하고 있다. 선의의 경쟁은 시장의 확대를 가져오고 지역적 발전을 초래하는 순기능적 역할을 한다.

하지만 이들 5개 사회적경제기업의 예산을 다 모아도 연 2천억 원에 불과하다. 정치적 목소리와 현장의 울부짖음은 크게 들리는데 비해 정책적 예산 배려는 미약하다. 약자들의 목소리는 크게 들리는데, 실행단계에서 어려움이 많다. 그럼에도 불구하고 정부의 생색내기는 계속되고 있다. 일회성 이벤트식 사업전개는 곤란하다. 현장의 어려운 상황을 보고도, 윗사람에게의 보고를 위한 보고서 작성은 지양해야 한다.

협동조합은 시행 4년도 되지 않아 1만 개 시대를 맞이했다. 초기 계획보다도 1년이나 빠른 양적 증가 목표달성이다. 그러나 현장에서 1만 개의 협동조합은 보이지 않는다. 절반 이상의 협동조합이 활동하지 못하고 있다. 실질적인 영업활동과 수익을 계산하기 시작하면 아찔할 정도다. 새로운 아이디어로 협동조합을 유도하는 정책을 쏟아낸들, 현장 접목이 어려우면 실패사례와 원망이 많아진다. 협동조합에 대한 정책지원과 방향이 개별법과 통합적으로 이뤄질 것인지, 기본법에 한정해서 진행할 것인지 분명히 해야 한다. 혹자는 양자를 병행하여 선배 협동조합을 본받고 선례로 삼아 활성화시켜야 한다고 주장한다. 협동조합 간의 협동과 연계를 통해 사람 중심의 경제활동이 가능하다고 이야기한다. 추상적 생각이 지배하는 이론적 주장과 사막 한가운데에서 오아시스를 찾아 헤매는 현장의 실태는 아귀가 맞지 않는다.

필자는 지금의 협동조합 상황을 정확히 진단해보는 단계에서부터 활성화의 실마리를 풀어나가야 한다고 생각한다. 8개 협동조합 개별법까지 거론할 단계가 아니다. 협동조합기본법에서 생성된 열악한 협동조합에 우선적으로 집중해야 한다. 정책집행의 실효성과 효율적 성과를 바란다면 선을 그어야 한다. 1957년 시작된 농업협동조합과 1999년 소비자생활협동조합에 이르기까지, 개별법 협동조합들은 최대 60년에서 20년 이상 성장했다. 유럽 선진사례라 소개되고 있는 외국의 협동조합도 60년에서 172년까지 오랜 역사를 가지고 있다. 그동안 수많은 역경이 있었고 실패와 실패를 거듭해 성장해 왔다.

협동조합기본법에 의해 설립된 협동조합은 이제 5년 차에 접어들었다. 걸음마 단계를 벗어나 달리기를 하는 어린이집 원생의 모습을 하고 있다. 아이의 입장에서 무슨 고민이 있고, 무엇을 해줘야 하는지 선택과 집중이 필요한 시기다. 5살배기가 울고 있는데, 20살 청년과 60살 어르신이 함께 만족할 수 있는 사탕을 찾고 있다. 지금은 5살 어린이가 한글을 깨우치고, 무릎을 다치지 않고 달릴 수 있는 방법을 알려줘야 할 때다. 식사도 골고루 맛있게 할 수 있는 육아 방법이 필요하다. 전 연령대가 만족하고 흡족해할 수 있는 정책은 질적 내용을 담보하지 못하고 양적 성장만 부채질하는 모습으로 비쳐

진다. 협동조합 정책에 대한 다양한 정책수렴과 근원적 처방이 필요
한 시기다. 반쪽 걸음으로 달리기 시작하면 평생 두 다리로 올바르
게 달리기 어렵다. 뒤늦게 보정을 하려면 현재 예산의 수십 배 또는
수백 배가 편성되어도 어렵다.

2012년과 2013년 국내외 협동조합 관련 책들이 소개될 때, 필자
도 책을 낼 욕심을 냈다. 거의 모든 자료를 섭렵하고 준비했다. 하지
만 협동조합 자료를 정리하면서, 깊게 경험해보지 못한 영역을 풀어
내는 것이 올바른 행동인가라는 생각에 빠졌다. 외국 자료, 개별법
으로 성장한 협동조합이 쏟아낸 데이터를 분석해서 무슨 의미가 있
는지 고민에 잠겼다. 협동조합 조합원으로 활동하며 부딪히고, 연구
하고 토론하고 고민해가는 과정에서 스스로 느끼고 체험하는 내용
이 중요하다고 판단했다. 타인으로부터 전해 듣는 내용만 가지고는
먹물 흉내만 내는 상황이었다.

이렇게 시작된 고민 속에서 지난 4년 동안 협동조합 조합원 활동
을 통해 격렬한 싸움도 해보고, 수백 번에 걸친 협동조합 교육을 통
해 국민적 관심이 어디까지 와 있는지를 확인할 수 있었다. 서울과
경기 등 협동조합 실태조사 및 연구, 컨설팅을 통해 현장의 내용을
생생히 경험할 수 있었다. 지난 수십 년 동안 협동조합 운동을 하셨
던 선구자들에 비하면 미약한 수준임을 알고 있다. 다만 짧은 기간
동안 협동조합 법인격을 가지고 마을기업, 사회적기업에 진입하는
과정에서 정책 설계자로, 연구자로, 현장 활동가로 고민한 흔적은
나름 의미가 있을 것으로 생각한다. 필자는 토론회에서 공청회에서
연구회의에서 교육현장에서 직설화법을 구사하는 편이다. 혼자 떠드
는 목소리가 협동조합 전체의 흐름을 바꾸지는 못할지라도 행정과
협동조합 관계자들이 고민하는 모습이라도 보여주었으면 하는 바람

이다. 2012년 9월 출간한 <마을기업과 사회적기업의 거버넌스>가 전문서적으로서는 드물게 많은 판매가 이루어졌다. 5년이 지나가는 현시점에도 꾸준히 찾아주는 사람이 많다는 사실이 사회적경제를 바라보는 자신감을 갖게 해준다.

필자의 글은 기존에 협동조합을 다루었던 책들과는 접근방법이 다르다. 외국의 선진사례 중심의 책이나. 기존 활성화된 법인에서 협동조합으로 법인격만 변경하고 성공사례라고 알려진 협동조합 소개서가 아니다. 관념적인 글은 좋아하지 않는다. 이념에 빠져 현장의 상황을 외면하지도 않는다. 협동조합을 바라보는 시각이 지극히 현실적이다. 실물경제 경험을 통해서 바라보는 대다수 국민의 입장에서 바라보고 있다. 복지적 접근방식으로 펼쳐지는 협동조합이 아닌 생산적 접근이 중심이 되어야 성공한다고 믿고 있다. 정책의 목표대로, 설계한 그대로 정책집행이 이루어지는 수단으로 활용해야 한다. 협동조합은 정부 보조금 사업이 아니다. 새로운 법인 설립정책이다. 법인격을 부여하는 수단에 그치고 여건이 되면 활성화에 도움이 되는 간접지원 방식을 모색해야 한다. 사회적경제 분야에서 흔히 쓰이는 말대로, 협동조합 생태계 구축을 위한 노력이 선행되어야 한다. 대한민국 국민이 협동조합을 제대로 이해하고 있어야 한다. 내용을 알고 실체에 대한 공유가 이루어져야, 생산되는 재화와 서비스를 접할 수 있다. 그리고 감동이 전해져야만 구매행위가 시작된다. 그래야 협동조합의 지속가능성이 보장될 수 있다. 홍보하고 알려라!

어려운 이야기로 시민들을 멀리 떠나게 하지 말라! 쉽게 설명해라! 그것만이 살길이다!

부록: 대한민국법원, 등기용어해설

법인격	법인내용
주식회사	사원(주주)의 지위가 주식이라고 하는 세분화된 균등비율적 단위의 형식을 취하며, 주주는 회사에 대하여 출자가액의 한도에서만 책임을 지는 회사. 주주의 유한책임의결과 회사채권자는 회사재산에 의하여서만 그의 채권을 만족시킬 수 있으므로 상법은자본의 제도를 정하고 그 금액의 한도까지는 적어도 회사의 순재산이 내부에 유보되도록 요구하고 있다. 회사의 자본은 원칙적으로 발행주식의 액면총액으로 한다. 회사는 이 자본에 상당하는 회사의 순재산을 확보하기 위하여 여러가지의 제약을 받는다. 특히 회사의 순재산액이 자본·법정준비금의 총계액에 미달할 때에는 자본결손이 생겨회사는 그 손실을 전보하지 않으면 이익배당을 할 수 없고, 따라서 이에 위반하면 회사채권자는 위법배당의 반환청구권을 가지게 된다. 앞에서 설명한 바와 같은 자본제도로 말미암아 주식회사에 있어서는 사원의 퇴사에 의한 투하자본의 회수는 할 수 없다. 따라서 주식회사에 있어서는 주주의 개성에 중점을 두지 아니하고 주식의 양도(즉, 주주의 지위)가 자유로 행하여질 수 있고, 이것에 의하여 투하자본의 회수가 가능하게 된다. 주주의 지위의 균등비율적 단위와 유한책임에 따르는 기구상의 특색은 주식의 개성상실과 대규모적 자본형성에 있고, 이것 때문에 주식회사는 전형적인 물적회사라고 불린다. 그리고 회사의 경영에 관하여는 주주는 업무집행권이나 대표권을 갖지 못하고, 전문적 경영자로서의 이사, 이사회 및 대표이사의 제도가 두어지고, 주주는 주주총회의 구성원으로서 이사의 선임·해임권을 포함한 회사의 기본적 중요사항에 관하여서만 의결권을 가지는 동시에 경영에 대한 감독적인 제권한이 부여되어 있다. 그러나 근래 주식의 분산, 내용무자화에 따라 주주가 회사의 경영에는 관계를 가지지 않고, 주주총회에도 출석하지 않고 오히려 이익배당과 주식거래에 중점을 두는 경향이 강하다.

법인격	법인내용
합명회사	무한책임사원만으로 구성되는 일원적 조직의 회사. 사원전원이 회사채무에 대하여 직접 연대무한책임을 지고 이에 대응하여 각 사원이 업무집행의 권리 및 대표권을 가진다. 또 사원에게는 출자의무가 있으므로 이른바 자기 재산을 스스로 자본적으로 운영하고 채권자에 대하여는 무한책임을 지는 개인기업이 복합화 된 것이라고 볼 수 있다. 따라서 각 사원의 인적 신용이 중요시되고 대내적으로도 각 사원간에 밀접한 신뢰관계를 필요로 한다. 신뢰관계의 필요는 어떤 사원의 대표행위에 기한 책임을 연대책임으로 하는 결과, 타사원이 이를 무한히 부담하여야 한다는 점을 고려한다면 이는 당연한 것이다. 또 사원은 공동의 이익을 각자가 협력해서 달성하여야 하므로 특히 업무집행의 권리·의무를 진다. 사원간의 신뢰관계를 유지하기 위하여 제명선고제도가 있고, 지분의 양도는 제한되고 있으며 양도하기 위해서는 다른 총사원의 동의가 있어야 한다. 그러나 이것은 사원의 투하자본회수의 이익을 제한하므로 법은 지분의 환급을 수반하는 임의퇴사를 인정하고 있다. 사원의 출자는 금전출자·현물출자 이외에 신용출자(회사를 위하여 보증을 하고 어음·수표의 인수 및 배서를 하며 물적 담보를 제공하는 등의 신용행위)·노무출자 등이 있다. 후에 열거한 두가지는 직접적으로 회사의 재산을 구성하는 것이 아니므로 손익의 분배와 잔여재산의 분배의 기준을 정하기 위하여 별도로 정관상 출자가격 또는 평가의 기준을 정하여야 한다. 합명회사는 전형적인 인적 회사이며 조합성이 농후한 회사이다.
합자회사	무한책임사원과 유한책임사원으로 구성되는 이원적 조직의 회사. 합명회사와 같이 인적 회사성을 가진다. 이른바 합명회사에 유한책임사원을 가입시킨 것과 같은 회사이며, 상법은 합명회사에 관한 많은 규정을 준용하도록 하고 있다. 합자회사는 유한책임사원이 무한책임사원이 경영하는 회사기업에 출자를 하고 이익의 배당을 받는다는 점에서 익명조합과 유사한 점이 있으나 법률상으로는 유한책임사원도 회사의 구성원으로서 사원의 지위를 가지고 대외적으로는 출자액의 한도 내에서 책임을 직접 부담하기 때문에 익명조합과 다르다는 것은 명백하다. 유한책임사원은 회사업무를 집행하는 권리나 대표권을 가지고 있지 않으나, 감시권은 부여되고 또 경업피지의무도 부담하지 않는다. 유한책임사원의 책임은 출자가액을 한도로 하여 회사채권자에 대하여 직접·연대하여 부담하고, 이미 출자의 전부 또는 일부를 이행한 경우에는 그 한도 내에서 책임을 면하게 된다. 또한, 합자회사는 회사 자체가 소규모의 인적 신용을 중시하는 기업이므로 유한책임사원의 지분양도는 제한되어 무한책임사원 전원의 동의를 요한다. 합자회사에 있어서는 유한책임사원 전원이 퇴사한 경우에는 무한책임사원 전원의 동의에 의하여 합명회사로 조직변경하여 회사를 계속할 수 있다. 또 유한책임사원의 출자는재산출자(금전·현물)에 한한다.

법인격	법인내용
유한회사	다수의 평등액의 출자로 구성되는 자본을 가지고, 사원전원이 자본에 대한 출자의무를 부담할 뿐이고, 회사채권자에 대하여는 아무런 책임을 지지 않는 특질을 가진 물적 회사로서 상행위 기타 영리를 목적으로 상법에 의하여 설립된 사단법인. 유한회사는 독일, 프랑스의 유한책임회사, 영국의 사회사를 모방하여 채용된 물적 회사와 인적 회사의 장점을 융합시킨 중간적 형태의 회사로서 중소기업에 적합한 형태의 회사이다. 그 조직이 비공개적·폐쇄적인 점에서는 인적 회사와 유사하나, 유한책임사원으로 구성되는 자본단체란 점에서는 주식회사와 유사하다. 이른바 폐쇄적 간이 주식회사라고도 말할 수 있다. 다음은 유한회사의 중요한 특질을 설명해 보기로 한다. (1)폐쇄적 성질로서 설립절차는 주식회사와 같은 모집설립은 허용되지 않고 발기설립과 같은 방법만이 인정된다. 사원의 수는 원칙적으로 50인 이하이고, 설립·증자시에 사원의 공모는 할 수 없다. 주식·사채 또는 이에 유사한 것의 발행은 허용되지 않는다. 사원의지분양도가 제한되며. 대차대조표의 공고는 불필요하다. 수권자본제를 채용하지 아니하므로 자본총액을 정관에 게기하여야 한다. (2) 유한회사에는 1인 또는 수인의 이사를 두어야 하며, 감사는 주식회사와는 달리 정관에 의하여 둘 수 있는 임의기관이다. 사원총회의 권한이 크고 그 소집절차·결의방법이 간이화되어 있다. 이 밖에 사원의 책임은 출자의무에 한정되는 유한책임이나, 현물출자·재산인수의 목적에 관하여 가액전보책임을 진다.
사단법인	일정한 목적을 위하여 결합한 사람의 집단으로 권리능력이 인정된 것을 말한다. 사단법인은 세 가지로 나누어지는 데 영리를 목적으로 하는 것, 예컨대 회사와 같이 상법의 적용을 받는 것(영리법인), 공익을 목적으로 하는 것, 예컨대 적십자사와 대한상공회의소와 같은 것(공익사단법인), 영리도 공익도 목적으로 하지 않는 것(비영리사단법인), 예컨대 노동조합과 같은 것이 있다. 여기서는 민법상의 비영리사단 법인을 중심으로 설명한다. 사단법인의 설립은 영리 아닌 사업을 목적으로 하며 정관을 작성하여 주무관청의 허가를 얻어 주된 사무소의 소재지에 설립등기를 함으로써 성립한다. 따라서 주된 사무소의 소재지에 등기하지 않은 동안에는 법인의 설립을 주장할 수 없다. 사단법인은 기관에 의해서 행위 하는데 최고·필수의 의사결정기관은 사원총회이며 이사는 적어도 매년 1회의 정기총회와 그 밖에 필요에 따라, 특히 총사원 5분의 1 이상의 요청이 있는 때에 임시 총회를 소집한다. 다음으로 법인의 내부적 사무를 집행하며 대외적으로 법인을 대표하는 상설·필수기관은 이사이다. 법인의 재산상황이나 이사 업무집행을 조정·감독하는 기관으로 감사가 있는데 이것은 필수기관은 아니다.

법인격	법인내용
재단법인	일정한 목적을 위하여 바쳐진 재산으로 권리능력을 가지는 것이다. 사단법인과는 달라서 사원이나 사원총회는 없으며 정관에 따라 이사가 의사결정이나 업무집행 및 대외적으로 대표하는 일을 행한다. 재단법인은 종교·자선·학술·기예 그 밖의 영리 아닌 사업을 목적으로 하는 것에 한하여 인정되며 사립학교·의료법인 등에 그 예가 많다. 재단법인의 설립은 영리 아닌 사업을 목적으로 하여 재산을 출연하고 그 근본규칙인 정관을 만들어 주무관청의 허가를 얻어 주된 사무소 소재지에서 설립등기를 함으로써 법인은 성립한다.

양세훈

저자는 행정학박사 학위취득 이후 행정기구에 대한 직무진단과 성과관리, 사업평가 등 공공서비스 중심의 연구를 하였다. 특히 마을기업, 사회적기업, 협동조합 등 사회적경제기업에 대한 직무교육과 컨설팅 경험이 풍부하다. 2007년부터 현재까지 한국외국어대학교 외래교수, 한국정책분석평가원 대표로 활동하고 있다.

안전행정부 마을기업 중앙컨설팅단 위원, 경기도 사회적경제위원회 위원, 협동조합 멘토, 사회적경제기업 멘토, 경기중소기업종합지원센터 사회적경제자문단 위원, 제주특별자치도 사회적경제실무위원회 위원, 화성시 사회적경제육성위원회 위원, 동대문구 일자리창출정책협의회 위원, 사회적경제협의회 회장, 마을넷 감사, 한국마을기업협회 정책위원장과 사업감사 등 현장 중심의 활동을 하였다.

이외에도 행정자치부 지역일자리 코칭그룹 전문위원, 지방행정혁신단 위원, 주민생활환경개선자문단 위원, 서울시 원전하나줄이기 실행위원회 위원, 맑은하늘 만들기 시민운동본부 위원, 서울특별시의회 정책연구위원회 위원, 동대문구 환경보전위원회 위원, 동대문구 마을공동체위원회 위원으로 활동 중이다.

E-Mail: kbc8927@naver.com

1 만 개 설 립 숫 자 의 허 상 과 진 실 찾 기

생산과 소비의 플랫폼

협동조합

초판인쇄 2017년 2월 27일
초판발행 2017년 2월 27일

지은이 양세훈
펴낸이 채종준
펴낸곳 한국학술정보㈜
주소 경기도 파주시 회동길 230(문발동)
전화 031) 908-3181(대표)
팩스 031) 908-3189
홈페이지 http://ebook.kstudy.com
전자우편 출판사업부 publish@kstudy.com
등록 제일산-115호(2000. 6. 19)

ISBN 978-89-268-7856-9 93350